河南省文化旅游产业发展与文化自身存灭问题研究

林志军　韩　慧　骆　澜　著

云南出版集团　云南美术出版社

图书在版编目(CIP)数据

河南省文化旅游产业发展与文化自身存灭问题研究 / 林志军，韩慧敏，骆澜著. —— 昆明：云南美术出版社，2018.11

ISBN 978－7－5489－3479－0

Ⅰ.①河… Ⅱ.①林… ②韩… ③骆… Ⅲ.①地方旅游业－旅游文化－旅游业发展－研究－河南 Ⅳ.①F592.761

中国版本图书馆 CIP 数据核字(2018)第 263434 号

出 版 人：李 维 刘大伟
责任编辑：韩 洁
责任校对：温德辉
封面设计：中之文文化

河南省文化旅游产业发展与文化自身存灭问题研究
林志军 韩 慧 骆 澜 著

出版发行 云南出版集团
云南美术出版社(昆明市环城西路 609 号)
出版印刷 河南省诚和印制有限公司
开 本 787mm×1092mm 1/16
印 张 13
字 数 294 千字
版 次 2018 年 11 月第 1 版
书 号 ISBN 978－7－5489－3479－0
定 价 32.00 元

前　言

　　随着打造河南省"华夏历史文明传承创新区"上升为国家战略,河南省依托自身厚重的文化资源优势,在文化旅游产业方面取得了骄人成绩,并作为强省发展战略,河南文化旅游更是作为河南的"名片"备受瞩目。"十二五"期间,河南省文化旅游产业呈现持续、快速、健康发展的良好势头,已成为全省经济社会发展的重要带动力量和展示我省形象的重要窗口,并为"十三五"时期旅游产业发展奠定了坚实基础。但不可否认,河南省文化旅游产业取得巨大成绩的同时,也对文化自身的存续和发展带来破坏与挑战。从调查的情况来看,人们在庆幸河南省文化旅游产业取得重大成绩的同时,却忽视了另一个问题——文化自身的发展和保护。由于对文化产业发展目标的异化,不少文化旅游产业项目的发展,还存在着很多问题。特别是在发展文化旅游产业时,其经济利益目标往往掩盖了精神文明建设的要求,在开发文化旅游产业项目时,个别地方或项目对文化本身没有给予足够重视,时常出现文化被损坏或误读,这对文化旅游产业发展来说就像"釜底抽薪",对河南省文化的整体形象也有很大负面作用。

　　文化与经济的交融是当今社会发展的显著特点,文化旅游的发展是二者相融合的典型产业,文化旅游产业的发展肩负着国家和地方经济发展与精神传承的双重使命。本书通过对河南省文化旅游产业发展和生存的调查,揭示文化旅游与文化本身协调发展的内在冲突,提出河南省文化旅游产业发展与文化本身协调发展的机制和途径。这对河南省文化旅游产业的健康和可持续发展以及文化本身的保护、发展和传承具有很好的指导意义。

　　本书是一部关于文化建设和文化强省方面的专著,它对河南省"传承弘扬中原文化,充分保护和科学利用全球华人根亲文化资源,培育具有中原风貌、中国特色、时代特征和国际影响力的文化品牌,提升文化软实力,增强中华民族凝聚力,打造文化创新发展区"有一定的学术价值和应用价值。本书历经一年零六个月著作完成,写作过程中三位作者都付出大量时间和精力,每位作者完成的本书写作文稿都在六万字以上。此外,也特别感谢中共中央党校赵书刚教授、郑州大学孙俊杰教授、郑州大学李富生教授等对本书的指导和帮助。

编者

2018 年 11 月

目　录

第一章　文化旅游概述

一、文化旅游的概念解读

文化旅游定义是指通过旅游实现感知、了解、体察人类文化具体内容之目的的行为过程。泛指以鉴赏异国异地传统文化、追寻文化名人遗踪或参加当地举办的各种文化活动为目的的旅游。寻求文化享受已成为当前旅游者的一种风尚。

文化旅游定义 1：是以旅游文化的地域差异性为诱因，以文化的碰撞与互动为过程，以文化的相互融洽为结果的，它具有民族性、艺术性、神秘性、多样性、互动性等特征。文化旅游的过程就是旅游者对旅游资源文化内涵进行体验的过程，这也是文化旅游的主要功能之一，它给人一种超然的文化感受，这种文化感受以饱含文化内涵的旅游景点为载体，体现了审美情趣激发功能、教育启示功能和民族、宗教情感寄托功能。

文化旅游定义 2：泛指以鉴赏异国异地传统文化、追寻文化名人遗迹或参加当地举办的各种文化活动为目的的旅游。寻求文化享受成为当前文化旅游产业出现的新时尚。文化旅游产业是一种特殊的综合性产业，因其关联性高、涉及面广、辐射性强、带动性强而成为新世纪经济社会发展中最具有活力的新兴产业。文化旅游包括历史遗迹、建筑、民族艺术、宗教等内容。其涵盖性强，几乎可以囊括所有相关的产业。文化旅游，是最近几年才出现并流行的一个名词，它的出现与游客需求的转变密切相关。因此，较为流行的定义是"那些以文化资源为主要内容的旅游活动，包括历史遗迹、建筑、民族艺术和民俗、宗教等方面"。还有说法认为文化旅游属于专项旅游的一种，是集政治、经济、教育、科技等于一体的大旅游活动。旅游产业向文化产业的渗透，是旅游产业主动向文化产业渗透的产业融合模式。这种形式主要体现在赋予文化产业形态以旅游功能，并以此为内容和载体发展文化旅游产业，利用两大产业的互补，实现两大产业的融合，以文化产业园为类型代表。文化产业园是以文化创意产品的研发和生产为一体的文化产业聚集区，它的功能主要体现在文化创意产品的设计、研发、制作、人才培养等方面，直接表现形式有影视基地、动漫基地、文化艺术社区等众多业态。文化产业园的核心发展目标是发挥"园区"的整合优势，为文化产业发展提供服务，但是因其具备新颖的表演和浓重的文化气息，对游客有较深的吸引力，这对传统文化旅游产业也产生了很大的吸引力。传统文化旅游产业会把自己的触角延伸到此类文化产业中，通过旅游产业的渗透，使文化产业的经济效益得以提升，同时"园区"文化产业类型的知名度和美誉度也得以拓展。这种模式在我国的发展较为成熟，尤其是一线城市，例如北京的 798 艺术区和上海的 8 号桥创意园区。在体验式经济时代的背景下，因为旅游产业向文化产业融合后能为旅游者提供更为丰富的旅游产品，文化产业园的旅游形态备受欢迎，这也满足了旅游产业由传统的物质体验式向文化体验式发展。

综上所述,文化旅游就是以旅游经营者创造的观赏对象和休闲娱乐方式为消费内容,使旅游者获得富有文化内涵和深度参与旅游体验的旅游活动的集合。文化旅游既不是一种产品,又与旅游文化大不相同,所谓文化旅游,关键在文化,旅游只是形式。文化旅游之"文化"应解释为对旅游之效用及旅游之目的所做的定性。中国文化旅游可分为以下四个层面,即以文物、史记、遗址、古建筑等为代表的历史文化层;以现代文化、艺术、技术成果为代表的现代文化层;以居民日常生活习俗、节日庆典、祭祀、婚丧、体育活动和衣着服饰等为代表的民俗文化层;以人际交流为表象的道德伦理文化层。在我国,发展文化旅游产业,开展文化旅游是相当重要的,它不仅可以增强产品吸引力,提高经济效益,还可大力弘扬中国文化,让世界了解中国,同时也可改变越来越多的中国人不懂中国文化这一状况。

文化旅游的概念明晰之后,"创意"是文化旅游的核心便顺理成章了。创意的本质在于寻求特色和差异,与旅游的本质一致。一般旅游主要是从资源的角度出发寻找差异和特色,不管其挖掘过程是否考虑了市场需求和竞争关系,着眼点仍不能脱离资源。文化旅游则在一定程度上摆脱了资源的束缚,它能够综合各种因素,包括资源、环境、市场、社会背景等诸多方面进行创造,亦即创意。离开了创意,文化旅游亦将会失去生命力。实际上,随着社会的发展,创意产业在世界各地已经兴起。其中英国、美国、日本、韩国等国家较为典型,由政府亲自出面来推动创意产业。创意产业涉及的领域十分广泛,包括广播、影视、文学艺术、新闻出版、印刷、建筑设计等众多方面。与文化旅游较为密切的创意产业如演艺娱乐、民间工艺品生产销售、会议展览、文化节庆等。这样,文化旅游其实也在创意产业范畴之内。对于文化旅游策划项目,旅游策划专家吴月湖博士认为:"文化旅游策划的原则主要有六个方面,分别是持续原则、精品原则、市场原则、特色原则、网络原则和滚动原则。生态优先、保护第一,旅游区的开发建设必须建立在对区内自然和文化资源充分保护的基础上,做到严格保护、合理开发、科学经营、永续利用;在生态质量与其他方面发生冲突时,包括与景观质量发生冲突时,以生态质量优先;整体优化、容量控制:对区域内的生态、经济和社会进行全面规划,接待容量不超过生态承载力。对于旅游规划项目的建设一定要有精品意识,主动营造旅游精品,做到"精心规划、精心策划、精心设计、精心建设、精心服务、精心管理"六个"精",向高品位要效益,向高质量要市场,向品牌要竞争力,达到一流水平,重要的景观既要求第一,又要求唯一。以区域的相应吸引力研究市场范围与层次,以市场导向为基础规划建设项目。贯穿以人为本的精神,使旅游区无论从硬质景观环境,还是软性动态项目,都着意于情景性、归属感、亲和力的营造,使游客在体验观览的同时,享受到高品质的游历体验。特色是旅游目的地吸引力、竞争力和生命力的所在,要从"中国三皇五帝游"、全省旅游大系统的全局出发,突出特色,力求做到"人无我有、人有我优、人优我特",体现区域互补、项目互补、功能互补、产业联动的战略思想。旅游景点的开发不能单独考虑,要与周边的景区景点配套,积极参与省内外旅游协作体,形成优势互补的旅游网络系统。一次规划,分步建设,动态调整,逐步到位。边开发,边运营,根据资金和市场的状况,分期逐步实施。旅游区的硬件与软件相匹配,行、游、住、食、购、娱与安全、卫生设施,旅游资源开发与客源市场开发,旅游设施建设与旅游人才培养等均需统筹安排,协调发展。要留有充裕的建设空地,以备将来发展需要。

二、文化旅游的趋势分析

随着社会的不断发展,人类文明的不断进步,每个民族愈加认识到一个民族的文化在其生存和发展中的重要作用。特别是近年来,文化与经济的不断融合,让很多国家看到了二者在发展经济和文化传承、发展等方面起到的巨大成就。文化旅游产业的发展正是二者的最佳结合。"十三五"期间,经济步入新常态阶段,经济结构调整需加速发展服务业,动力转换需增强内需消费的拉动力,改善民生需进一步释放国民的休闲需求,这些都为文化旅游产业发展提供重要机遇。从文化旅游的行业本身来看,旅游产业已突破传统文化旅游产业的范畴,逐步演变为一个多方位、多层面、多维度的综合性大产业。从消费需求来看,文化旅游逐渐成为人们生活追求的新时尚。近年来,我国文化旅游产业获得较快发展,博物馆、主题公园等多种形式的文化旅游日渐繁荣,市场规模持续扩张,旅游效应不断增强,并呈现出新的发展趋势。

文化旅游行业相关政策汇总

部门	相关政策
国务院	常务会议通过《文化产业振兴规划》
文化和旅游部	发布《关于促进文化与旅游结合发展的指导意见》
国务院	发布《关于加快文化旅游产业发展的建议》
文化和旅游部	推出"中华文化游"主题年
十七届六中全会	通过《中共中央关于深化文化体制改革推动社会主义文化大发展大繁荣若干重大问题的决定》
国务院	"一带一路"的提出,明确了我国未来文化旅游产业发展方向
国务院	发布《关于促进旅游改革发展的若干意见》明确提出,创新文化旅游产品
文化部和文化和旅游部	推出以"文化旅游、和谐共赢"为主题的"中国文化旅游主题年"系列活动
十八大报告	首次提出"建设美丽中国"概念,旅游发展前景广阔
十八大报告	要推动文化产业快速发展,到2020年文化产业成为国民经济支柱产业
国务院	发布《关于推进文化创意和设计服务于相关产业融合发展的若干意见》指出,以文化提升旅游内涵质量,以旅游扩大文化传播消费
文化和旅游部	"515"战略的推动

从经济效益来看,文化旅游产业对 GDP 的综合贡献逐年提高,成为经济增长新引擎,开启了旅游发展的新时代。

从自由行主题角度来看,一半以上的游客偏好文化体验游,而且该主题的旅游渐向20—40岁青年、中年群体拓展。可见,文化旅游渐渐受到越来越多旅客的追捧,市场空间不断扩大。

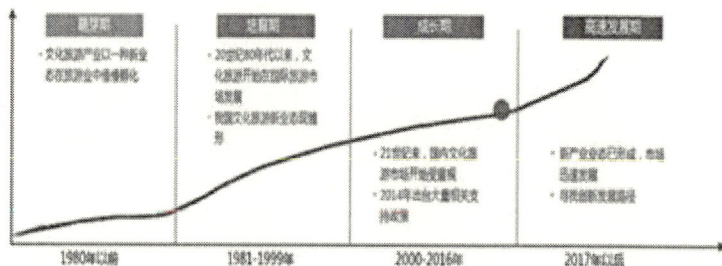

文化旅游行业的发展阶段

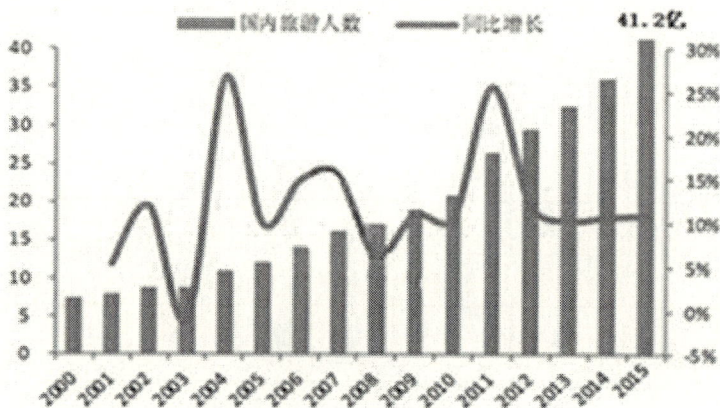

中国国内旅游总人次(亿人次)

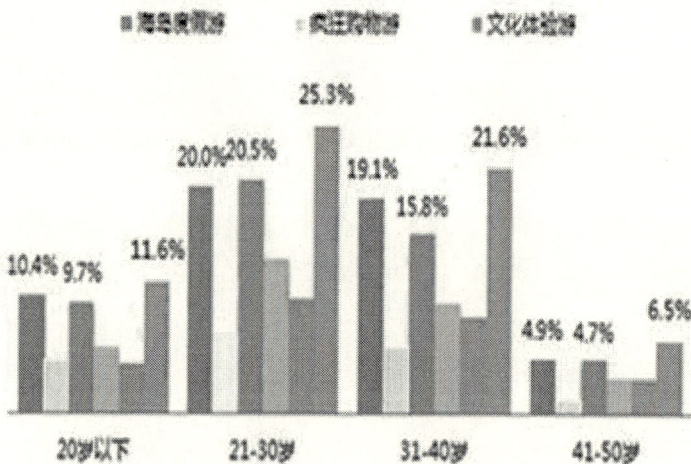

2015 年中国在线自由行用户旅游主体类型分布

我省幅员辽阔,历史悠久,在长期的历史发展中形成了多种多样的文化,随着文化资源被旅游项目产业化,类型各异的文化旅游必将大放异彩。此外,未来文化旅游的发展除了速度惊人之外,也越来越向深层次化发展,表现为:

1.发展形式更加多元

在发展初期,文化旅游还仅是作为自然观光旅游的补充,旅游形式及产品类型相对简单。随着多年快速发展,文化旅游呈现出旅游形式多样化和产品类型多元化的发展趋势。

2.产品开发强调主题

文化旅游的兴起,也引发了粗制滥造、模式抄袭、同质开发等不良现象。为避免千篇一律,各地区都在加大对文化旅游资源的主体化开发,打造独具特色的文化旅游产品,以提高市场竞争力。

3.文化元素加强组合

文化旅游的核心是文化,文化元素的组合至关重要。在文化旅游资源开发中,将自然环境、历史背景、文化载体等不同文化元素整合,已成为文化旅游走向精品化和特色化发展的重要举措。

4.技术应用信息化

在信息时代中,文化旅游的发展离不开现代信息技术支持。利用好电商、大数据、云计算、人工智能等先进技术,对文化旅游发展大有裨益,也是未来文化旅游发展的主要方向之一。

5.文化创意成为文化旅游的重点发展方向

文化创意产业被称为 21 世纪全球最有前途的产业之一,全世界创意经济每天创造产值达 220 亿美元,并以 5% 的年增长速度递增。如今,文化创意产业已经成为许多国家和地区经济发展的支柱产业。文化创意产业在旅游领域的拓展和延伸,成为旅游发展的新引擎,反过来,旅游的发展也为文化创意产业的繁荣创造了新机遇、新动力。在旅游产业集群化发展及文化创意产品特点的背景下,文化创意旅游已经成为旅游景区、旅游企业及相关部门共同参与的新领域、新热点。

6.文化"深度游"成为旅游产业发展的新亮点

中国旅游已经从传统"走马观花"式的观光游向以文化为主题导向的"文化深度游""文化休闲游"转变,并出现了以世界遗产为核心主题的专项旅游产品。文化深度游的一个重要表现是遗产旅游热的兴起和发展。"遗产旅游"已经成为世界文化旅游产业最热门的项目之一。

7.康体保健游已经成为文化体验旅游的重要内容

文化性作为旅游产业的核心特质之一,体现在旅游产品的各个方面。随着中国城乡居民人均可支配收入的不断增加,出游能力渐趋增强,文化体验游成为游客热衷选择的旅游产品类型,其中康体保健游因为能够迎合现代人越来越强的医疗保健意识和康体养生需求,成为广受关注和备受推崇的文化体验旅游产品类型。

三、河南省文化旅游资源概况

文化是旅游的灵魂,旅游是文化的载体。河南省是华夏文明发源、演进、融合、发展的地方,也是中华民族精神和先进文化的重要形成之地。"一部河南史,半部中国史"是对河南省文化在全国地位的最好褒奖。在文化与经济交融的时代背景下,河南省依靠自身优势发展文化旅游产业的同时,也对文化自身发展起到了积极的助推作用。河南省地处中原,在古代生产力不发达的历史条件下,是人类生存和繁衍生息的最适宜区域,纵观中国的发展历史完全可以得到答案。勤劳又伟大的华夏儿女在这片土地上建功立业,并以其聪明智慧和博大胸怀创造出了辉煌灿烂的文化让世界瞩目,这正是河南省文化旅游产业快速崛起的重要因素所在。

(一)河南省文化旅游资源的丰富性

河南地处黄河流域,是远古人类繁衍生息的地方。早在新石器时期,文明的曙光就已在河南升起。河南位于中国的中原腹地,长期作为全国的政治、经济、文化中心,自古就有"得中原者得天下"之说。河南在中华民族文化乃至东方文化的形成与发展史上有非常重要的地位。大量的史书记载和多年的考古发掘证明,至少在 8000 年前,我们的祖先就在这里开创了人类文明的先河,从公元前 21 世纪中国第一个王朝——夏代到公元 13 世纪的金代,这 3500 年间,先后有 20 多个朝代的 200 多位帝王建都或迁都于此,留下了难以尽数的名胜古迹。堪称"国宝"的国家级文物保护单位就有 96 处,地下文物居全国第一,馆藏文物 130 万件,约占全国的八分之一。中国八大古都中的郑州、洛阳、开封、安阳四大古都在河南,还有国家级历史文化名城南阳、商丘、浚县等。郑州新郑黄帝故里、登封少林寺、巩义宋皇陵、洛阳龙门石窟、白马寺、偃师玄奘故里、开封宋都御街、包公祠、安阳殷墟、羑里城(《周易》发源地)、三门峡虢国墓地车马坑、函谷关、南阳武侯祠、张衡墓、医圣祠、商丘阏伯台(火的发源地)、燧人氏墓、花木兰祠、淮阳太昊陵等大量名胜古迹,都是既有丰厚的历史文化内涵又有观赏价值的著名旅游景观。省会郑州和洛阳、开封等古都,现在都有新的景点出现。河南博物院是 1998 年 5 月才建成启用的,不仅馆藏丰富,而且建筑宏伟独特,许多稀世文物珍品都在这里向旅游者展示。已经进入世界文化遗产行列的洛阳龙门石窟的周围环境也得到很大改善。开封清明上河园是宋代名画《清明上河图》的立体再现,旅游者置身其间,能够一览千年古都的繁华街市和风俗民情。漫漫的历史长河留下了数以百万计的文物,使历代王朝的文化精髓凝练、积淀下来,在河南 16.7 万平方公里大地上筑起一座浩瀚的历史实物博物馆。河南是中国姓氏的重要发源地,在中国的姓氏中,至少有一大半姓氏源于河南。其中,包括有"陈林半天下,黄郑排满街"之称的海外四大姓氏均起源于河南。近些年来,随着寻根旅游的兴起,到河南寻根谒祖的海外友人络绎不绝。河南还堪称是中国功夫的故乡,嵩山少林寺是博大精深的少林武术的发源地,温县陈家沟是中华太极拳之根——陈氏太极拳的故乡。因此我们说,探文化源,寻姓氏根,已成为近年来河南旅游活动中的"重头戏"。红色旅游资也是河南文化旅游资源的一大特色。郑州二七纪念塔是省会郑州也是河南的标志性建筑,许多人都是慕名到郑州看塔感受罢工情景的。信阳是著名的革命根据地,是鄂豫皖苏区首府所在地,是红军的摇篮,许世友将军的故乡。老一辈无产阶级革命家在这里创建了大别山革命根据地,培育出红一军、红四军、红二十五军、红二十八军等多支红军主力部队。主要有商城县革命烈士陵园、许世友将军故里、新县鄂豫皖苏区首府烈士陵园、鄂豫皖苏区首府博物馆 4A 级旅游景区、王大湾会议旧址、何家冲红色旅游区等。

(二)河南省文化旅游资源的广博性

中原文化是整个华夏文化的"血脉",有很强的辐射力和影响力,这也是助推文化旅游产业发展的优势所在。其主要集中表现在以下三个方面：一是其辐射性。伴随着大量中原人南迁、北方少数民族内徙的脚步，以及历代王朝以中原文化为范本向全国推广和其他区域族群因仰慕主动学习，中原文明作为先进文明，其基本礼仪规范、道德标准、价值体系、思想观念、生活习俗等，日渐被全国其他地区的群众所接受，出现了"中国之礼，并在诸夷""化民成俗，万里同风"的现象和效果。如岭南文化、闽台文化以及客家文化，其核心思想都来源于中原的河洛文化；二是其教育功能。中原文化往往被作为道德规范、价值观念被推广到社会及家庭教育的各个环节，从而实现了"万里同风"的社会效果。三是对异域的影响。中原文化不仅影响了朝鲜、日本的古代文明，而且开辟了延续千年的丝绸之路。班超出使西域，玄奘西天取经，鉴真东渡扶桑等历史记载，都书写了中原文明传播的壮丽画卷。从北宋开始，中原文化凭借当时最发达的航海技术，远播南亚、非洲各国，也开辟了世界文明海路传播的新纪元。据有关专家考证，北美洲的印第安人是由商末周初时期殷人经白令海峡迁徙去的，也有专家认为印第安文字是受甲骨文影响形成的。

（三）河南省文化旅游资源的包容性

中原文化之所以能够经久不衰、代代相承，一个根本的原因就在于它胸怀博大，善于吸纳和融合外来的一切优秀文化成果。在各个历史时期，都受到其他民族文化的影响，引进和吸收其他文化与自身相融合。其之所以能生生不息，就是因为它在本质上是一种与时俱进的开放型的文化，这是中原文化的优良品格。毛泽东在《论十大关系》中指出："我们的方针是，一切民族、一切国家的长处都要学习，政治、经济、科学、技术、文学、艺术的一切真正好的东西都要学。但是，必须有分析有批判地学，不能盲目地学，不能照抄照搬，机械搬用。"[1]特别是当今中国，更是如此。全方位的对外开放，给人们带来了思想观念、价值取向和行为方式的交流和碰撞，这是我们吸收和借鉴其他优秀文化成果，推动民俗文化健康发展的有利条件。各国之间政治、经济和文化的联系越来越密切，要创造适应时代需要的先进文化，就必须学习、借鉴、融汇人类创造的一切优秀文化。中国改革开放的实践证明，实行对外开放，学习和吸收国外的先进科学技术和优秀文化，是符合当今时代特征和世界文化发展规律要求的，是加快中国特色社会主义文化建设的必然选择。江泽民同志在"七一"讲话中明确提出："发展社会主义文化，必须继承和发扬一切优秀的文化，必须充分体现时代精神和创造精神，必须具有世界眼光，增强感召力。"[2]

（四）河南省文化旅游资源的根源性

"参天之木，必有其根；怀山之水，必有其源。"河南省作为中华文明的重要发源地在学术界历来是不争的事实。作为华夏文明的诞生地，河南地区所孕育的文化如木之根本、水之渊薮，在中华民族发展史和中华文明史中具有发端和母体的地位。河南省地处中原，文化博大精深、内涵丰富，是中华民族传统文化的根源和主干。优越的地理位置和

---

① 毛泽东选集：第五卷［M］.北京：人民出版社，1997年版，第285页。
② 杨柳，徐新.先进文化发展规律的新探索［J］.理论月刊，2003(09).

丰富的自然资源,使河南自古以来就成为中华民族古老文化的一颗璀璨明珠。河南又具有博大悠久的文化渊源和深沉凝重的历史积淀,以黄帝文化、姓氏文化、客家文化等为主要内涵的文化资源丰富,对海外侨胞有着很强的吸引力和凝聚力。它们是炎黄文化的根,是华夏文化的根,是中华民族文化的核心和精华。中华文化之根体现的是文化纽带与精神维系,仅就历史名人而言,在二十四史中有纪传的5700位名人中,汉唐宋明时期河南籍名人已达912人,占总数的15.8%,位列中国第一。河南有谋圣姜太公、道圣老子、商圣范蠡、字圣许慎、医圣张仲景、科圣张衡、诗圣杜甫、画圣吴道子、律圣朱载等,不仅数量多,而且级别高,在哲学、宗教、文学、艺术、科技等方面都体现了"文化之根"。

第二章　文化旅游产业的兴起

一、文化旅游产业的要素内涵

(一)文化旅游的产业定位

文化旅游产业主要是由人文旅游资源所开发出来的旅游产业,是为满足人们的文化旅游消费需求而产生的一部分旅游产业。它的目的就是提高人们的旅游活动质量。文化旅游的核心是创意。特别强调"创造一种文化符号,然后销售这种文化和文化符号",并强调文化旅游的"文化"是一种生活形态,"产业"是一种生产行销模式,两者的连接点就是"创意"。因此,文化旅游可以理解为"蕴含人为因素创造的生活文化的创意产业"。

低碳经济时代,文化和旅游两大产业逐渐成为世界主要国家优先发展的"绿色朝阳产业"。党中央提出"要推动文化产业与旅游、体育、信息、物流、建筑等产业融合发展"。作为我国大力扶持发展的第三产业新模式,文化与旅游两大产业的融合发展对促进整个国民经济的发展升级和结构转型有着重要意义。旅游的项目和目的决定了其文化含量,于是除了常规旅游项目外,还有许多为满足专门目的而开展的旅游活动,如:汉诗旅游、历史探秘旅游、书法学习旅游、围棋交流旅游、名人足迹寻访旅游、民族风俗旅游,可谓种类众多,文化深厚。这类旅游活动就被冠名为文化旅游。其特征是有明确的求知目的,通过旅游有目的地学习某种专业,加深对这一专业的现状、发展和运用价值等方面的认识和研究,使得参加这种旅游活动的人,在这一专项领域,掌握更多的信息资料,以便更好地施展才干,提高技能,有所作为。

(二)文化旅游产业的发展前景

文化是旅游的灵魂,旅游是文化发展的重要途径。"十二五"时期,文化产业作为"国民经济支柱性产业",与同样作为"战略性支柱产业"的文化旅游产业将有越来越多的融合发展,其中,文化旅游产业将是挖掘地方文化、完善旅游产业、促进经济结构调整、撬动地方经济腾飞的重要发展方向。旅游发展规划是根据文化旅游产业的历史、现状和市场要素的变化所制定的目标体系,以及为实现目标体系在特定的发展条件下对旅游发展的要素所做的安排。文化旅游产业是一个跨行业的朝阳产业,在经济社会发展中有着至关重要的作用,不仅对经济结构调整、区域经济协调发展、扩大对外开放具有重要作用,而且是满足人民群众日益增长的文化需要、提高人民生活水平、构建和谐社会、实现全面协调可持续发展的重要途径。随着经济社会的不断发展和人民生活水平的不断提高,旅游成为一种时尚,文化旅游产业微信公众平台整合丰富的文化旅游资源已经成为发展的现实优势,发展文化旅游产业的条件已经成熟。世界旅游组织预测,到 2020 年,我国将成为世界第一旅游目的地和第四大客源市场。其次,2015 年我国文化及相关产业增加值 27235 亿元,同比增长 11%,较同期 GDP 名义增速高 4.6 个百分点。中国文化产业占经济总量的比重约 6.2%,在前十大经济体中领先。"文化旅游产业"微信公众平台创办人崔俊超认为,"一带一路"背景下文化产业发展中,金融是最重要的短板,现有金融政策亟须完善,应将文化金融作为中国建设金融强国、文化强国的重要组成部分,加强顶层设计,打通壁垒,通过金融改革扶持文化产业,为中国经济下一步发展提供新的引擎。"文化旅游产业"微信公众平台创办人崔俊超指出,中国经济到了转折期,变革不是简单的产业层面,经过 30 多年的快速增长,过去拉动增长的一系列引擎都逐渐熄火,制造业、投资、出口、基建纷纷下滑,人口红利也在消失。下一个 30 年最大的变化是中国的人均 GDP 超过 7000 美元后,群众生活从温饱转向小康,对精神文化产品的需求远多于过去。过去 30 年经济增长主要依赖物质层面,下一个 30 年中国经济增长则要靠文化、旅游、休闲、娱乐、健康等产业的发展。"文化旅游产业"微信公众平台创始人崔俊超认为,旅游过程中,旅游者对文化有所诉求,并且文化是人文旅游资源的灵魂,我们在为人文旅游资源做旅游规划时,要将当地的文化和现代的休闲形式有效地结合起来,这样做出的产品才是活的旅游产品,这就是今天我们说的文化旅游。从而产生文化和旅游的紧密结合。进一步阐述旅游本身就是一个带动能力很强的产业,从而使文化旅游带动了一、二、三产业的发展,在消费上起到了乘数效应。这就是我们说的文化旅游产业。而文化旅游产业从属于创意、创新产业,必将为"十二五"期间我国的产业升级做出应有的贡献,必将成为"国民经济支柱性产业"。

(三)文化旅游产业的主题分类

1.主题游乐型

用主题公园带动配套商业和地产项目是这一类别的主要模式,温泉、高尔夫、滑雪等休闲运动主题的项目也与此异曲同工,"观澜湖模式"即为代表。这种模式深受地方政府欢迎,低廉的拿地成本、市场热情支撑下的稳定门票收益、配套商业及地产项目的快速回现,使现金流很容易得到平衡。

2.景点依托型

通过品牌开发企业在景点周边所做的优质商业生活配套,很容易给一个景点和周边欠发达地区带去生机与活力。赋予自然资源更多的魅力,在原有的旅游资源之上打造更多多样性的产品,适当融入一些更和谐的体验性文化商业设施。

3.文旅小镇型

文物遗存、特色民风民俗和悠闲的古镇生活,可以为旅游开发大大加分,开发者往往不需要规模巨大的硬件投入,而是更多的软性投入。在城镇化趋势下,更多特色迥异、各具千秋的文旅小镇将会被挖掘出来,市场机会巨大。

4.度假酒店型

在传统度假酒店可以满足基本居住生活需求之外,这类产品有更多的艺术、文化元素,拍卖、博彩、会议、影视等多样的收入渠道和灵活的租售方式使得企业不需要再进行住宅开发即能保证收益,在跑马圈地的旅游地产高峰期实现了小而精的成功。

(四)文化旅游产业园区的建设

文化产业是工业文明、物质文明发展到一定程度的产物,随着我国经济的快速发展,发展文化产业的要求也越来越强烈,近年来,国家出台了众多文化产业的利好政策,推动文化产业的快速发展,希望通过文化产业的振兴,迅速提高国家软实力,实现经济实力和国民素质的并速腾飞。2009年国务院审议通过我国第一部文化产业专项规划——《文化产业振兴规划》,正式将文化体制改革和大力发展文化产业上升到国家战略的高度。2010年党的十七届五中全会进一步明确提出推动文化产业成为国民经济支柱性产业的建议,再一次把文化产业提升到社会发展和国民经济的战略地位。2011年十七届六中全会,审议通过了《中共中央关于深化文化体制改革、推动社会主义文化大发展大繁荣若干重大问题的决定》。文化产业的产业地位提升后,大量的资金与政策都导向了文化产业项目。而文化与旅游有着天然的紧密联系,文化是旅游的灵魂,旅游是文化的重要载体。国家对文化产业和文化旅游产业的政策导向需要具有高品质大项目带动。文化、旅游联姻的产物文化旅游产业园应运而生。

文化产业和旅游产业相互紧密关联,同时又具备与其他产业强大的耦合性,文化旅游产业园区就是以某种文化为主线,以文化创意产业和文化旅游产业为支柱产业的,从产业、商业、旅游、地产、景观等多种维度打造的,具备旅游、产业、城市多重功能的文化产业空间。文化旅游产业园从本质上来讲是一种旅游地产在政策导向下的新模式,是"文化＋旅游＋地产"的三位一体的联动开发模式。文化是统领,是整个园区发展方向的灵魂,旅游是动力,能够促进产业发展、提升城市形象,实现人气聚集。而地产则是园区开发建设的重要保障。这种"三位一体"的开发模式,实现了产业间的相互补充和支撑。可以有效地平衡园区近期投资和远期发展之间的关系。

在利好政策导向之下,全国各地掀起了一波文化旅游产业园建设热潮。截至2010年,全国各种文化旅游产业园区达1万多家,其中,市级以上有2500余家。北京、上海、广东、山东、江苏是文化旅游产业园发展最快的省市。北京有130余家,上海有100余家。国家级文化产业示范园区已有3批6家(西安曲江新区、深圳华侨城、山东曲阜、沈阳棋盘山、河南开封宋都古城、上海张江),国家级产业示范基地已达204家,产业增加值达900亿元。文化旅游产业园是随着文化创意产业和旅游产业的快速发展而出现的新型事物,兴起和发展的时间较短,在快速崛起的同时也暴露出了种种问题。

首先是盲目建设,各地一哄而起建设文化产业园,规划不够、创意不足,导致园区重复建设严重,造成了资源的极大浪费和行业的恶性竞争。其次,圈地现象严重,文化产业园的建设大多是在地方政府和地方开发商的共同介入下得以形成。许多产业园没有构建科学的盈利模式,仅仅是打着旅游产业开发的旗号,抢占土地资源,拿到土地后大张旗鼓地开发地产。第三是产业化水平低下,一些产业园没有构建良性的产业体系,产出效益很低,仅仅靠政府特殊政策和卖地、租地度日,很难形成可持续发展的局面。

针对文化旅游产业园区的自身特点和存在的问题,笔者提出文化旅游产业园区的四大开发策略,强化文化旅游产业园的竞争力,推动其良性发展。一是创意"核心吸引物"。创意是文化旅游产业园区形成的基础,旅游核心吸引物是文化旅游产业园生命力所在。

文化旅游产业园需整合具有鲜明地方特色的历史文化资源,围绕文化主线打造创意性旅游项目,聚集人气,引爆区域,形成对广域旅游市场的持续吸引。"梦廊坊"文化产业园,跳出了常规的旅游项目策划思路,采用了地上地下旅游项目双向开发的创新思路。地上以盛世长安—神奇高窟—海潮西亚—多彩欧洲为主题进行创意,形成具备景观展示、节庆游行功能的丝绸之路文化景观大道;地下以楼兰迷雾—对话埃及—海底王国为主题进行创意,运用世界顶尖科技,塑造"廊坊考古新发现"。构建地上地下联动,一段一主题、一步一神奇的"新丝绸之路"。二是创新旅游体验模式。传统文化旅游项目以文物古迹和静态展示为主,缺乏体验性和深度游览性,随着技术的进步和人们需求的多元化,现代人对于文化旅游有了新的要求,如果想赋予传统的文化以生命力,强化文化旅游项目的竞争力,需将文化与世界级品牌、科技和资本的高效对接,引进高新科技作为技术手段,采用情境体验、动漫形象、创意理念、游戏玩法、影视场景、特色商品、建筑景观及丰富演艺将文化活化,呈献给游客完美的深度文化体验。三是创建大产业体系、构建大产业体系。以文化旅游产业、文化产业作为主导,复合其他相关产业,旅游和文化产业之间相互转换、相互影响和相互驱动。在产业耦合作用下形成多种新的文化旅游产业态、旅游产品,既能够带动旅游的综合消费,又能提升文化产业的附加值、延伸产业链条、拓展产业空间,真正实现产业之间的互融与共荣。强化文化旅游产业园的产业准入机制,产业要符合产业园区的总体功能定位。锁定产业需具有关联性、互补性、共生性,各产业相互链接并促进整个园区良性发展。既要符合文化旅游市场消费需求及时代特征,又要立足产业发展趋势,具有前瞻性。能够与地区的经济产业基础相适应,并促进产业结构升级。符合当地文化及资源特点,能够提升地区文化及旅游影响力及竞争力。四是创立多元盈利模式。文化产业管理和运营具有一定的公益性,其产品化、消费化的过程也是文化产业化的过程。盈利模式的设计是项目开发的重要环节。构建销售地产项目盈利、旅游经营项目盈利、树立项目品牌盈利、升值项目价值盈利的四大盈利模式,不仅确保了项目快速回流资金、降低项目投资风险的需求,也保障了项目长期、持续的现金流以及无形资产和有形资产的升值。四种盈利模式相互影响和优化,实现项目整体的盈利最大化。

二、河南省文化旅游产业发展概况

(一)河南省文化旅游产业发展的优势

1.文化优势

(1)古文化旅游资源品位高

河南是中华民族文化的主要发祥地之一。华夏 6000 年文明史上,先后有 20 多个王朝在河南建都。中国七大古都中我省有洛阳、开封、安阳三座。全省拥有七个国家级历史文化名城,51 处国家级文物保护单位,地下文物居全国第一,地上文物居全国第二,馆藏文物达 130 万件,约占全国八分之一,被史学家誉为"中国历史自然博物馆"。其中,河南博物院,荟萃了中原文物精品,是我国鲜有的几个大型现代化国家级博物馆;禅宗祖庭少林寺,少林功夫名扬四海;佛教释源白马寺,佛学文化博大精深;佛教造像龙门石窟,规模宏大,为世之艺术瑰宝;宋都开封,文"包"武"杨",令人敬仰。中国武术的两大源流——少林、太极都发源于河南。其文化旅游资源,不仅具有起源的古老性,遗存的多元性,而且具有很强的观赏性。此外,大运河滑县段申遗成功。大运河滑县段属于隋唐大运河永济渠,持续通航1800多年,是华北平原上沟通大江南北的重要通道。大运河滑县段拥有较为完整的人工河道和堤防体系,在大运河中占据重要位置。

(2)"根"文化旅游独具优势

河南是中华民族之根。文化始祖,三皇五帝基本上都在河南。炎黄子孙的祖先——黄帝就出生在新郑。中华始祖伏羲建都地周口淮阳,被前国务院总理朱镕基誉为"羲皇故都"。中原文化是东方文化的渊源,河洛文化是中原文化的核心,其发源地就在黄河与洛河之间。从出土文物看,河南有裴里岗文化、仰韶文化、二里头文化、庙底沟文化等;中国目前发现最早的文字,是安阳殷墟出土的甲骨文;博大精深的《易经》、充满哲理的《道德经》源于河南。现代常用的100个大姓中,有73个姓氏源于河南。在寻根谒祖、开展特色旅游方面具有独特优势。

(3)历史文化积淀深厚

朝代更迭,文昌武兴,中华几千年文明史在中原大地上演了一幕幕历史剧。河南是古代天文学、医学、地震学、文字学、老庄哲学、程朱理学等文化的发祥地。武王伐纣、春秋战国、陈胜起兵、刘秀中兴、三国争霸、七贤啸聚、武后亲政、水浒英雄、岳飞抗金、捻军起义等神奇辉煌的历史,脍炙人口的成语典故,使河南的每一寸土地都积淀了深厚的文化内涵。被称为文学祖典的《诗经》,许慎的《说文解字》,曹氏父子创立的建安文学,以韩愈为首的唐宋散文,杜甫、白居易、李贺、李商隐等大诗人的传世之作,都已成为中华文化之重要的基石。

(4)旅游节庆和地方特产以及地方小吃十分有名

比较著名的旅游节庆有中国牡丹文化节、黄帝故里拜祖大典、三门峡国际黄河旅游节、安阳殷墟文化节等。河南特产比较有名的有17个,分别为:杜康酒、禹州钧瓷、汝州汝瓷、滑县道口烧鸡、西峡山茱萸、方城丹参及焦作怀山药、怀菊花、怀地黄、怀牛膝和原阳大米、平舆白芝麻、南召辛夷、唐河桐河鸭蛋、卢氏连翘、嵩县柴胡、灵宝大枣。省会郑州的特产有:新郑大枣、河阴石榴、中牟大蒜、郑州樱桃、嵩山绵枣、荥阳柿子、新密金银花、中牟西瓜,还有黄河鲤鱼。开封著名小吃小笼包子、桶子鸡、第一楼包子、三鲜莲花酥、五香兔肉、开封套四宝、花生糕。此外,还有许多各具特色的地方名吃。

2.地域优势

河南的自然景观资源和历史文化资源均比较丰富。从地理上看,它位于我国中部偏东,北纬31°23′~36°22′之间。从南向北,由亚热带湿润半湿润地区向暖温带半湿润半干旱地区过渡,气候、环境、植被、风土人情均呈现较明显地域差异。太行、伏牛、桐柏、大别山呈半环形环绕在西部南部省境,山地风景也因为南北过渡的地理特征而丰富多彩。河南东部为辽阔无垠的平原,南部有南阳盆地,黄河从中部穿流而过,足不出省就可以尽享多彩多姿的自然景观;商周以来,中原代表了先进经济、文化和礼仪,而河南就位于中原之中,重要的地理位置使河南历来是"逐鹿"必争之地,安定时代十分繁华与发达,战乱时代又是灾难特别深重之处,因而有"一部河南史,半部中国史"的说法。河南地下文物存量全国第一,地上文物存量全国第二,历史文化旅游资源丰富,足不出省就可以领略中国历史文化的博大精深。河南省将在以后几年,重点发展"一区两带、四个板块"。"一区"指的是中原历史文化旅游区,以郑州、开封、洛阳、安阳四大古都整合而成。"两带"指的是黄河旅游带、南水北调中线旅游带。"四大板块"指的是文化旅游体验、都市观光休闲、山地休闲度假、乡村旅游。"一区两带、四个板块"覆盖河南全境,突出了河南的旅游特色,构成一个大旅游格局,而独一无二的交通优势无疑是推动大旅游格局形成的最重要条件。河南地质构造形态多样,地表形态复杂多样,境内不仅有绵延高峻的山地,也有坦荡无垠的平原,既有波状起伏的丘陵,还有山丘环抱的盆地。高山、平原、丘陵、河流,构成了丰富的自然资源,孕育了名山大川、河湖瀑布、溶洞温泉、原始森林等风景名胜。据统计河南可供观赏旅游的自然景区在百处以上。其中拥有嵩山、云台山两处世界地质公园;焦作云台山－清天河－神农山风景区、洛阳嵩县白云山、洛阳栾川县老君山－鸡冠洞风景区等国家级风景名胜区 3 处,省内重点风景名胜区共 25 处;省级以上自然保护区 23 处。丰富多彩的自然景观资源,为河南文化旅游产业的发展提供了得天独厚的联动性条件。

3.交通优势

河南正处于我国自西向东的第二阶梯向第三阶梯的过渡地带,自南而北的地理气候过渡地带,从政区和交通地位来看,占着居天下之中的地位。在历史上,河南一向是我国人民南来北往、西去东来的必经之地,也是各族人民频繁活动和密切交往的场所。在现代社会中,铁路通车里程居全国首位,南北、东西交通大动脉交汇于省会郑州,河南以其得天独厚的地理位置,四通八达的陆路航空交通,密切了河南与全国各地的联系,为旅游产业的发展奠定了坚实的基础。河南具有优越的地理位置,位于京津唐、长三角、珠三角和成渝城市带之间,还是亚欧大陆桥进出西北六省的门户。国家铁路线通过河南的有京广、京九、焦枝、焦新、新荷铁路、侯月、孟宝、新密、陇海、宁西、漯阜、汤台,商南、衡潢、新商等。省会郑州是重要的交通枢纽,既是京广、陇海两大铁路干线的交汇处,又是郑西高铁和石武高铁的交会处,是连云港至荷兰鹿特丹亚欧大陆桥最大的客货转运站,还是辐射省内主要城市的 8 条城际铁路的中轴。便利的铁路交通使河南在经济上起着连南贯北、承东启西的重要作用。河南境内目前有五大民航机场,郑州成为全国第八大航空枢纽,通航国内外 67 个城市地区。河南公路交通网络同样发达,京港澳高速、连霍高速、济广高速、大广高速等 9 条国家高速公路及 20 余条区域地方高速公路及 105、106、107、207、310、311、312 等 9 条国道纵贯河南,郑州、洛阳、商丘等城市均建有环城高速。截至2011 年底,河南高速公路通车总里程达 5142 公里,居全国第一位。稠密、高速的交通网给河南旅游带来前所未有的机遇。以郑州为中心的"米"字形高铁和城铁架构,使中原城市群之间与国内主要客源市场之间实现无障碍对接。郑州与北京、西安、武汉、徐州、济南、南京、太原、合肥等重要城市形成"两个半小时旅游圈";高速公路网络使郑州成为全国自驾游的枢纽;以郑州为中心,郑洛、郑焦、郑开、郑平、郑新、郑济、郑－新－焦－济－洛－平、郑－新郑机场－许－漯 8 条省内高铁网络,将形成覆盖 3000～4000 万人口的核心都市旅游圈;郑州至首尔、台北、香港、新加坡、泰国的直航常态化和郑州国际机场的扩容,将促进河南的国际化发展格局进一步改善;随着中原经济区建设的不断深入,一个覆盖全省、辐射周边、涵盖 1.5～2 亿人口的经济区域和市场空间正在形成。无障碍对接的交通,也会促使游客构成发生变化,深层游和文化游将悄然兴起,商务旅游、休闲旅游、修身旅游、知识旅游、古遗迹旅游、寻根旅游、度假旅游、红色旅游、乡村旅游、现代化农耕旅游等都将增添很多机会。

4.政策优势

2009 年 6 月,河南省提出了"旅游立省"的经济发展战略,配合"文化河南,壮美中原"的形象定位,收效立竿见影,当年十一小长假,旅游产生"井喷"效应,小长假收入位列全国前三,首次超过了旅游强省江苏和浙江。如今,郑州—汴梁—洛阳一线由于自然景观和历史人文景观紧密结合,已经发展为国际闻名旅游线路。此外太行、桐柏、伏牛等山区自然景观日益成为旅游热点,安阳殷墟和文字博物馆等历史人文景观也在逐渐升温。目前,河南的 5A 景区 8 个,数量全国居前列,分别是:郑州登封嵩山少林景区、洛阳龙门石窟景区、焦作(云台山—神农山—青天河)风景区、安阳殷墟景区、洛阳嵩县白云山景区、开封清明上河园、平顶山鲁山县(尧山—中原大佛)景区、洛阳栾川县(老君山—鸡冠洞)旅游区。"旅游立省"的战略初见成效,游客人数从 2005 年的 1.10505 亿人增加到 2012 年的 3.63 亿人,海外游客从 2005 年 60.05 万人增至 2012 年的 190.77 万人,优秀旅游城市达到 27 个,国际知名度逐渐提高,更多城市逐渐拥有了比较高的接待能力和服务水平。

旅游总收入是衡量旅游发展的重要指标,与周边河北、山西、陕西、湖北、安徽相比,河南省"旅游立省"战略确定以来,旅游总收入超越周边 5 省,但是和旅游强省浙江、江苏、山东相比,还有较大差距。江苏、浙江、山东地处沿海,国际交通便利,经济发展速度较快,相应人口流动性大,预计河南省在短期内无法与之持平,但是随着"中原经济区"的发展,中原城市集群打开地域限制,协调行动,加快产能转型升级,可以缩小旅游总收入的差距。

"旅游立省"的战略中,政府主导作用明显。政府在协调联动、招商引资、品牌营销、产业转型升级等方面,起着重要作用,如 2010 年开始实施的"百村万户"旅游富民工程。筛选了 128 个有特色、有名气的村庄参加,通过举办特色活动,吸引了很多游客。在政府的指导和监管下,避免了旅游投资的盲目、资源破坏和重利轻义的行为,使文化旅游产业持续保持好态势,在创造经济价值的同时,健康、规范发展。2010 年全国旅游收入排行榜中,河南位列第八,2011 年位列第七。政府主导的"旅游立省"战略,使河南进入一个有计划、监管严、协调好的旅游发展氛围中。

(二)河南省文化旅游产业发展的现状

地方文化的融入是地方文化旅游产业品质、品位提升的关键。在发展文化旅游方面,河南主打古、根、花、河、泉、山水牌,将人文景观和自然景观融合在一起,大力开发红色旅游、民俗节会游、寻根游等旅游项目,完善了文化旅游体系,增强了河南文化旅游的影响力和竞争力,推动了文化旅游产业的创新发展。

1.文化旅游产业新格局初步形成

"郑汴洛"三点一线的旅游产业带是拉动河南省旅游经济的引擎,它奠定了河南文化旅游的基础,形成了河南文化旅游产业最初的格局。新形势下,河南推出了"一带两翼"

旅游发展战略,构建了区域文化旅游产业发展的新框架。"一带"是指沿黄文化产业带,包括郑州、开封、洛阳、焦作、濮阳、三门峡、商丘、济源等城市;"两翼"是指豫北和豫南两个文化产业区。新战略突出了特色文化产业区块建设,将有力地推动一些资源性城市朝着旅游城市方向发展,有力地推动那些有坚实基础的古城向国际文化旅游名城的目标迈进,有力地推动中原文化和黄河文化全面走向世界。

2.文化旅游品牌效应不断增强

河南有一批知名度较高的文化旅游景区,如龙门石窟、少林寺、清明上河园等,它们是河南文化旅游产业做大做强的有力支撑。两大旅游演艺品牌《禅宗少林·音乐大典》和《大宋·东京梦华》是河南文化旅游的金字招牌,它们的推出不仅丰富了河南文化旅游的内容和形式,而且提高了全省旅游的文化品位。目前,文化旅游与地方节庆活动融合渐成趋势。郑州国际少林武术节、新郑黄帝故里祭祖大典、洛阳牡丹文化节、开封菊花文化节、开封清明文化节、信阳茶文化旅游节等节庆文化旅游活动的品牌价值很高,影响力很大,它们不仅增强了城市的竞争力,而且提高了河南旅游品牌整体的知名度和美誉度,成为"老家河南,壮美中原"主题形象宣传广告语的最佳注脚,社会效益和经济效益突出。

3.文化旅游产业链不断延伸

过去,河南的旅游活动安排大都是"白天看庙,晚上睡觉",采取的是一种观光模式,属于门票经济和照相经济,游客的兴致保持时间短,经济效益自然上不去。现在,文化因素渗透于旅游的各个环节,旅游安排采取的是"白加黑"参与体验模式,旅游活动好戏连台、看点频现,游客的兴奋点不断被激发出来,人们对河南旅游的认同感增强,来豫的旅游者逐渐产生了消费路径依赖。目前,河南有乡村旅游、滑雪旅游、温泉旅游、度假旅游等多个新的旅游品种,能够满足游客观光体验的需要。在文化旅游产业的带动下,商业、地产业、娱乐业、演艺业、会展业、主题餐饮业、动漫业等产业蓬勃发展,文化旅游产业链条不断延伸,有力地推动了当地的经济建设。

(三)河南省文化旅游产业发展的前景

1.历史文化旅游资源将在经济增长中发挥更大作用

河南是中华民族最为重要的发祥地之一,夏、商、周、汉、魏、晋、南北朝、隋、唐、武周、五代和宋,先后有20个朝代建都或迁都于此,数千年来是全国政治、经济、文化、军事中心。中国八大古都中河南占其四,文物居全国首位,300个大姓中根在河南的有171个。文化旅游资源有故都、古城、古村落、古坟陵、古寺庙、祠堂、名人故居、楚汉三国文化、儒、道、法、墨文化、佛学、理学、易经玄学、汉字文化、根亲文化、诗词文化、功夫文化等。

历史文化久远厚重,是河南旅游的优势,前景乐观。很多国人对中国历史文化一知半解,因而河南历史文化旅游有很大潜在市场。主要有三种人群:

(1)知识型人

随着国民文化素质不断提高,产生更多知识型人,他们对于古文化有更好的理解能力与了解欲望;

(2)未成年人

他们的历史教育受到普遍重视,父母希望子女深刻了解古代历史知识,传承古代优秀文化。

（3）旅游点附近的市民

他们不愿意出远门,而这样的景点往往可以陶冶情操,提供别致的休闲情趣。

不过目前历史文化资源都挖掘得还不够出色,导游自身历史文化素质一般,无法承担起传播历史文化知识的重任,旅游带有"纪念意义",一般不会故境重游。当下的任务是:充分挖掘历史文化资源的潜力,以中华民族根文化为主线,大力开发河南的寻根敬祖、武术探秘、宗教朝圣等专项旅游,突出名城、名寺、名人的特色。使旅游变成智慧之旅、教育之旅。需要做的:一是要深入挖掘历史化资源本身,形成旅游特色。二是要培养专业研究型导游,在历史知识上有能力与游客互动,回答游客提问;能做纵向精深的剖析与横向比较,讲解深入浅出,注重旅游的教育意义。不仅满足游客历史知识层面的需要,而且传播中华孝、仁、义、礼、智、信等优秀道德文化,收益将一箭多雕。

2.省内游将成为更多河南人的选择

随着社会经济的发展和生活水平的提高,人们在基本需求被满足后,则会发生旅游需求,旅游将成为人们生活不可缺少的内容。近年来,随着河南省社会经济的快速发展,城乡居民特别是城市居民可自由支配收入增多、闲暇时间增加、消费观念转变,人们会普遍产生旅游动机。河南省是人口大省,也是国内最大的旅游客源地之一。选择省内游的优势如下:

①河南为"河南人游河南"出台了很多吸引游客政策,比如一定范围的减免票,办理旅游年卡等,确实吸引了很多河南人。

②长途游中,"旅"长而累,"游"短而快,走马观花居多,很多人厌烦了如此旅游。相反河南人游河南则会"旅"短"游"长,旅游的舒适性将吸引更多河南人。

③很多老年人也加入了旅游热潮,他们的特点是身体不再强壮,受不了长途颠簸,短途旅游是最好的选择。

④随着四通八达的交通网建立,中原城市群之间、与省外城市之间的经济合作加强,商务活动增多,商务旅游悄然兴起,轻松愉快的短途游更容易使彼此建立信任关系。

⑤短途游成为现代社会交际的手段之一,人们乐于在旅游中创造共同经历,相互沟通,增进感情。"十二五"期间预计河南省人均地区生产总值年均增速达到10%,旅游消费需求将迈入大众消费阶段,休闲、度假成为居民消费新趋势,这种趋势将有力推动河南旅游产业发展。

进21世纪后,我国的文化旅游产业获得了很大的发展。目前,文化旅游已经成为旅游发展的方向和趋势。文化旅游产业是河南的支柱型产业之一,河南在发展文化旅游方面有着得天独厚的条件,可以说,文化旅游是河南文化旅游产业的核心竞争力。近年来,河南的文化旅游产业同样发展迅猛。创意是文化旅游产业发展的关键,河南文化旅游产业要想获得更大的发展,就必须走创意规划、创新开发和精品化建设之路。

（四）河南省文化旅游产业发展的规划

立足将我省建设成华夏历史文明旅游创新发展先行区,整合郑州、开封、洛阳三市旅游资源,打造国际知名华夏文明旅游目的地、中国全域旅游示范区,成为带动全省旅游产业发展的核心区。

依托郑州国家中心城市建设,积极发展文化创意、时尚购物、商务会展、休闲度假等业态。推进自贸试验区郑州片区建设,引入国际知名的休闲娱乐、免税购物、商务会展、动漫游戏等品牌,发展现代时尚旅游。积极开发文化创意、休闲度假、现代娱乐等旅游产品,加快建设郑州国际文化创意产业园。以嵩山少林景区为依托,延伸功夫产业链,开发嵩山主题度假、文化创意旅游产品。以黄帝故里景区为引领,整合黄帝文化资源,加快建设根亲文化国际旅游目的地。以建设郑州古商都历史文化休闲区为抓手,创新大遗址保护开发模式,打造全景展现郑州历史、满足都市休闲娱乐需求的休闲街区。整合沿黄旅游资源和城郊乡村休闲旅游资源,推进环城游憩带建设,将郑州打造成国际商都城市、国内外知名旅游目的地、我国中部重要的旅游集散中心。

依托自贸试验区开封片区建设,发展创意设计、文化演艺、医疗旅游及旅游商品制造等,构建国际文化贸易和人文旅游合作平台,促进融合发展。深度挖掘开封宋文化,塑造大宋皇城、北方水城、汴京菊花、铁面包公、味道古都等五大旅游品牌,实施文化旅游创新、重点景区提升、旅游产品优化、旅游产业融合、生态环境改善、旅游综合体建设六大工程。策划宋文化体验游、民俗风情游、遗迹奇观游、名街名巷游、黄河生态游、乡村休闲游、研学体验游等七大主题旅游线路。打造黄河生态文化旅游区、童世界文化旅游园区、银基文化产业园区、朱仙镇国家文化生态旅游示范区、尉氏休闲生态园区五大旅游增长极,将开封建设成全城一景、宋韵彰显的国际文化旅游名城。持续强化洛阳"华夏之源、丝路起点、千年帝都、牡丹花城"品牌打造和形象推广,加快建设洛阳都市文化旅游中心区和黄河文化旅游带、洛河文化旅游带、伊河生态休闲旅游带。在自贸试验区洛阳片区,加快建设一批国际文化旅游、文化创意、旅游商品研发设计、旅游装备制造等项目,推进华夏历史文明传承创新区建设。加强龙门石窟世界遗产文化园区、白马寺佛教文化园区、关圣文化园、国家考古遗址公园、老城历史文化街区、玄奘文化景区、二里头遗址博物馆等项目建设,推出丝绸之路游、国学研修游、河洛寻根游、黄河文化游、生态山水游、温泉养生游、博物馆游、工矿体验游、特色乡村游等精品旅游线路,将洛阳建设成具有古都特色、中原风格的国际文化旅游名城。抓住"一带一路"建设国家战略机遇,深入挖掘和展现沿黄古都文化、丝路文化、黄河文化、根亲文化、佛教文化,突出峡谷奇观、黄河湿地、地上悬河等自然景观,加强黄河两岸生态建设,开发生态观光、休闲度假、文化体验等旅游产品。因地制宜开发黄河游轮、摩托艇、皮划艇、气垫船等水上观光、休闲娱乐产品,加快建设一批集餐饮、住宿、休闲等功能于一体的旅游码头。将我省沿黄旅游带打造成荟萃华夏文明、彰显中原丝路文化特色、凸显生态黄河风光的国际旅游精品带。整合南水北调中线沿线自然、人文旅游资源,加强南水北调中线渠首、沙河渡槽、穿黄工程等水利工程特色景观打造。加快沿线城市近郊游憩、休闲农业、康体养生产品开发和干渠两侧生态廊道建设,打造集自然观光、文化体验、休闲养生等功能于一体的生态文化旅游带。深入挖掘殷商文化、神农文化、周易文化、道教文化、红色文化,积极开发山岳观光、山地休闲、避暑度假、健康养生、猎奇探险、户外运动、低空旅游、研学旅游等产品,建设一批时尚康体运动旅游基地。将南太行旅游区打造成以山岳观光为基础、运动养生为特色的国际知名、国内一流旅游区。伏牛山旅游区。突出生态系统完整性、生物多样性和地质构造独特性,在巩固山水观光、山地休闲等知名旅游产品的基础上,大力发展温泉养生、康体健身、休闲度假、漂流滑雪、野营探险等特色旅游产品。将伏牛山旅游区打造成以山水休闲、养生度假为特色的国际知名、国内一流旅游区。突出豫风楚韵、淮河文化、民俗文化、根亲文化、红色文化特色,积极开发生态观光、休闲度假、康体养生、红色教育、姓氏寻根等旅游产品。加强与安徽、湖北两省合作,面向闽台地区开拓客源市场,共同打造大别山无障碍旅游区。将桐柏—大别山旅游区打造成以红色教育、生态休闲为主的国内知名旅游区。充分挖掘历史文化遗存,创新展示手段和形式,展现史前文化、姓氏文化、龙文化、道家文化、古城文化、汉梁文化、农耕文化、特色民俗文化、红色文化,大力发展休闲农业和乡村旅游。将豫东平原旅游区打造成以历史文化、农耕文化、姓氏文化为精髓的特色旅游区。

典型案例

河南省 2015 年以来各地市先后签约或启动的文化旅游项目

据投实不完全统计,"十二五"以来,河南省各地市先后签约或启动的文化旅游项目近百个,总投资近万亿元。

以下是 2015 年以来不完全统计河南省签约文旅类项目详情:

★2017 年 10 月 13 日,天瑞集团与 IDG 资本、观印象艺术发展有限公司旅游文化综合体框架合作协议签约仪式举行。天瑞集团与 IDG 资本达成了在平顶山市鲁山县中原大佛圣地建设"尧山文化旅游综合体项目"战略合作框架协议。"尧山文化旅游综合体项目"包括互联网、体育健身、医疗保健在内的温泉小镇开发以及尧山景区升级改造等内容。预计到 2020 年底前全部建成运营,总投资 200 亿元,第一期投资 50 亿元。

★2017 年 10 月 9 日,安阳市政府、北京金一文化发展股份有限公司、鑫融基战略合作签约仪式在安阳市党政综合楼隆重举行。总投资不低于 50 亿元的"黄金珠宝全产业链项目"正式在安阳市文峰区落地。"黄金珠宝文化旅游小镇"分三个阶段实施,包括设立先期办公展示区、建设黄金珠宝及关联配套产业展示销售中心、打造黄金珠宝文化旅游小镇。其中,临时办公展示区约 2000～5000 平方米,黄金珠宝及关联配套产业展示销售中心面积约 6 万平方米,黄金珠宝文化旅游小镇用地约 500 亩。

★2017 年 10 月 11 日上午,楚河汉界世界棋王赛赛址在荥阳鸿沟遗址奠基,由天伦集团全力打造的楚河汉界文化产业园项目正式启动。此次奠基的世界棋王赛赛址用地面积约 73 亩,预计总投资约 10 亿元,总建筑规模约 35000 平方米。项目包含棋王赛赛址场馆、象棋文化博物馆、象棋礼仪广场和接待酒店等。

★2017 年 9 月 28 日下午,巩义市人民政府与融创(中国)控股有限公司(HK.01918)的慈云小镇、云智小镇项目合作协议签约仪式在北京融创总部举行。慈云小镇、云智小镇项目位于巩义市大峪沟镇,由融创(中国)控股有限公司计划投资 450 亿元兴建。其中,慈云小镇项目计划投资 220 亿元,力争 5 年内将青龙山慈云寺景区提升为国家 5A 级景区,打造河南最具特色的文化旅游度假区。云智小镇项目计划投资 230 亿元,打造以大数据为核心,信息服务、金融科技等多领域联动的智慧云产业生态,推动巩义市工业转型升级创新发展。

★2017年9月18日,洛阳市举行2017洛阳河洛文化旅游节文化旅游产业开放合作对接会,集中推介洛阳市文化旅游产业。共有9个项目现场签约,投资总额161.04亿元。在签约仪式上签约的9个文化旅游项目分别是:投资100亿元的宜阳县香鹿山体育文化特色小镇项目、投资30亿元的汝阳县杜康古镇开发建设项目、投资15亿元的洛宁县嶕峣山休闲运动综合开发项目、投资5亿元的孟津县南石山三彩小镇建设项目、投资3亿元的栾川县尚元科技健康产业园项目、投资3亿元的伊滨经开区河洛老家文化旅游发展项目、投资2.8亿元的嵩县白河居—油路沟乡村旅游度假区项目、投资1.24亿元的西工区奥斯卡五星级影院项目、投资1亿元的新安县温泉度假小镇项目。

★2017年9月14日,新乡比干财神文化旅游特色小镇项目签约。比干财神文化旅游特色小镇项目初步规划占地面积1500亩,投资总额60亿元。目前,已经着手组建专家团队,开展项目选址、规划设计等工作,将分步开发建设特色小镇商务区、比干商学院等配套项目,涵盖旅游、生活、学习等领域,并计划投资拍摄比干影视作品。

★2017年9月13日,建业集团与洛阳市宜阳县人民政府香鹿山体育文化特色小镇项目签约仪式在郑州建业总部港举行。本次签约项目位于西起段村界、东至牌窑界、北至高铁线、南至洛河的香鹿山镇森林公园体育小镇,项目拟用地面积约10000亩,按照相关规划,项目拟建设集体育小镇、旅游度假、星级酒店、休闲养生、文化娱乐、商务科教等功能为一体的旅居新城。

★2017年9月6日,汝州温泉小镇水利旅游风景区项目签约暨开工仪式在温泉镇隆重举行。总投资规模34亿元,规划用地2900余亩,建筑面积27万平方米,预计三年内完成全部建设,年游客接待能力可达200万人次。项目从温泉小镇风貌概览、主体定位、场地价值研判、规划设计诠释、小镇旅游规划、自然体验片区六大方面精心策划,打造温泉文化旅游制高点,项目建成投用后,不仅能实现汝州的旅游产业转型升级,为汝州经济发展、社会和谐做出新的贡献,还将在河南省旅游发展格局中,形成区域新的经济增长点。

★2017年9月2日上午,信阳市鸡公山管理区与建业集团、天明集团就鸡公山风景区文化旅游项目正式签约。此次签约项目总面积287平方公里,初步构思"一园十三景",计划总投资300～500亿元。

★2017年8月22日,《重渡沟国家旅游度假区总体规划》通过专家评审。重渡沟国家旅游度假区分三期实施,总投资约52亿元,其中近期投资约25.22亿元,中期投资20.28亿元,远期投资6.5亿元,到2021年景区年旅游总收入将达到8.11亿元,到2026年将达到38.38亿元,到2036年将达到181.57亿元,带动规划区内及周边群众1320户5475人通过发展旅游就地实现脱贫致富,增加就业岗位21000个。本次规划涵盖了4个乡镇6个行政村;

★2017年8月2日上午,原阳县人民政府与郑州永恒控股集团有限公司就投建永恒·名相小镇项目签订合作协议。永恒·名相小镇项目总体规划面积约5～8平方公里,总建筑面积360万平方米,预计投资总额达100亿元人民币,建设期5年,分两期滚动开发建设。永恒·名相小镇项目规划为"一个中心,两大体验区,五大娱乐园"等业态和功能定位。"一个中心"即依托原阳县宰相之乡优势,修建宰相文化博物馆,传承本地稻米、大河、盘鼓文化,同时建设配建高标准酒店的文化交流中心,提高配套档次。"两大体验区"即建设"宰相文化体验区""农耕文化体验区"。"五大娱乐乐园"即建设十四宰相祠、名人典故乐园、稻田产业观光园、盘鼓文化体验园、农耕文化乐园等,打造历史文化、生态旅游主题,提高当地群众就业机会、促就产业消费,带动县域社会经济发展,形成原阳县的城市名片。

★2017年7月28日上午,建业特色小镇项目、花卉市场合作项目在位于鹤壁市城乡一体化示范区内的建业绿色基地分别举行签约仪式。建业特色小镇项目:位于市城乡一体化示范区京广高铁以东、洪河以南,总投资约110亿元,以特色街区、特色人居、安置社区及相关配套社区等为一体,建设周期计划为5年。花卉市场合作项目:位于建业绿色基地内,总投资约10亿元,总面积约5万平方米,用于鲜切花、盆花、园林植被、宠物、观赏鱼、工艺品、喜庆用品等批发及零售业务,倾力打造千亩花海和豫北最大的花卉交易市场。

★2017年7月13日下午,新乡市平原示范区重大合作项目集中签约,项目涉及金融、汽配、教育等领域,3个项目总投资150多亿元。其中,中原金融小镇项目总投资约130亿元人民币,其中一期投资约30亿元。该项目规划面积约2平方公里,将建设长线投资集聚、新兴金融孵化、金融科技创新"三大核心区",和专业服务配套、品质生活保障、文化旅游观光"三大功能区"。

★2017年7月12日,巩义市人民政府与河南嘉和国际能源投资有限公司日前签约,双方将联手在米河镇合作开发观澜小镇项目。该项目是米河镇今年继明月文化养生小镇、西山小镇之后,招商引资的又一力作。该项目计划总投资100亿元,总面积11495亩,涉及小里河、铁山、支石3个村,项目将以"旅游+""生态+"的理念,推进轻旅度假与传统农业、宜居康养、教育文化等产业深度融合,合力打造宜居宜业的生态休闲旅游度假示范区。

★2017年7月5日,岭南园林发布午间公告,岭南园林及春泉园林与潢川县签署了合作框架协议,双方就潢川县投资全域旅游及生态环境提升项目达成合作协议,项目总投资约40亿元。位于河南省潢川县。项目实施时间暂定为5年完成。双方可采用EPC、PPP、BOT等模式或国家出台的其他投资模式。主要建设内容包括潢川"画里花乡"国家森林公园(20万亩花木基地整合);弋阳古镇文化旅游景区(南城老城区);黄湖农场一干校文化旅游区;付店一寨河乡村旅游风景区(含寨河湿地公园和南寨古村寨);双柳树镇洪山寨特色小镇项目;产业聚集区城市景观风貌提升工程;城北道路景观提升工程;京九大道及潢川站站前广场景观综合整治工程。

★2017年6月30日上午,新安县甘泉古窑村文化旅游项目举行开工仪式。甘泉古窑村文化旅游项目,规划面积6.37平方公里,总投资4.36亿元。开发分两期进行:一期工程包括古村落核心区、北大门综合服务区、迎宾文化祈福区和乐享田园休闲区;二期工程包括民俗文化度假区、南大门综合服务区。

2017年6月22日,总投资逾120亿元,漯河市携手昌建集团拟建200万平方米中央文化区。昌建集团和漯河郾城区政府就五里庙区域1240亩土地的综合开发建设进行签约,双方合资成立公司,拟将项目打造成为建筑面积200万平方米(3000亩)漯河中央文化区,总投资超过120亿元。五里庙城市综合体项目,东至昆仑路,西临黄山路,南至淞江路,北至嫩江路。

★2017年6月15日,据《新乡日报》报道,新乡文旅小镇暨新科学院项目签约。新乡文旅小镇暨新科学院项目由新乡县政府、新乡投资集团有限公司、新乡市新投实业有限公司、北京伟光汇通集团、河南科技学院新科学院多方合作建设。该项目总占地4000余亩,总投资135亿元,将按照国家5A级旅游景区和百年校园的标准,高起点规划、高标准设计、高质量建设,着力打造一个集旅游、演艺、休闲、餐饮、购物为一体的文化旅游特色小镇和可容纳2万学生的现代教育园区,着力打造一个历史文化厚重、人文气息浓厚、生态环境优美的小镇。

★2017年6月13日,汝州国际文旅健康城规划汇报会暨项目签约仪式举行。汝州国际文旅健康城项目位于温泉镇,规划建设用地3000亩,建筑面积200万平方米,拟投资约120亿元,项目涵盖文化旅游、大健康及商业、地产等领域。

★2017年6月10日,许昌市政府与建业集团签订合作意向书,携手打造中医药健康养生养老示范区。目前,许昌中医药健康养生养老示范区已先期启动了十大建设项目,其中总投资80亿元,可容纳3万人度假养生、休闲养老的建业生态新城正有序推进。许昌中医药健康养生养老示范区位于花木之乡鄢陵县,规划面积28.86平方公里,初步规划为"四个小镇",即以陈化店特色小镇为主的温泉小镇、以鹤鸣湖风景区为主的休闲旅游度假小镇、以县中心医院怡馨园医养中心为主的医养小镇和药膳小镇,致力打造"国际知名、国内领先、中原一流"的健康养生养老示范区。

★2017年5月,河南豫信朴和实业发展有限公司与巩义市人民政府在巩义市委会议室就巩义市运动休闲特色小镇合作框架协议举行签约仪式。该框架协议的签订标志着河南豫信朴和实业发展有限公司与巩义市的整体合作正式拉开序幕。在此协议基础上,豫信朴和公司将为巩义市提供从项目策划及咨询、基础设施投资、产业导入及产业投资等一系列服务。据称,双方的潜在合作规模可达数百亿元。

★2017年5月26日,荣盛发展发布公告称,其控股子公司荣盛康旅与焦作市修武县签订框架协议,计划投资150亿元,共同建设"云台古镇"、修武县特色商业区等项目。

★2017年5月23日,巩义市政府与正商集团举行签约仪式,总投资300亿元的西山小镇正式落户巩义。这也是正商集团在郑州投资的最大项目。西山小镇位于巩义市米河镇东部,从郑州西四环到西山小镇仅需20分钟车程。项目计划总投资300亿元,与城市中高楼林立、高容积率的情况不同,西山小镇将致力打造郑州市民休闲度假"后花园",形成以绿色观光、山居体验为核心,以健康、运动、养生、度假为特色,集旅游、观光、疗养、休闲、餐饮、文化、娱乐为一体山地生态观光度假园区。

★2017年5月11日,浙江普天园林建筑发展有限公司与晋祥投资有限公司签订"河南洛阳平乐观文旅特色小镇建设项目合作框架协议",建设规模不低于6亿元人民币。平乐观文化旅游综合体配套项目内容包括:周边市政设施、道路系统、停车场配套、游客集散中心以及相应配套的绿化景观,配套工程的实施采取PPP模式。

★2017年5月10日,据《许昌日报》报道,许昌市人民政府与绿地集团全面战略合作备忘录签约仪式在上海举行。根据全面战略合作备忘录,许昌市与绿地集团将在房地产开发、特色小镇建设、城市基础设施及轨道交通建设等方面开展深入合作,并逐步延伸至其他领域。其中,特色小镇方面,双方将合作建安区北方周庄项目和建安区曹寨项目两个特色小镇。其中,建安区北方周庄项目拟打造特色文旅小镇,项目位于许昌市建安区,总占地1500亩,概算总投资约72亿元,建设内容主要包含中原水乡旅游群,院落式商业区功能板块。

★2017年3月16日,由郑州市政协、郑州市委宣传部主办,郑东新区、经开区、市文广新局和市文物局共同承办的"2017年列子文化研讨会"在郑东新区举行。此次会议上透露,圃田将建设列子文化园,预计总投入40亿元。圃田乡位于郑州市郑东新区,面积约6平方公里,东邻白沙镇,紧邻郑州高铁东站,处于郑汴一体化中心位置,是承接"一带一路"中欧班列的重要起点。

★2017年2月27日,华侨城集团宣布,其与郑州市政府就郑州市二七区金水河源文化旅游综合开发项目正式签署投资协议。华侨城与二七区政府将在金水河源区域,利用复合功能河道生态修复,结合深圳欢乐海岸"国家级生态湿地保护示范区"改造升级的成功经验,激活金水河域水资源,打造融历史文脉、时尚创意、地域风貌和人文魅力于一体的绿色生态升级版"欢乐海岸＋开放式主题公园"发展示范区。

★2017年1月13日下午,开封市人民政府与恒大集团在郑州签约,总投资约1000亿元的开封恒大童世界项目落户开封。项目以运粮河调蓄工程为基础,项目包括文化旅游产业项目和商业住宅配套开发项目,初步规划建设开封恒大童世界、国际会议中心、国际会展中心、主题广场、珍稀特色植物园、文化娱乐城、文创商业街、滨水商业街、滨水酒吧街、国际高端品牌酒店、产权式酒店、度假酒店、购物中心、国际高端公寓、旅游产品、居住区商业中心和温泉小镇等文化旅游产业项目。5月19日上午,开封恒大童世界项目开工仪式举行。

★2017年11月26日,修武县在郑州举办云台山＋文旅养项目推介暨签约仪式,对外推介修武·云台旅游商贸港等45个文化旅游养生产业项目。此次签约的云台山特色旅游小镇项目将依托云台山丰富的历史文化底蕴和优美在自然景观,打造以主题酒店、度假别墅、文化街区为主要内容,集院落式客房、精致餐饮、特色文化旅游产品销售、特色文化活动、会务、休闲、养生等功能于一体的小镇。云台山云宿文化小镇项目则以太极养生文化、中医药养生文化、自然山水文化、民俗文化等为依托,打造中原地区乃至全国著名的养生文化目的地、休闲度假目的地。海洋主题小镇项目、世界陨石艺术博物馆建设项目、后河村生态旅游开发项目等特色鲜明,共同给力修武大健康产业。

★2016年12月11日上午,开封祥符区人民政府与广州致友投资发展有限公司就中国开封野生动物园项目战略合作协议进行签约。该项目计划投资32亿元,占地4000亩,主要建设集野生动物放养、观赏和动物科普教育、生态旅游为一体的现代化综合性野生动物园。按照初步设想,野生动物园里将设置食肉动物放养区、步行圈养区、车行放养区、科普教育区、生态景观区、休闲娱乐区、后勤服务区、动物笼舍区和儿童动物观赏区等多个功能区。

★2016年11月24日,孟津特色小镇及全域旅游项目战略合作签约仪式在郑州举行。河南省文旅控股有限公司、惠银东方(北京)投资管理有限公司、中国水利水电第十四工程局有限公司将共同投资130亿,围绕生态城镇及全域旅游对孟津县进行全面开发建设。要因地制宜地打造集旅游、文化、生态、健康、养老及优势资源产业为一体特色小镇。此外,孟津县特色小镇的筹建仅仅是一个开始,河南省文旅控股有限公司还筹备设立了规模1000亿的中原特色小镇产业发展基金,力争通过3年培育创建100个左右特色小镇。

★2016年11月20日,"只有"主题演艺公园落户郑州文创园签约仪式暨艺术论坛举行。该项目由王潮歌导演与河南建业集团共同打造,规划占地约400亩,计划投资约30亿元,将于2017年开工建设,预计2019年实现公演。2017年10月12日,郑州市2017年重大文化产业项目暨《只有河南》启动仪式举行。

★2016年12月20日,郑州市中原新区管委会与华侨城集团公司在黄河饭店举行合作项目签约仪式,开启"文化+旅游+城镇化"发展新模式,在中原新区起步区建设中原华侨城大型文化旅游项目,以文化旅游创意产业带动西部中央商务区建设。

★2016年10月8日,总面积132平方公里,投资已超100亿,郑州国际文化创意产业园规划获批。该园区累计投资100亿元,园区核心区水系9600亩正在开挖,总里程80公里的"九纵六横"骨干路网全部建成贯通。郑州国际文化创意产业园2013年3月成立,前身是郑州绿博文化产业园,此次规划范围北至连霍高速公路、西至万三公路(新G107)、南至贾鲁河,东至官渡组团西边界,总面积约132平方公里。规划期限为2016—2030年,其中近期为2016—2020年。

(五)《河南省旅游产业"十三五"发展规划》解读

1."十三五"河南省旅游产业发展形势

"十三五"时期是我省全面建成小康社会、让中原更加出彩的关键时期,经济社会发展面临着新的形势和任务,我省旅游产业发展将迎来新一轮战略机遇期和发展黄金期。

全面建成小康社会有利于大众旅游消费持续快速增长。随着全面建成小康社会深入推进,城乡居民收入稳步增长,消费结构加速升级,人民群众健康水平大幅提升,带薪休假制度逐步落实,假日制度不断完善,基础设施条件不断改善,航空、高铁、高速公路等快速发展,旅游消费得到快速释放,为旅游产业发展奠定了良好基础。

推进供给侧结构性改革有利于促进旅游产业转型升级。供给侧结构性改革将通过市场配置资源和更为有利的产业政策,促进增加有效供给,促进中高端产品开发,优化旅游供给结构,推动旅游产业由低水平供需平衡向高水平供需平衡提升。

旅游产业被确立为幸福产业有利于优化旅游发展环境。旅游产业作为惠民生的重要领域,成为改善民生的重要内容,将推动各地政府更加重视旅游产业发展,促进更多城乡居民参与旅游,带动企业投资旅游,旅游产业发展环境将进一步优化。

国家战略的实施为旅游产业发展搭建了广阔平台。"一带一路"建设为跨区域、跨国界政策融合、设施互通、旅游合作带来难得机遇,郑州航空港经济综合实验区、郑洛新国家自主创新示范区、中国(河南)自由贸易试验区(以下简称自贸试验区)、中原城市群等"三区一群"战略实施为我省旅游产业发展提供了新的发展空间。

"十三五"期间,我省旅游产业仍将处于结构调整期和矛盾凸显期,面临不少挑战:旅游开发整合提升不够,融合发展不够,有效供给不足,要素集中布局、产业集群培育、功能集合构建不够;旅游资源挖掘营销不够,国际旅游目的地竞争力不强,旅游品牌、龙头企业较少,入境游占比较低;旅游功能配套不够,公共服务体系不健全,旅游交通与公共交通衔接不够充分,旅游公共信息服务能力不强等。这些问题需要在"十三五"期间认真加以解决。

2."十三五"河南省旅游产业发展趋势

(1)消费大众化

随着全面建成小康社会持续推进,旅游已经成为人民群众日常生活的重要组成部分。自助游、自驾游成为主要出游方式。

(2)需求品质化

人民群众休闲度假需求快速增长,对基础设施、公共服务、生态环境的要求越来越高,对个性化、特色化旅游产品和服务的要求越来越高,旅游需求的品质化和中高端化趋势日益明显。

(3)竞争国际化

各地普遍将发展旅游产业作为参与国际市场分工、提升国际竞争力的重要手段,纷纷出台促进旅游产业发展的政策措施,推动旅游市场全球化、旅游竞争国际化,竞争领域从争夺客源市场扩大到旅游产业发展的各个方面。

(4)发展全域化

以抓点为特征的景点旅游发展模式向区域资源整合、产业融合、共建共享的全域旅游发展模式加速转变,旅游产业与农业、林业、水利、工业、科技、文化、体育、健康医疗等产业深度融合。

(5)产业现代化

科学技术、文化创意、经营管理和高端人才对推动旅游产业发展的作用日益增大。云计算、物联网、大数据等现代信息技术在旅游产业的应用更加广泛。产业体系的现代化成为旅游产业发展的必然趋势。

3."十三五"河南省旅游产业发展总体要求

(1)指导思想

按照党中央、国务院决策部署,围绕"五位一体"总体布局、"四个全面"战略布局,牢固树立创新、协调、绿色、开放、共享发展理念,以供给侧结构性改革为主线,以转型升级、提质增效为主题,以高端化、绿色化、智能化、融合化、标准化为方向,以发展全域旅游为抓手,加强基础设施建设,完善公共服务体系,创新旅游产品业态,强化旅游品牌塑造,实施旅游精准扶贫,优化旅游市场环境,促进全省旅游产业持续健康快速发展,努力打造全面小康型旅游大省。

(2)基本原则

"十三五"旅游产业发展要遵循以下原则:

①坚持市场主导。发挥市场在资源配置中的决定性作用,遵循旅游市场内在规律,尊重企业的市场主体地位。更好发挥政府作用,营造良好的基础环境、发展环境和公共服务环境。

②坚持改革开放。改革体制机制,释放旅游产业发展活力,形成宏观调控有力、微观

放宽搞活的发展局面。利用好国际、国内两个市场、两种资源,形成内外联动、相互促进的发展格局。

③坚持创新驱动。以创新推动旅游产业转型升级,推动旅游产业从资源驱动和低水平要素驱动向创新驱动转变,使创新成为旅游产业发展的不竭动力。

④坚持绿色发展。牢固树立"绿水青山就是金山银山"的理念,将绿色发展贯穿到旅游规划、开发、管理、服务全过程,形成人与自然和谐发展的现代旅游产业新格局。

⑤坚持以人为本。把人民群众满意作为旅游产业发展的根本目的,通过旅游促进人的全面发展,使旅游产业成为提升人民群众品质生活的幸福产业。

(3)发展目标

立足高成长服务业大省建设,推动产业融合,通过规划先行、项目带动,注重营销、品牌塑造,完善设施、改善环境,将旅游产业培育成我省经济转型升级的重要驱动、供给侧结构性改革的重要引擎、增进人民福祉的重要力量、生态文明建设的重要引领、展示我省综合实力的重要载体、打赢脱贫攻坚战的重要生力军,将我省建设成华夏历史文明旅游创新发展先行区、生态文明旅游发展示范区、旅游精准扶贫样板区和国内一流、国际知名的旅游目的地。到2020年,全省接待游客量达到8.8亿人次,其中,入境游客量达到326万人次;旅游总收入超过8800亿元;旅游投资总额达到1060亿元,形成一批吸引力大、竞争力强、影响面广的旅游产品。

(4)战略布局

以建设郑汴洛旅游产业发展核心区,沿黄旅游带、南水北调中线旅游带,南太行旅游区、伏牛山旅游区、桐柏—大别山旅游区、豫东平原旅游区为重点,积极构建"一核两带四区"旅游产业发展格局。

★一核

依托自贸试验区建设,以发展全域旅游为抓手,整合郑州、开封、洛阳三市旅游资源,打造国际知名华夏文明旅游目的地、中国全域旅游示范区,成为带动全省旅游产业发展的核心区。

依托郑州国家中心城市建设,积极发展文化创意、时尚购物、商务会展、休闲度假等业态。推进自贸试验区郑州片区建设,引入国际知名的休闲娱乐、免税购物、商务会展、动漫游戏等品牌,发展现代时尚旅游。积极开发文化创意、休闲度假、现代娱乐等旅游产品,加快建设郑州国际文化创意产业园。以嵩山少林景区为依托,延伸功夫产业链,开发嵩山主题度假、文化创意旅游产品。以黄帝故里景区为引领,整合黄帝文化资源,加快建设根亲文化国际旅游目的地。以建设郑州古商都历史文化休闲区为抓手,创新大遗址保护开发模式,打造全景展现郑州历史、满足都市休闲娱乐需求的休闲街区。整合沿黄旅游资源和城郊乡村休闲旅游资源,推进环城游憩带建设,将郑州打造成国际商都城市、国内外知名旅游目的地、我国中部重要的旅游集散中心。

依托自贸试验区开封片区建设,发展创意设计、文化演艺、医疗旅游及旅游商品制造等,构建国际文化贸易和人文旅游合作平台,促进融合发展。深度挖掘开封宋文化,塑造大宋皇城、北方水城、汴京菊花、铁面包公、味道古都等五大旅游品牌,实施文化旅游创新、重点景区提升、旅游产品优化、旅游产业融合、生态环境改善、旅游综合体建设六大工程。策划宋文化体验游、民俗风情游、遗迹奇观游、名街名巷游、黄河生态游、乡村休闲游、研学体验游等七大主题旅游线路。打造黄河生态文化旅游区、童世界文化旅游园区、银基文化产业园区、朱仙镇国家文化生态旅游示范区、尉氏休闲生态园区五大旅游增长极,将开封建设成全城一景、宋韵彰显的国际文化旅游名城。持续强化洛阳"华夏之源、丝路起点、千年帝都、牡丹花城"品牌打造和形象推广,加快建设洛阳都市文化旅游中心区和黄河文化旅游带、洛河文化旅游带、伊河生态休闲旅游带。在自贸试验区洛阳片区,加快建设一批国际文化旅游、文化创意、旅游商品研发设计、旅游装备制造等项目,推进华夏历史文明传承创新区建设。加强龙门石窟世界遗产文化园区、白马寺佛教文化园区、关圣文化园、国家考古遗址公园、老城历史文化街区、玄奘文化景区、二里头遗址博物馆等项目建设,推出丝绸之路游、国学研修游、河洛寻根游、黄河文化游、生态山水游、温泉养生游、博物馆游、工矿体验游、特色乡村游等精品旅游线路,将洛阳建设成具有古都特色、中原风格的国际文化旅游名城。

★两带

①沿黄旅游带。抓住"一带一路"建设国家战略机遇,深入挖掘和展现沿黄古都文化、丝路文化、黄河文化、根亲文化、佛教文化,突出峡谷奇观、黄河湿地、地上悬河等自然景观,加强黄河两岸生态建设,开发生态观光、休闲度假、文化体验等旅游产品。因地制宜开发黄河游轮、摩托艇、皮划艇、气垫船等水上观光、休闲娱乐产品,加快建设一批集餐饮、住宿、休闲等功能于一体的旅游码头。将我省沿黄旅游带打造成荟萃华夏文明、彰显中原丝路文化特色、凸显生态黄河风光的国际旅游精品带。

②南水北调中线旅游带。整合南水北调中线沿线自然、人文旅游资源,加强南水北调中线渠首、沙河渡槽、穿黄工程等水利工程特色景观打造。加快沿线城市近郊游憩、休闲农业、康体养生产品开发和干渠两侧生态廊道建设,打造集自然观光、文化体验、休闲养生等功能于一体的生态文化旅游带。

★四区

①南太行旅游区。深入挖掘殷商文化、神农文化、周易文化、道教文化、红色文化,积极开发山岳观光、山地休闲、避暑度假、健康养生、猎奇探险、户外运动、低空旅游、研学旅游等产品,建设一批时尚康体运动旅游基地。将南太行旅游区打造成以山岳观光为基础、运动养生为特色的国际知名、国内一流旅游区。

②伏牛山旅游区。突出生态系统完整性、生物多样性和地质构造独特性,在巩固山水观光、山地休闲等知名旅游产品的基础上,大力发展温泉养生、康体健身、休闲度假、漂流滑雪、野营探险等特色旅游产品。将伏牛山旅游区打造成以山水休闲、养生度假为特色的国际知名、国内一流旅游区。

③桐柏—大别山旅游区。突出豫风楚韵、淮河文化、民俗文化、根亲文化、红色文化特色,积极开发生态观光、休闲度假、康体养生、红色教育、姓氏寻根等旅游产品。加强与安徽、湖北两省合作,面向闽台地区开拓客源市场,共同打造大别山无障碍旅游区。将桐柏—大别山旅游区打造成以红色教育、生态休闲为主的国内知名旅游区。

④豫东平原旅游区。充分挖掘历史文化遗存,创新展示手段和形式,展现史前文化、姓氏文化、龙文化、道家文化、古城文化、汉梁文化、农耕文化、特色民俗文化、红色文化,

大力发展休闲农业和乡村旅游。将豫东平原旅游区打造成以历史文化、农耕文化、姓氏文化为精髓的特色旅游区。

（5）重点任务

★发展全域旅游

以优化旅游空间为抓手、供给侧结构性改革为主线，创新旅游产品，加快产业融合，扩展服务要素，推动我省旅游产业由景点旅游模式向全域旅游模式转变。

围绕"全域统筹规划、全域资源整合、全要素综合调动、全社会共治共管、共建共享"的目标，实现产业发展模式七种转变，即从重点景点景区建设到综合目的地统筹发展转变，从门票经济向产业经济转变，从粗放低效旅游向精细高效旅游转变，从封闭的旅游自循环向开放的"旅游＋"融合发展方式转变，从旅游企业单打独享向社会共建共享转变，从景点景区内部"民团式"社会管理向全域旅游依法治旅转变，从旅游行政管理部门主管主抓向多部门齐抓共管、共同推动转变。

以自贸试验区为载体，通过创新旅游体制机制，推动现代旅游治理体系建设。创新规划理念，将全域旅游发展贯彻到城乡建设、土地利用、生态保护等各类规划中，在旅游引领"多规合一"方面取得新突破；补齐短板，加强旅游基础设施建设，在公共服务设施建设方面取得新突破；推进融合发展，丰富旅游供给，形成综合新动能，在推进"旅游＋"方面取得新突破；实施旅游扶贫，推进旅游增收富民，在旅游精准扶贫方面取得新突破；规范市场秩序，加强旅游综合执法，在文明旅游方面取得新突破；完善旅游产业发展评价考核体系，在健全旅游产业统计体系方面取得新突破；保护城乡风貌和自然生态环境，在优化城乡旅游环境方面取得新突破。努力推动郑州、开封、洛阳创建国家全域旅游示范区，在满足大众旅游时代旅游消费新需求和推进旅游产业转型升级方面先行先试。鼓励有条件的地方积极创建国家全域旅游示范区，"十三五"期间，力争建成 30 个国家全域旅游示范区。

★提升旅游产品质量

适应大众旅游发展，优化旅游产品结构，推进中国功夫、古都文化、根亲文化国际旅游目的地和山地休闲、养生度假特色旅游目的地建设。

①打造精品旅游线路。坚持景观延续性、文化完整性、产业集聚性原则，依托丰富的人文、自然资源和便利的交通运输体系，连接重要旅游城市和品牌景区，打造九大精品旅游线。

②开发休闲度假产品。大力开发山地、温泉、森林、滨水、养生等休闲度假旅游产品，发展特色鲜明的休闲度假项目，建设一批高标准的旅游度假区和满足多层次、多样化休闲度假需求的国民度假地。加快推进中心城市及周边区域的近郊休闲旅游产品开发，鼓励发展休闲街区、城市绿道、骑行公园等慢行系统，拓展城市休闲空间。努力打造黄河小浪底滨水度假旅游产业集群、南太行山地运动度假旅游产业集群、伏牛山山水养生度假旅游产业集群和大别山生态休闲度假旅游产业集群。"十三五"期间，全省争取创建 2～3 个国家级旅游度假区、15 个省级旅游度假区和 30～40 个国民度假地，培育 2～3 个国家旅游休闲区。

★建设精品景区

坚持 A 级景区创建与品质提升并举,完善 A 级景区复核和退出机制,实现高等级景区退出常态化。在全省资源特色突出、市场开发成熟、发展潜力大的旅游景区中遴选一批精品景区,进行重点打造,力争"十三五"期间全省新增 5 个 5A 级旅游景区。

★推进旅游产业集聚发展

培育旅游产业园区。推进体制改革,创新管理模式,积极培育产品业态丰富、产业要素集聚、产业功能配套、管理体制科学、综合效益突出、带动作用显著的旅游产业园区。"十三五"期间,全省基本建成 10 个投资 100 亿元以上的旅游产业园区。建设旅游综合体。以郑州、洛阳、开封等市为重点,加快推进融合观光、游乐、休闲、运动、商务、会展、度假、体验等多种功能于一体的旅游综合体建设。"十三五"期间,全省建成 5 个功能复合、业态丰富、要素完善的旅游综合体。

★丰富旅游供给

①创新发展文化旅游。促进文化旅游融合发展。挖掘古都文化、功夫文化、根亲文化、农耕文化、戏曲文化等,开发文化体验、根亲拜祖旅游产品。创新特色旅游体验方式,在景区、服务点、商业街区等地营造浓厚的文化旅游氛围。鼓励民俗技艺传承人在景区、旅游展销会和节庆活动中展示传统手工技艺、民俗文化,将文化资源转化为旅游产品。完善重点文物保护单位、历史文化街区、名人故居、博物馆、纪念馆等场所的旅游服务功能。

推出文化旅游创意产品。利用现代传媒技术,依托郑州航空港经济综合实验区、绿博文化创意产业园区等平台,研发推出一批中原文化特色衍生品。以文化创意、旅游休闲、商务会展为重点,在全省建设一批文化旅游创意产业园区、创意街区、创意旅游区、动漫研发中心等。

创建国家人文旅游示范基地。支持洛阳、开封、安阳、商丘、登封等市进一步挖掘人文旅游资源,加强非物质文化遗产保护、传承、利用,加强城市商业休闲空间建设,积极创建国家人文旅游示范基地。

②突出发展乡村旅游。依托绿水青山、田园风光、传统村落、民俗文化等大力发展观光农业和休闲农业,积极培育创意农业、定制农业和会展农业等新型业态。建立乡村旅游重点村名录,开展乡村旅游环境整治,推进"厕所革命"向乡村旅游点延伸。创新乡村旅游组织管理方式,推广乡村旅游合作社模式。实施乡村旅游后备厢工程,带动农副土特产品销售,增加农民收入。创建一批乡村旅游创客示范基地和以乡情教育为特色的研学旅行示范基地。

加强以巩义市海上桥村、鹿邑县曲仁里村、汝阳县杜康村、孟津县卫坡村、宝丰县马街村、郏县临沣寨村、卫辉市小店河村、修武县一斗水村、博爱县寨卜昌村、三门峡市陕州区庙上村、渑池县赵沟村、内乡县吴垭村、罗山县何家冲村为代表的古村落保护开发,打造"老家河南"乡土文化的载体。推广栾川县重渡沟村、嵩县天桥沟村、修武县岸上村、信阳市平桥区郝堂村、商城县七里冲村、新县许家洼村等旅游特色村发展经验,将一批旅游资源独特、旅游产品特点突出、旅游开发基础较好的村庄打造成可憩可游的旅游特色村和乡村度假地。

到 2020 年,全省建成 400 个乡村旅游特色村,推出 200 个乡村旅游精品民宿,打造 30 个乡村旅游创客示范基地,乡村旅游年接待游客超过 2.7 亿人次,形成一批具有我省特色的乡村旅游品牌,打造全国知名的乡村旅游目的地。

③持续发展红色旅游。整合我省红色旅游资源,打造爱国主义教育基地、研学基地。推进爱国主义和革命传统教育大众化、常态化。加强统筹规划,注重与脱贫攻坚、区域发展、城乡建设相衔接,促进融合发展。加强与周边省红色旅游区域协作,打造大别山红色圣地游、长征精神游、中原抗日故地游、中原解放战争战地游等红色旅游精品线路。加强红色旅游景区基础设施和服务设施建设,提升服务水平。整合红色旅游景区周边自然生态、传统文化、特色乡村等旅游资源,打造推出一批复合型旅游产品。以"三山一滩"区域为重点,拓展红色旅游扶贫富民功能,支持当地群众参与餐饮、住宿等经营服务,因地制宜发展适合革命老区的种养殖业和特色手工业,带动当地贫困人口脱贫致富。"十三五"期间,全省新增 4~6 家全国红色旅游经典景区。

④加快发展健康养生旅游。促进旅游与健康医疗融合发展,鼓励汝州、辉县、修武、温县、禹州、三门峡市陕州区、西峡等地加快推进医药康疗、运动康体、道家养生等康养旅游业态与观光、度假、研修等旅游业态的产业联动,创建国家康养旅游示范基地。积极发展温泉养生度假旅游,加快温泉与中医药结合的温泉养生产品研发,完善以温泉为载体的度假、养生、娱乐、观光等复合型温泉旅游产品体系。推进旅游与中医药融合发展,推动中医药旅游产品创新、医疗资源开放共享,促进中医药健康旅游产品的国际交流合作。"十三五"期间,争取创建 1~2 个全国中医药健康旅游示范区、5~8 个省级中医药健康旅游示范区和 6~8 家全国中医药健康旅游示范企业(基地)、15~20 家省级中医药健康旅游示范企业(基地)。

⑤鼓励发展研学旅游。推进研学旅游与国民教育结合,将研学旅行作为青少年接受爱国主义和革命传统教育、国情教育的重要形式,培养青少年的社会责任感、创新精神和实践能力。加强安阳研学旅游目的地和红旗渠景区研学旅游示范基地建设,加快济源市全国中小学研学旅行实验区建设。支持各地依托自然和文化遗产、古村落、博物馆、科技馆、知名院校、工矿企业、科研机构等,建设一批研学旅游目的地和研学旅游示范基地。

⑥大力发展工业旅游。鼓励工业企业因地制宜发展工业旅游,促进转型升级。积极引导工业企业、产业园区依托工业生产过程、企业文化,发展工业观光旅游、工业体验旅游和商务考察旅游。利用废弃矿山开发矿山公园,废旧厂房及工业设施建设文化创意基地,废弃铁路机车、线路等打造铁路主题旅游产品。鼓励发展游艇、游船、旅游房车、旅游小型飞机、旅游小火车、景区索道、大型游乐设施等旅游装备制造业,大力发展具有自主品牌的休闲、登山、滑雪、潜水、露营、探险等户外用品制造业。

⑦加快发展特色城镇旅游。支持郑州、开封、洛阳、安阳、焦作建设国际旅游城市,推动许昌、南阳、商丘建设文化旅游名城,加快以浚县、卫辉、内乡、鹿邑等为代表的古城建设。以特色商业区、商务中心区建设为载体,加强集休闲游憩、文化体验、文化娱乐、旅游购物、特色餐饮等功能于一体的城市休闲街区建设,提升城市的旅游服务功能。加快中心城市环城游憩带建设,为城市居民提供近郊休闲、文化体验、康体养生等休闲场地。重视开封市祥符区朱仙镇、禹州市神垕镇、淅川县荆紫关镇、社旗县赊店镇等名镇的历史文

化传承和整体风貌保护,推动由食宿、观光旅游向休闲、体验、度假旅游转变,打造古镇旅游升级版。加快巩义市康店镇、汝州市温泉镇、永城市芒山镇、林州市石板岩镇、信阳市浉河区浉河港镇等旅游风情小镇建设。通过聚集创新创业要素、扩展旅游服务功能,在中心城市周边打造一批现代化特色旅游小镇。

⑧支持发展体育旅游。加强旅游与健身休闲、竞赛表演的融合发展,鼓励特色体育场馆、设施和基地向旅游者开放。依托登封嵩皇体育小镇、中牟黄河湿地赛车公园、栾川伏牛山滑雪度假乐园、林州国际滑翔基地、辉县万仙山国家攀岩公园、焦作太极体育中心、睢县水上运动赛事基地等,大力发展运动体验、赛事观赏、户外运动、体育节庆等。依托郑开国际马拉松、强渡黄河极限挑战赛、太极拳交流赛、功夫擂台赛等打造体育旅游品牌。规范发展漂流、滑雪、滑草、攀岩、滑翔、登山、自行车、航空运动、水上运动等体育旅游项目。到 2020 年,全省打造 1～2 个具有国际影响力的体育旅游目的地,建设 1～2 个国家体育旅游示范基地。

⑨积极发展商务会展旅游。发挥郑州、开封、洛阳、焦作等旅游城市的商旅会展功能,积极发展商贸会议、行业会展、区域年会、文化艺术交流会、产品发布会等商务旅游产品,支持郑州建设商务会展旅游目的地。争取更多有影响力的大型会议、赛事、博览会、交易会等在我省举办,促进旅游产业与会展业融合发展。

★延伸产业链条

通过盘活存量、做优增量,优化传统旅游要素结构,实现旅游市场供给与需求动态平衡。

①创新发展旅游购物业。依托老字号品牌,突出我省文化元素,推出"老家礼物"系列旅游商品。将少林功夫、开封菊花、汴绣、木版年画、洛阳牡丹、唐三彩、太极文化、钧瓷、汝瓷等特色文化元素融入日常消费品设计,开发实用、美观、便携的旅游商品。建设一批旅游商品研发中心、生产基地和创客基地。在中心城市和重要旅游目的地建设一批休闲购物街区和旅游商品集散市场,在机场、高铁站、旅游服务中心、重点旅游景区等地设置特色旅游商品购物区。"十三五"期间,重点培育 20～30 家大型旅游商品生产企业,建设 3～5 个大型旅游商品交易中心和旅游商品创意园区。

②构建新型旅游住宿业。注重结构优化、品牌打造和服务提升,培育一批有竞争力的住宿品牌,推进住宿企业连锁化、网络化、集团化发展。引进国际知名品牌连锁酒店,加强度假酒店建设,加快传统酒店提升改造,提高管理服务水平。大力发展具有我省地方特色的主题酒店,积极发展特色乡村酒店、汽车旅馆、青年旅舍、主题风情客栈和文化民宿,鼓励发展自驾车旅居车营地、帐篷酒店、露营地等新型住宿业态。

③丰富完善旅游娱乐业。推广"景区＋游乐""景区＋剧场""景区＋演艺"等景区娱乐模式,进一步优化《禅宗少林·音乐大典》《大宋·东京梦华》《功夫诗·九卷》等演艺项目,鼓励 4A 级以上旅游景区开发有本地特色的表演项目。结合古城、古镇、古村开发,加快发展以文艺表演、夜游等为主要内容的夜休闲活动。利用豫剧、曲剧、越调等地方戏曲及曲艺、杂技等特色资源,丰富旅游娱乐业内容。

④优化提升旅游餐饮业。挖掘我省传统菜系和地方特色餐饮,弘扬豫菜文化,推出"老家味道"系列美食产品。支持我省餐饮知名企业规模化发展,打造特色餐饮品牌。支

持在郑州、开封、洛阳、安阳、焦作、南阳、信阳等重点旅游城市打造一批特色美食街区。鼓励依托特色景区、古镇古村、旅游风情小镇建设美食小镇、美食乡村、美食农庄。

★实施精准营销

建立立体化旅游宣传营销体系,实施旅游精准营销,充分释放旅游需求,拉动旅游新消费。

①宣传旅游形象。在国内市场讲好"老家故事",持续宣传"豫见中国·老家河南"品牌形象。在国际市场讲好"河南故事",强化"河南·中国历史开始的地方"整体旅游形象。积极发挥各类平台作用,利用多种宣传手段,全方位推介我省旅游形象。发挥品牌引领功能,推出"老家美景""老家印象""老家味道""老家礼物""老家小镇""老家乡村""老家客栈"等系列"老家"品牌,形成支撑"老家河南"形象的旅游品牌体系。创新营销方式,强化线上线下结合、虚拟网络与实体服务对接。综合运用现代化传播手段,全方位宣传推介我省旅游产品和旅游目的地。

②开拓旅游市场。大力提振入境旅游。优化入境旅游政策,推进入境旅游签证、通关便利化。提升入境旅游公共服务和商业接待水平,提高入境旅游服务品质。积极发挥联合国世界旅游组织旅游可持续发展河南省观测站的平台作用和国际民间交流团体、国际性行业协会的影响力,建设河南旅游海外营销推广中心。加强与境外知名旅行商合作,充分发挥自贸试验区在促进入境旅游发展方面先行先试的作用。

积极发展国内旅游。进一步加强长三角、京津冀、泛珠三角等客源市场开发,实施资源共享、客源互送的互游计划。发挥高铁旅游联盟平台作用,积极开展针对高速铁路、高速公路沿线客源城市的宣传促销活动。鼓励5A级景区在主要客源市场城市设立营销推广机构,实现市场营销常态化。

有序发展出境旅游。强化出境游业务旅行社资质的审核和监管,加强对出境旅游产品的引导和监控,倡导文明出游和文明消费,建立完善出境旅游目的地的安全预警制度,不断提升出境旅游的服务质量,维护出境游客的合法权益。

③打造节会品牌。积极打造以中国(郑州)国际旅游城市市长论坛、黄帝故里拜祖大典、中国开封菊花文化节、中国洛阳牡丹文化节、"中华源"国际文化旅游推广周等为代表的节会活动品牌。鼓励各地结合自身实际,组织策划形式多样、富有成效的旅游活动,提升我省旅游品牌的知名度和美誉度。

★壮大旅游市场主体

引导旅游企业做优做强,推进大型旅游企业多元化扩张、中型旅游企业连锁化发展、小型旅游企业专业化拓展。积极引进国内外大型企业、旅游集团投资落户我省,实现与本省企业的融合发展。鼓励省内骨干旅游企业采取资本扩张、品牌输出、特许经营等方式进行连锁、联合发展。支持我省大型工业、房地产开发企业及其他企业集团跨界进入旅游产业,形成跨地区、跨行业、跨所有制的旅游企业。支持中小微旅游企业特色化、专业化发展,打造中小微旅游企业创新创业公共孵化平台。鼓励在线旅游企业进行全产业链运营,提高集团化、国际化发展水平。推动传统旅行社转型升级,鼓励有实力的旅行社跨区域设立分支机构,支持旅行社服务网络进社区、进农村。加强旅行社行业自律,打造诚信品牌旅行社。"十三五"期间,力争培育3~5家年综合收入超20亿元的旅游企业,打造 2～3 家全国百强旅行社。

★推进智慧旅游

提升旅游信息化基础设施水平,加快机场、车站、宾馆饭店、景区景点、乡村旅游点等重点涉旅区域的无线网络建设,推动游客集中区、环境敏感区、高风险地区物联网设施建设。加快洛阳、郑州智慧旅游城市建设步伐,支持更多城市创建国家智慧旅游试点城市。加快智慧旅游企业、智慧旅游乡村建设,打造一批智慧旅游景区、酒店、旅行社,培育一批"互联网＋旅游"创新示范基地,支持互联网旅游企业加快发展。至 2020 年,全省 5A 级景区及部分 4A 级景区建成智慧旅游景区,全省 4A 级以上旅游景区实现无线网络、智能导游、电子讲解、在线预订、信息推送、视频监控等功能全覆盖。建设旅游产业大数据平台和智慧旅游公共服务平台,推动旅游与交通运输、公安、工商、气象、国土资源、卫生计生、文化、航空、通信管理等部门、行业的数据共享,实现对旅游产业运行的有效监测。加强信息技术在旅游行业管理中的应用,推进以在线办事、行政审批、人才培训、行业监管、游客流量监测和风险隐患防控为主要内容的旅游产业运行管理系统建设。以行业大数据为基础,建立全省一体化旅游营销宣传体系。

★完善旅游公共服务体系

全面提升旅游公共信息、交通集散、安全保障、便民惠民等服务水平,构建高效便捷的现代旅游公共服务体系。

①完善旅游公共信息服务体系。构建以旅游公共信息服务平台为基础,高清实时视频观景平台、触摸终端、手机应用软件等为媒介的旅游公共信息服务体系。推动互动体验技术、移动信息技术、物联网技术等在旅游产业中应用。加快线上线下服务融合,为游客提供旅游资讯查询、产品推荐、行程规划、门票酒店预订、景区导游导览、虚拟旅游、旅游地图等旅游公共信息服务。加强旅游咨询中心、咨询服务点建设,完善覆盖城市主要旅游中心区、3A 级以上景区、重点乡村旅游点以及机场、车站、高速公路服务区、商业步行街区等游客聚集区域的旅游咨询服务网络,为散客和自驾游客提供人工咨询、信息查询等服务。

②完善旅游安全保障体系。加强对旅游道路特别是桥梁、隧道等的交通安全管理,对客运索道、大型游乐设施等特种旅游设备定期开展安全监测,对旅游用车、用船进行动态监测,开展景区景点最大承载量管控和专项检查。完善旅游市场综合监管机制,重点治理扰乱旅游市场秩序、侵害旅游者权益的突出问题,落实旅游市场监管责任,提高监管水平和保障能力,营造诚信经营、公平竞争、文明有序的旅游市场环境。深化旅游保险合作,完善旅游保险产品,提高保障额度,扩大覆盖范围,提升理赔服务水平。建立健全多部门协同合作的旅游应急处置机制,落实旅游企业安全责任制,推动旅游企业建立应急队伍、完善应急救援设备设施、开展应急培训演练,实现一线从业人员旅游安全培训全覆盖。

③实施旅游交通通达工程。加快通达旅游景区的道路建设,积极构建航空、铁路、公路、城市公交、城市轨道交通等多种交通方式"零距离换乘、无缝化衔接"的旅游综合交通体系。强化郑州新郑国际机场旅游交通枢纽作用,构建连接全球重要枢纽机场和主要经济体的空中通道。完善国内航线网络,开通郑州至国内旅游热点城市的"空中快线",提

高郑州至重点客源城市的航线密度。加快支线机场建设,积极推进通用机场建设,将旅游交通设施建设和低空旅游产品开发相结合,发展空中观光、空中巴士、驾驶体验、航拍摄影等低空飞行旅游产品。依托米字形高速铁路网建设,加强我省与京津冀、长三角、珠三角、成渝、山东半岛等客源市场的互联互通。建设沿南太行、伏牛山旅游通道,研究规划沿大别山旅游通道。加强重点景区与高速公路连接通道建设,实现高速公路基本覆盖全省4A级以上旅游景区。加快黄河中下游两岸旅游通道、滨河绿道和自行车慢道系统建设,加强沿南水北调中线干渠两侧旅游通道建设。实施县乡道路提质工程,提升乡村旅游的通达性。加强省区协作,建设太行山旅游风景道、大别山旅游风景道、黄河中下游旅游风景道、南水北调中线旅游风景道四条跨区域旅游风景道,实施沿线立体景观营造工程,加强观景游憩设施建设。

完善旅游集散体系,加快省旅游服务中心建设,强化旅游指挥调度、信息咨询、应急救援等方面的引导、协调功能,构建覆盖全省的旅游集散指挥平台。依托郑州国家中心城市建设,打造中国中部旅游集散中心。加强洛阳、安阳、信阳、商丘、焦作、南阳、三门峡等市旅游目的地建设,提升综合旅游服务功能,建设全要素聚集、辐射周边的区域旅游集散中心。完善提升高速公路服务区旅游功能,融入旅游信息咨询、休闲、购物、美食、娱乐等元素,加强景观营造,将服务区打造成自驾游休闲驿站。提高乡村旅游道路等级,加强道路养护,推进乡村旅游公路旅游标识标牌建设。推广旅居生活方式,加快自驾车旅居车营地建设,完善自驾车旅游服务体系,形成一批自驾车旅居车旅游线路。大力发展自驾车旅居车租赁业务,支持汽车租赁企业做大做强。

④加强旅游惠民便民服务。鼓励景区增加免费开放空间,推动博物馆、纪念馆、爱国主义教育示范基地等免费开放,落实残疾人、老年人、现役军人、未成年人、学生等景区门票减免政策。鼓励各地发行旅游一卡通、电子消费券、旅游年卡等,为游客、市民提供旅游便利服务。加强政策引导、标准规范、技术创新、典型示范,持续推进旅游"厕所革命"。重点抓好乡村旅游厕所改造,着力推进山区和平原缺水地区厕所技术革新,实现主要旅游景区、旅游场所、旅游线路和乡村旅游点的厕所全部达到A级标准。

★优化旅游市场环境

规范旅游市场秩序,强化社会监督,创新监管机制,推进依法治旅、依法兴旅、依法强旅。健全旅游综合监管机制,构建属地管理、部门联动、行业自律、各司其职、齐抓共管的工作格局。持续开展旅游市场秩序整治行动,依法打击不合理低价游、强迫或变相强迫旅游消费、虚假广告宣传等行为,切实维护旅游者的合法权益。建立健全旅游信用信息公示制度,打击旅游失信行为。提升旅游服务质量,探索建立旅游市场秩序综合评价制度,建立旅游产品和服务标准公开承诺和监督制度。加强旅游法制建设,健全旅游综合监管和联合执法机制,支持有条件的地方设立旅游警察、旅游工商分局、旅游巡回法庭,逐步实现旅游综合执法。推进旅游标准化建设,构建旅游标准化信息公共服务平台,提升旅游标准化服务与管理水平。在全省推广洛阳、开封全国旅游标准化示范城市,淮阳、西峡、新县全国旅游标准化示范县和河南嵖岈山旅游实业发展有限公司、淮阳县太昊陵管理处、河南八里沟景区有限公司、修武县云台山风景名胜区管理局、洛阳龙门旅游集团有限公司全国旅游标准化示范单位的经验。加强宣传教育,建立文明旅游法规体系,落实旅游文明行为公约和行动指南。开展文明旅游主题活动,加强对出境旅游者的文明提示和团组管理,提高旅游者和旅游从业者、经营者的文明自觉。持续开展旅游志愿者服务活动,完善旅游志愿者管理激励制度。开展志愿服务公益行动,建立一批旅游志愿服务工作站。2020年全省注册旅游志愿者超过1万人。

★实施乡村旅游扶贫工程

以"三山一滩"地区为基础,以我省纳入国家乡村旅游扶贫重点的1065个村为着力点,实施乡村旅游扶贫工程。"十三五"期间,力争通过发展乡村旅游带动80万人脱贫。实施乡村旅游扶贫重点村环境整治工程,全面改善通村公路、供水、供电、网络通信、垃圾污水处理等基础设施条件。到2020年实现全省乡村旅游扶贫重点村与交通干道全连接。强化"六小工程"建设,确保每个乡村旅游扶贫重点村建好一个停车场、一个旅游厕所、一个垃圾集中收集站、一个医疗急救站、一个农副土特产品商店和一批旅游标识标牌。加快推进贫困户"三改一整"(改厨、改厕、改客房、整理院落)工程。组织全省旅游规划、景观设计、咨询策划机构为乡村旅游扶贫重点村编制旅游规划。组织旅游企业和旅游规划设计单位、旅游院校与国家乡村旅游扶贫重点村结成帮扶对子,通过安置就业、项目开发、输送客源、定点采购、指导培训等方式帮助发展旅游产业。

★促进区域旅游一体化

加强与"一带一路"沿线国家和地区的旅游合作,以旅游带动开放,助推我省内陆开放高地建设。积极参与丝绸之路文化之旅,与沿线国家联合举办丝绸之路艺术节、河南文化年,推出一批丝路旅游精品线路。完善区域旅游合作机制,积极推动联盟城市之间资源共享、信息互送、人员培训、市场开拓等合作。到2020年,实现与"一带一路"沿线国家双向旅游人数超过1000万人次。发挥中原经济区城市旅游联盟的作用,加快构建跨省的中原无障碍旅游区。建立区域旅游投诉受理处置机制,加强中原经济区各城市之间旅游互动和务实合作。联合沿黄九省(区),共同打造黄河文明之旅、古都之旅、寻根之旅、名胜之旅、风光之旅五大国际精品线路和黄河度假之旅、红色之旅、峡谷之旅、湿地之旅、美食之旅五大国内精品线路。加强南水北调中线工程沿线五省(市)旅游合作,对工程节点形成的大型水利景观、总干渠沿线丰富的生态旅游资源进行统筹规划,联合打造一条贯穿中国内陆腹地的精品生态文化旅游带。依托中国大运河世界文化遗产,以荥阳故城、道口运河古镇、浚县运河古镇、黎阳仓遗址等为重点,加强与京津冀、苏皖浙等省(市)合作,共同开发大运河精品旅游线路。

★建设旅游生态文明

实施绿色旅游开发。支持洛阳白云山景区,许昌鄢陵国家花木博览园,三门峡天鹅湖国家城市湿地公园,南阳宝天曼旅游区、老界岭景区,商丘黄河故道国家森林公园,信阳南湾湖风景区、黄柏山国家森林公园,驻马店老乐山景区,信阳固始西九华山风景区等创建国家生态旅游示范区。支持栾川、嵩县、鲁山、修武、西峡等申报国家绿色旅游示范基地。"十三五"期间,争取创建5～8个国家生态旅游示范区、2～3个国家绿色旅游示范基地。以沿黄河、太行山、伏牛山、大别山区为重点,建设3～5条国家级非机动车旅游风景道,培育5～8条国内知名的徒步游览线路。拓展森林旅游发展空间,以森林公园、湿地公园、国有林场等为重点,完善森林旅游产品和设施,推出一批具备森林游憩、疗养等功能的森林体验基地和森林养生基地,积极创建国家生态公园。全省 4A 级以上旅游景区全部建成生态停车场,所有新修步道和 80% 以上的旅游厕所实现生态化。建立健全以绿色景区、绿色饭店、绿色建筑、绿色交通为核心的绿色旅游标准体系,推行绿色旅游产品、绿色旅游企业认证制度。建立旅游环境监测预警机制,对资源消耗和环境容量达到最大承载力的旅游景区,实行预警提醒和限制性措施。完善旅游预约制度,建立景区游客流量控制与环境容量联动机制。完善旅游开发利用规划与建设项目环境影响评价信息公开机制,严格执行环境保护制度。

倡导绿色旅游消费。践行绿色旅游消费观念,大力倡导绿色消费方式,发布绿色旅游消费指南。鼓励酒店实施客房价格与水电、低值易耗品消费量挂钩,逐步减少一次性用品使用。引导旅游者低碳出行,提高节能环保交通工具使用比例,大力推广公共交通、骑行或徒步等绿色生态出行方式。开展绿色旅游公益宣传,加强生态文明、绿色旅游教育和培训,引导全行业、全社会树立绿色旅游观念,形成绿色消费自觉。

(6)保障措施

★推进改革创新

完善旅游行政管理体制。充分发挥省旅游工作联席会议制度的综合协调作用,增强旅游部门综合协调和行业统筹能力。鼓励发展旅游中介组织,将旅游景区、旅游饭店、乡村旅游点的等级评定和行业培训、宣传促销等职能交由评定委员会或行业协会承担。推进以旅游管理体制机制、政策引导、联合执法等为重点的综合改革,优化旅游产业发展和行业管理方式。加快栾川县国家旅游业改革创新先行区建设,力争新设 1～2 个国家级旅游业改革创新先行区。

深化景区管理体制改革。以所有权、管理权、经营权"三权分离"为重点,构建产权关系明晰、责任主体明确、市场对接充分的景区经营管理体制。建立景区旅游开发备案制度、景区旅游建设与经营项目会商制度、景区建设经营负面清单制度等。推动景区旅游实现特许经营管理,推进经营决策、劳动用工、薪酬制度等去行政化改革。完善景区建设经营活动事中事后监管制度,建立健全景区安全风险评估制度、景区预约预报预订机制。

推进导游旅行社体制改革。以市场主导、执业灵活、服务规范、社会监督为目标,推进导游体制改革,建立适应市场需求的导游准入制度。改革导游注册制度,明确导游资格证终身有效。依法开展导游自由执业改革试点工作,完善旅行社委派执业制度和导游等级评定制度,建立导游社会化评价、监督体系和品牌制度,健全导游保险保障体系。优化完善旅行社分社网点设立、旅行社质量保证金、旅行社委托招徕、出境旅游保险等政策。完善旅游企业和从业人员违规退出机制,对管理不善、服务质量下降、投诉较多的旅行社和 A 级景区、星级饭店,给予警告、通报、降级、取消等处理,实现常态化、动态化管理。

建立健全旅游核算体系。按照国家旅游及相关产业统计分类有关要求,建立省、市、县三级旅游数据中心和旅游统计数据共建共享机制,提高旅游产业统计服务决策、引导产业发展的能力。积极构建包含接待游客人数、旅游综合收入、旅游者停留天数、人均出游次数、人均旅游消费、旅游增加值核算等内容的旅游统计调查监测系统。加强旅游产业统计和数据分析工作,确保旅游统计数据的准确性和规范性、分析结果的真实性和实效性。

★加强政策扶持

①落实职工带薪休假制度。将职工带薪休假制度落实情况作为劳动监察和职工权益保障的重要内容,加强监督检查。鼓励机关、社会团体、企事业单位引导职工灵活安排休假时间。各单位可根据自身实际情况,并考虑职工本人意愿,将带薪休假与本地传统节日、地方特色活动相结合,安排错峰休假。

②完善土地供给政策。在土地利用总体规划和城乡规划中统筹考虑旅游产业发展需求,合理安排旅游用地布局。在年度土地供应中合理安排旅游产业发展用地。优先保障纳入国家规划和建设计划的重点旅游项目用地和旅游扶贫用地。对利用荒山、荒地、荒滩及石漠化土地建设的旅游项目,优先安排新增建设用地计划指标。农村集体经济组织可以依法使用建设用地自办或以土地使用权入股、联营等方式开办旅游企业。城乡居民可以利用自有住宅依法从事旅游经营,农村集体经济组织以外的单位和个人可依法通过承包经营流转的方式,使用农民集体所有的农用地、未利用地,从事与旅游相关的种植业、林业和养殖业。在全域旅游示范区,探索推出用地扶持政策,推动空心村旅游开发,支持工矿企业、农场、院校等利用闲置房产兴办旅游服务项目,盘活土地存量、释放土地活力。

③创新金融支持政策。支持旅游资源丰富、管理体制清晰、符合国家旅游发展战略和上市条件的大型旅游企业上市融资。支持旅游消费信贷,探索开发满足旅游消费需要的金融产品。加强债券市场对旅游企业的支持力度,发展旅游项目资产证券化产品,加大对小微旅游企业和乡村旅游经营者的信贷支持力度。探索利用政府和社会资本合作模式,吸引更多金融资本、产业资本、民间资本参与旅游产业发展。加大招商引资力度,积极引进实力雄厚的知名旅游企业参与我省旅游投资建设。推出一批景区、宾馆、餐饮、交通等商业性旅游投资项目,吸引国内外大型旅行商、知名酒店管理集团等来我省投资。

④完善旅游财税政策。乡村旅游企业在用水、用电、用气价格方面享受一般工业企业同等政策。全面落实结构性减税政策,乡村旅游经营户可以按规定享受小微企业增值税优惠政策,细化对经营入境企业减免税等相关扶持政策,为旅游产业健康发展营造良好环境。

⑤争取入境旅游优惠政策。全面提高签证签发、边防检查等出入境服务水平。依托郑州航空港经济综合实验区,实施离境退税政策,争取在72小时过境免签等方面取得突破。对旅行社组织的大型境外旅游团、系列团实施特殊优惠政策,加大对直达我省的国际航线包机特别是跨洲直达航线包机的支持力度,积极争取国际游客落地签、免签等优惠政策。

★强化人才支撑

实施人才兴旅工程,提升旅游人才总体素质,加快构建一支由旅游行政管理人才、旅游企业经营人才、旅游专业技术人才、乡村旅游实用人才构成的旅游人才队伍。加快建设立足我省、面向中部、辐射全国的国家中部旅游人才教育培训基地。加强与国内外高校的交流合作,利用郑州大学、河南大学、河南财经政法大学等省内高校旅游院(系)教育资源,高标准建设产、学、研相结合的实训基地。加强旅游高等职业院校建设,加快高技能旅游人才培养。强化对各级旅游部门领导干部和旅游企业高级管理人员的培训,提升旅游管理人员的综合能力。建立和完善旅游从业人员岗位培训、资格认证、技能考核、岗位考核、级别认证等制度,加强对一线旅游从业人员的技能培训。

结合国家"一带一路"国际旅游人才开发合作项目,实施我省青年旅游专家交流计划。健全旅游人才市场服务体系,定期举办全省旅游人才交流会,促进大学生就业和从业人员理性择业,实现全省旅游人才合理流动和有效配置。整合全省旅游规划、旅游策划、景区设计、市场营销、投资咨询等各方面智力资源,建立旅游智库,为全省旅游产业发展重大问题、重大战略和政策提供决策咨询。

★推进创业创新

支持条件成熟的旅游名镇、名村、文化街区、文化创意园区和历史文化旅游区积极创建旅游创业创新基地,拓展创客实践空间,构建产业孵化器,打造旅游创业创新品牌。争取创建一批国家旅游文创示范园区、国家旅游科技示范园区、国家旅游创业示范园区和旅游创业创新示范企业、示范基地。鼓励旅游创业创新项目通过产权交易、股权融资、债权融资等多渠道筹措资金,进一步提高创业创新项目成果转化的效率。支持骨干旅游企业和有旅游专业的高校开展创业创新合作。

第三章　文化旅游产业的贡献

一、文化旅游产业促进了地方经济的发展

文化旅游产业是为旅游者提供各类旅游产品或服务的产业总称。旅游是人员流动的过程,旅游全过程所需的产品和服务包括:旅游者出游之前的信息服务;旅游过程中的交通、住宿、饮食、游览、购物、娱乐、导游等各种服务和相关产品;返回常住地之后的信息反馈和追踪服务。将这一系列产品和服务组合在一起,就形成了现代意义上的整体旅游产品或组合旅游产品。随着我国文化旅游产业逐渐步入大众化、产业化发展的新阶段,其重要性也日益显著。文化旅游产业的发展带动了社会投资,其中文化旅游产业对住宿业的贡献率超过90%,对民航和铁路客运业的贡献率超过80%,与文化旅游产业相关产业超过了110个。根据世界旅行旅游理事会(WTTC)对近5年我国旅游产业溢出效应的分析:近5年来我国旅游行业就业带动效应可达1:3.5;旅游行业相关产业产值带动效应可达1:4.4。

"十二五"期间,我省文化旅游产业持续加大投入,完善功能设施,注重市场营销,改善服务品质,旅游产品竞争力、市场影响力和综合带动力不断提升,已经成为国民经济战略性支柱产业,为全省扩内需、调结构、促转型、稳增长奠定了坚实基础。一是产业规模日益壮大。2015年,全省人文旅游接待海内外游客5.18亿人次,实现旅游总收入5035亿元,年均增长14%和15.8%。人文旅游总收入相当于全省生产总值的比重由2010年的9.9%上升到2015年的13.3%。旅游产业成为社会投资热点,"十二五"期间全省旅游招商引资总额达7200亿元。二是发展合力日益凝聚,建立了河南省旅游工作联席会议制度,出台了《河南省人民政府关于加快文化旅游产业转型升级的意见》(豫政〔2014〕44号)、《河南省人民政府办公厅关于进一步促进服务业发展若干政策的通知》(豫政办〔2014〕152号)等一系列政策文件,在土地、财政、税费、金融等方面对旅游产业给予了支持,进一步拓展了发展空间。产品供给日益丰富。景区提质增效步伐不断加快,旅游产品体系更加完善。"十二五"期间,全省新增5A级景区5家、4A级景区53家。云台山等5家景区被评为国家生态旅游示范区,尧山温泉旅游度假区入选全国首批国家级旅游度假区。乡村旅游快速发展,栾川县重渡沟村、信阳市平桥区郝堂村成为全国乡村旅游发展的典范。红色旅游品牌建设稳步推进,新增6家全国红色旅游经典景区。旅游形象日益靓丽。"老家河南"国内旅游形象和"河南·中国历史开始的地方"国际旅游形象得到普遍认可,品牌传播效应明显。通过开展回老家过大年、重走客家路、探访中原古都、老家河南·寻城记等旅游营销推广活动,进一步拓展了客源市场;开展中国(郑州)国际旅游城市市长论坛、黄帝故里拜祖大典、中国郑州国际少林武术节、中国开封菊花文化节、中国洛阳牡丹文化节、三门峡黄河文化旅游节等活动,进一步提升了我省旅游的影响力

和美誉度。带动功能日益凸显。旅游产业在促进就业、改善民生、脱贫致富等方面的作用进一步显现。2015 年,全省旅游从业人数达 200 万人。"十二五"期间,全省通过发展旅游产业实现 100 万贫困人口脱贫,占全省脱贫人数的 15%。旅游产业成为传播中华传统文化、弘扬社会主义核心价值观的重要渠道,成为生态文明建设的重要力量。

"十二五"旅游产业主要指标完成情况

指标	单位	2015 年	年均增速(%)
接待游客量	亿人次	5.18	14
旅游总收入	亿元	5035	15.8
入境游客数量	万人次	268	12.8
旅游创汇	亿美元	8.5	10.9
A 级景区数	个	364	11.3
5A 级景区数	个	11	12.9
星级酒店数	家	570	2.2
旅行社数	家	1156	9.8
旅游招商引资	亿元	1221.9	32.2
完成旅游投资	亿元	530.6	21.2
旅游直接就业	万人	200	—
五年累计脱贫	万人	>100	—

发展旅游产业推动了投资软环境的改善,加快了当地对外开放的步伐,促进了一、二、三产业的增值增效,通过发展文化旅游产业,更加有效地带动种植业,养殖业,物农业,特色工业的发展。农民通过参与旅游,迅速地提高了市场经济意识,为农村的产业结构调整奠定了思想基础,实现了一、二产业资源的再利用。游业所需的人才类型是多样的,大多数从业人员的技术要求较低,培训掌握比较容易。因此,就能为一部分文化水平较低的失业人员提供更多的就业岗位。促进了商业消费,加速了经济增长;合理和优化了产业结构部门,作为非生产性行业,带动了其他的相关产业;跨国旅游的飞速发展对本国的外汇收入也起到了积极作用。

文化旅游产业和旅游活动对社会文化的影响:保存和发扬了当地特有的文化,对本地文化的发展起到了积极作用,同时要对本地文化内质、纯粹性注意保护,防止遭到破坏和退步;促进了各地区间的文化交流,相互学习,达到共同进步;当地居民的生活质量,精神文化生活水平得到了提高和改善。由于旅游者来自各种文化地域、旅游者素质高低不同,要防止破坏了当地的社会风气和安定。发展旅游能带来相当大的经济首入、社会影响,对资源合理、充分的利用,协调好人与自然的关系,能使自然资源与生存条件共同有利地发展。只有两者相统一,才能达到和谐共建的发展。

文化旅游产业,可以带动相关行业的经济增长。相关行业包括酒店住宿、餐饮食肆、交通运输、零售批发、土特产品、娱乐事业等等。因为有了人(游客),就带来了消费,有了消费,就刺激了生产,当地人就业增加、收入增加。所以说文化旅游产业,是无烟工业。一个地域的发展模式和发展方向不同,所以对于文化旅游产业的依靠比重也不尽相同。像比较有得天独厚优势的很多旅游胜地,当地的经济支柱就是文化旅游产业,那么文化旅游产业的重要性不必多讲。像比较依赖工业和装备制造等行业的地方,相对来说,旅游就显得没那么重要,当然,任何城市的文化旅游产业都是很重要的,原因很简单,可以为城市做广告,并且是非常的有效果,所以,任何城市即使文化旅游产业不是支柱产业,也会相当重要,对于经济,对于民生,都是生死攸关的。文化旅游产业具有一业兴百业旺的特点,文化旅游产业包含行、游、住、食、购、娱六大要素,旅游消费不仅与交通、住宿、餐饮、商业、景区景点业、农业以及信息、金融、保险、医疗、咨询、环保等产业关联,其直接和间接影响的细分行业多达100余个。

改革开放30多年来,随着中国经济的发展,文化旅游产业也得到快速发展,并且已成为中国经济发展中势头最强劲和规模最大的产业之一。文化旅游产业在经济社会发展中的产业地位、经济作用逐步增强,文化旅游产业对经济的拉动性、对社会就业的带动力以及对文化与环境的促进作用日益显现,正在实现着文化旅游产业的发展与经济社会的发展互相促进的局面。

文化旅游产业是当今世界上发展速度最快的产业,也是当今世界上最大的产业。文化旅游产业对国民经济发展的作用是显而易见的。它不仅具有经济发展功能,而且还具有强大的社会功能。它能够推动中西部和农村的脱贫致富,缩小区域经济差距;促进产业结构调整,扩大内需,刺激消费;增加就业和再就业;改善居民的生活,更新思想观念;进行爱国主义和革命传统教育,推动精神文明建设;保护和传承文化,融洽社会关系;树立新的资源观、发展观,形成保护与发展的良性互动,推动经济的可持续发展等。可见,文化旅游产业的发展与构建和谐社会有着内在的同一性。它能促进社会个体的和谐发展、社会结构和谐、经济发展和谐、人与自然和谐等,从而能够促进整个社会的和谐。因而,大力发展文化旅游产业是构建和谐社会的内在必然要求。

由于强大的辐射效应与乘数效应,文化旅游产业的发展可以带动其他相关产业和当地经济发展。我们应当在文化旅游产业实现脱贫致富和地区经济社会快速发展的成功经验上,进一步提升它在构建社会主义和谐社会的经济功能。人与自然和谐相处是构建和谐社会的必然要求。从资源利用的方式和特点看,与工业发展相比,文化旅游产业发展本身对环境造成的负面影响相对较小,尤其是以自然旅游资源为基础,以可持续发展为理念的新型旅游方式——生态旅游,非常有利于生态环境的保护,人与自然的和谐发展。同时,旅游环境是旅游生存之本,其本身就是一种旅游资源,因而文化旅游产业的发展,需要建设、保护和美化生态环境,提高人们对自然环境科学利用和保护的认识,促进自然生态环境良性循环;同时,生态旅游的发展,培育了旅游者的人与自然的和谐发展的意识,促进了生态观念的扩散和生态行为的产生。

文化旅游产业对目的地大经济的积极影响是:

直接影响——换取外汇,回笼货币。

①国际旅游接待是一种就地"出口贸易"。

②发展文化旅游产业是稳定市场的有效途径。

间接影响——带动国民经济各部门各行业大发展。

①促进交通运输业的发展。

②促进建筑业的发展。

③促进工商业、农副产品、手工业等行业的发展。

④促进地方经济发展,提高区域经济水平。

对社会的积极影响是:

①有助于改变传统观念和社会意识。

②有助于文明的传播和良好社会风气的形成。

对文化的影响是:

①旅游与文化有着不可分割的关系,而现代旅游本身就是一种大规模大文化交流。

②文化旅游产业的一个特殊贡献就是可使不同文化背景,不同价值观念的人群不期而遇,为之提供异域文化交流和思想沟通的机会和环境。文化旅游产业促进文化教育事业的发展。

文化旅游产业的发展对社会的影响:

文化旅游产业作为一项重要的新兴的劳动密集型产业,为解决劳动力的就业问题可以起到重要的作用,为社会带来巨大的帮助。

文化旅游产业对经济的影响:

文化旅游产业可以为国家和社会带来巨大的经济收入,摆脱地区贫困,因其投入一般较低,因此对贫困地区的帮助是巨大的;促进了商业消费,加速了经济增长;合理和优化了产业结构部门,作为非生产性行业,带动了其他的相关产业;跨国旅游的飞速发展对本国的外汇收入也起到了积极作用。

二、文化旅游产业促进了地方精神文明建设

文化旅游产业除了具有经济性质之外,还具有很强的事业性、综合性、娱乐性和政治性。文化旅游产业本身就是人类精神文明的具体反映,首先,旅游者通过观光度假等方式,可了解到异地他乡的文化和风土人情,实现经济和文化的交流。野三坡属于山岳型旅游类型,游客为了放飞心情,在景区的山水间畅游,为景区带来了可观的社会效益;其次,旅游可陶冶人们的情操,使人们在青山绿水和优美祥和的环境中得到精神的调节和休养,培养热爱祖国的高尚情操和健康向上的审美情趣。第三,文化旅游产业的发展推动了旅游区周边村庄经济的振兴,进而刺激了教育文化事业的发展。野三坡景区附近的百姓自开发旅游以来,兴办家庭旅馆、饭店,景区年人均收入超万元,旅游从业人员达到3.5万人。群众手里富了,便不再满足于过去的生活,投资兴办了三坡希望小学,提升了当地教育水平,改善了教学环境。第四,文化旅游产业的发展,促进了景区群众思想的解放。野三坡在历史上为"三不管"地区,这儿的人们多是为躲避战乱而来,世世代代与世隔绝,日出而作,日落而息,思想观念较为封闭、落后。野三坡旅游的开发,打开了多年沉睡的大山,山区的人们看到了外面的大千世界,商品经济意识越来越浓,精神状态焕然一新,野三坡已成为农民接触时代、接触世界的清新窗口,成为涞水县精神文明建设的一道

亮丽的风景线。

由于经济、文化和地理位置等原因,民俗文化资源一度被闲置和封闭,现有的一些旅游景点经济疲软,旅游品位低下,国内外旅客很少光顾,从而使当地文化旅游产业与外界的市场旅游经济严重脱节。面对这样的现状,应扬其所长,避其所短。民俗资源丰富则是自己所长,故应以开发民俗作为自己的旅游特色优势。

对于民俗文化旅游而言,其经济效益包括两个方面,一是项目自身的经济效益,二是通过饮食、住宿、购物、交通、就业、招商引资等带动地区经济。前者一般只有其经济效益程度上的差别,后者则是文化旅游产业的决策关键。本文围绕以上的两点,进行论述。

我们知道,文化是文明的活的灵魂,文明是文化活动的凝结;文化体现了人的能动性自觉性,文明是人能动地改造世界改造自身的成果;文化主要反映人的精神状况,包括情感、思维能力、价值观念等,它有积极与消极之分,而文明反映社会整体状态,涵盖人、社会、自然环境的互动关系,标志着进步与发展。可见,文化建设与社会主义精神文明建设有着不可分割的内在联系,作为灵魂和主体能动的方面,文化建设的状况决定着精神文明建设的状况。随着文化产业的兴起和发展,文化建设的内容和形式、运行机制、管理机制等都发生了极大的变化,并给社会主义精神文明建设带来多方面的显著变化。

1.文化产业促进了精神文明建设内容的大众化

精神文明建设的根本宗旨是提高人的素质,服从和服务于广大人民群众的精神文化需要,促进人的全面自由发展。人作为一切社会关系的总和,与自然、社会、人自身发生全面的关系,既有感性的、理性的精神需要,也有信仰的精神需要。满足广大人民群众的多样化需要,是精神文明建设的题中应有之义。在自然经济、计划经济条件下,人的需要是狭隘、封闭的,狭隘的生产方式、交往方式限制了人们的欲望,与此相应的精神文化生产方式突出了传道教化功能,压抑了人们求美求乐的需求,娱乐、信息、审美、创造等功能被忽视了。文化产业的兴起和发展,把文化融入市场经济的总体格局中,使文化的生产、交换、消费经受市场的选择。而人民群众是市场的主体,他们的多样化需要通过市场反映出来。于是,文化的结构、内容、品位以市场为中介紧紧地与群众联系在一起,随之变化而变化。文化不再是少数人的享用品,也不是由长官意志随意"钦定"的计划产品,它借助于产业化的图书出版发行、大众传媒、娱乐市场春风化雨般进入千家万户,起着熏陶、传播、教育等作用,使广大人民群众及时得到知识、信息、艺术,开阔视野,增长见识,发展能力,全面提高文明程度。

2.文化产业促进了精神文明建设机制的社会化

无论是思想道德教育,还是科学、教育、文化、卫生、体育事业,都不能孤立地存在与发展,而是与社会系统紧紧联系在一起,与社会生活的方方面面联系在一起。随着时代的进步,精神文化在经过与物质生产、经济生活相分离后,又逐渐趋于统一,特别是在进入信息社会的今天,文化成了经济发展的动力和灵魂,文化生活成为人们生活方式的重要部分。文化产业的兴起与发展,促进了精神生产、交换、消费的转型,市场机制对精神文化产业经营的资源配置日益发挥越来越重要和越来越广泛的作用。文化产业的可经营性、获利性吸引了社会各方面的投资,一个以不同形式的公有制为主体多种经济成分参与的文化投资和经营体制已经形成。文化市场的开放和发展促进了文化企业的公平竞争,激活了受旧体制束缚的国有文化企业的各种要素,使之在竞争中走向集团化、股份化,生产和经营的社会化程度越来越高。市场的无形之手把管理者、生产者、经营者、消费者有机地联结为一个整体,精神文明建设成为社会各部门、各行业、各阶层的共同活动。随着我国加入 WTO 后,我国的文化产业将日益融入经济全球化进程,在参与全球文化产业的国际竞争中壮大和发展,我国精神文明建设也将在各种思想文化的相互激荡中不断得到提升。

3.文化产业促进了精神文明建设手段的现代化

精神文明建设必须借助于各种传播、教育的手段才能广泛地影响人们的思想意识和价值观念。文化的产业化,首先是促进大众传媒迅猛发展,书籍市场、报刊市场、广播电视市场、娱乐市场趋向规模化系统化。传播工具的这种变化引起了传播方式的革命,双向、横向的传播代替了垂直的单向传播,精神文明建设的内容和要求通过新闻、信息、艺术、文化的广泛传播而迅速进户进厂进村,入耳入心入脑。恩格斯说,社会的需要比十所大学更能推动科学技术的发展。精神文明手段的现代化是通过机制创新引发技术创新而实现的。文化产业本质上按市场机制运作,这就为开拓市场吸纳人才提供了前提。市场的迅速扩张迫切要求提高文化生产力,人才的积聚给文化生产、传播的手段更新换代提供了可能。而世界范围内兴起的信息化、数字化潮流又给这种技术创新以压力和条件。

毫无疑问,文化产业的兴起和发展,对我国精神文明建设的内容、机制、手段的创新发展具有十分重要的推动作用。不仅为精神文明建设形成自我发展自我更新的良性循环提供了强大的物质基础,而且为精神文明建设成为千百万人民群众共同参与的自己的事业创造了社会氛围和社会环境。如何实现社会主义制度与市场经济的有机统一,既充分发挥市场对文化资源合理配置的杠杆作用,又清醒地认识到市场并不可能完全解决文化发展的一切问题;既遵循市场经济的一般规律,又尊重文化发展的特性和内在规律,做到市场调节与政府调控的有机结合,使文化产业的发展最大限度地满足人民群众的精神文化需要,为人的全面自由发展创造条件,促进社会主义精神文明建设的不断进步。这是时代向实践和理论提出的历史性课题。

三、文化旅游产业促进了地方软实力的提升

文化,就是以人为本,以文化人,因为文化本身是净化人、感化人、塑造人、教化人的过程。"一个民族的文化,是那个民族存在的标志。它是那个民族全体成员的社会生活赖以建立、继续和发展的不可缺少的条件"[①]。就像鱼儿生活在水里、万物生长在阳光下一样,我们的衣食住行、言谈举止无不处在民族文化的潜移默化之中。文化事象一旦形成,对接受它的民众具有行为和心理上的规定性作用,成为人们的行为"指令"。如春节所表现的缅怀祖先、家庭和睦、邻里和谐的"和谐"内涵;端午节对"真、善、美"的追求及强烈的爱国主义情怀;乞巧节所蕴含的忠贞不渝、诚信友爱观念;重阳节尊奉的"五伦之孝,推家至国;以孝齐家,以孝治国"的传统美德等。这些对于尊崇人伦观念、规范言行礼仪、协调人际关系、提升道德水准乃至构建整个和谐社会都有很重要的作用。

---

① 钟敬文.民俗文化学:梗概与兴起[M].北京:中华书局,1996 年,第 193 页.

文化旅游产业的发展,正是以旅游为载体,将文化本身的内涵加一宣扬和传承。使人们在旅游的过程中感受文化的魅力,并对其自身行为起到潜移默化的教育作用。如通过红色文化旅游、中原名人故里等旅游可增强人们的爱国主义情怀和树立正确的人生价值观念,对地方乃至全国的精神文明建设都有着不可估量的作用。

当今世界,以文化为主要内涵的"软实力",已经成为一个国家或地方综合实力的重要内容。软实力的来源有四个方面,即制度、价值观、文化和政策。文化的竞争已经成为当今社会竞争新的角力场,是软实力的根本体现。胡锦涛在十七大报告中明确把"提高国家文化软实力"作为文化的重要发展战略。软实力作为综合实力的重要组成部分,是综合实力中文化与精神的集合体,是国家或地方文化的总体实力和竞争力。主要包括两个方面:一是对内的凝聚力、向心力、传播力和创造力。一种是对外的辐射力、影响力、吸引力、亲和力和感召力。

文化旅游的发展正是迎合了国家和地方对发展其软实力的要求,通过发展文化旅游的形式,可以更好地展现一个国家或地方的文化内涵。特别是河南省特有的文化魅力,以文化旅游为载体,大力宣传和弘扬中原优秀传统文化,对提高人们的文化素养和文化影响力有极大的推动作用。如河南省推出的"寻根旅游"即是如此,河南省通过打造"寻根旅游"吸引了大量海内外华人华侨,极大地提升了河南省的知名度以及其在海内外华人华侨心目中的重要地位。

让世界了解中国,让各国人民热爱中国,对我国人民尤其是青少年进行爱国主义教育,是我国文化旅游产业义不容辞的责任和义务。我们要建设有中国特色的旅游事业,其核心就是要在旅游中加大文化建设的力度,把开发重点放在弘扬中国优秀传统文化的基础上,其中精神文明建设显然位于不可忽视的地位。旅游是人们在温饱问题得到基本保障之后必然产生的愿望和行动,并且人们通过旅游去追求的恰恰是一种精神和文化生活的丰富。特别是实行双休日以后,人们的空余时间增多,就更需要用丰富多彩的文化生活去充实。而在各种文化活动中,旅游被认为是最佳选择。

现代旅游非常重视参与性,旅游者已不满足于走马观花式的一般欣赏,而是要更深入到旅游的人文环境中。许多自然景观和人文景观,如博物馆、文化宫、剧院、体育场、名人故居、纪念馆等,既是旅游文化的载体,又是精神文明建设的载体和窗口,吸引着国内外游客来参观访问。中国人民自古以来就有爱国主义的优良传统,犹如巍然屹立的山岳和奔腾不息的江河,千百年来一直感召和滋润着一代又一代中华儿女的心田,塑造着一个伟大民族的精神品格和道德风貌。发展旅游文化,让旅游者通过游览祖国的壮丽河山,欣赏领略祖国的悠久历史文明和光辉灿烂的文化,可以激发他们的爱国主义情感,增强民族自信心和自豪感,这对青少年来说尤为重要。

近年来,"重走丝绸之路""重行万里长征路"等一批具有文化特色的旅游项目的开发,深受国内游客的欢迎,既使旅游者领略了祖国山河的壮美,又受到了深刻的爱国主义教育。对国外游客来说,发展旅游文化,可以增进彼此间的了解。开放的中国要走向世界,就不能忽视旅游文化在其中的作用。旅游,作为一种民间的、非官方的外交活动在发展国际关系中有着不可替代的作用。人们在旅游过程中感受异邦文化,增进彼此间的了解,缩小彼此间的差异,消除彼此间的隔阂。可以说,旅游文化在一定程度上能够为人类创造一个和平的生存空间。

综上所述,从我国文化旅游产业发展的实践来看,"文化搭台、经济唱戏",已成为发展文化旅游产业的一大特色和主要经验之一。

第四章 河南省文化旅游产业发展对文化自身存灭的影响

一、河南省文化旅游产业发展对文化自身存续的影响

文化旅游产业的发展不但促进地方经济社会的发展,还对文化自身的存续起到了积极作用。其主要表现在以下几个方面。一是文化旅游产业的发展促进了文化自身的弘扬和传承;二是文化旅游产业的发展促进了对文化的挖掘和保护;三是文化旅游产业的发展促进了文化自身的创新与融合。

(一)文化旅游产业发展促进了文化的弘扬和传承

文化旅游产业的发展正是建立在人们对文化消费需求的基础之上的特色旅游产业。人们在物质生活得到满足以后,渴望的是其精神上的需求。各具特色的"文化"便成了吸引人们向往的精神家园。通过大力发展文化旅游产业,既发展了经济也满足了人们对文化消费的愿望,更重要的是通过旅游对文化自身的弘扬和传承起到的不可估量的作用。

特别是河南省依托自身文化资源优势,通过强力推进旅游精品工程建设和市场营销,先后培育了一批国内外知名的文化旅游品牌。"文化河南·壮美中原"的旅游形象通过国内主流媒体大力宣传,品牌效应不断扩大。云台山、嵩山·少林、龙门石窟景区和大宋文化旅游园区、殷商文化旅游区等成为国内外知名旅游景区。《禅宗少林·音乐大典》《大宋·东京梦华》《大河秀典》《盛世梨园》《君山追梦》《河洛风》等一批优秀旅游演艺节目深受国内外游客喜爱,寻根文化、功夫文化等独具河南特色的文化旅游产品享誉全球。

人们在被河南省厚重文化陶醉的同时,更是对河南省文化的认可,其无形之中对全国乃至全世界的人们都起到了潜移默化的作用,同时也促进了对河南省文化的弘扬和传承。

1.文化旅游产业发展促进了传统文化的复兴

随着成千上万游客源源不断地涌入,带来了多方面的尤其是对当地民族传统文化的需求,使得许多濒临失传的传统精神文化和物质文化在旅游大潮的触动下得到复苏,并已融入旅游市场,得到了重构和新生。文化旅游产业发展为文化的保护提供动力,促进民族文化的振兴。旅游是一项文化内涵丰富的产业,它能满足旅游者体验和了解异域文化的心理期望,所以接待地在旅游开发中就会重视本民族和本地区的历史文化遗产保护、开发和利用,传统的民间艺术重新受到重视和传承。在接待地原本不以为然的风俗习惯被远道而来的旅游者所崇敬,习以为常的建筑、物件被各地旅游者叹为观止,自娱自乐的吹拉弹唱被越来越多的人接受、欣赏,于是当地民众感到了无比的骄傲和自豪,对原本遗忘的传统习俗进行开发和恢复;使几近湮灭的文物古迹得到维护、整修甚至重建;使

正濒临绝迹的传统音乐、舞蹈、戏剧得到传承、发展和振兴。

典型案例

"文化旅游助推中原古城文化复兴"

文化复兴是文化旅游业发展的必然。近年来,随着城市化进程发展,文化旅游助力古城文化建设,焕发出勃勃生机。

三国文化旅游是许昌市的一张靓丽名片,"抓一把就是三国故事,踢一脚就是汉砖魏瓦。"在三国故里许昌,这句顺口溜人人皆知。汉魏故都许昌历史文化遗存丰富,保留有昔日曹操处理军国大事的丞相府,曹操与王公贵胄狩猎的射鹿台,煮酒论英雄的青梅亭,成就关羽忠义美名的春秋楼,曹操爱才、惜才、放才的灞陵桥等。

许昌市政府谋划实施三国文化产业园等13个文化旅游产业重点建设项目,多次举办三国文化旅游周,深入挖掘三国文化,整合以许昌为中心的三国文化旅游资源,着力打造河南省三国旅游文化品牌形象,促使许昌成为三国文化研究的重要阵地和旅游目的地。

临漳县是三国文化厚重之地,2014年荣获"中国最佳文化旅游观光名县"称号。该县全力打造"曹操王都、铜雀三台、鬼谷故里、佛都邺城"四张文化旅游名片,规划实施了铜雀三台遗址公园、邺城博物馆、邺城佛教像博物馆、邺城遗址产业园、鬼谷子文化产业园等一批文化项目,形成以文化项目助推旅游产业发展的新格局。

据临漳县文物旅游局局长王玉廷介绍,临漳县进一步加快新景点建设步伐,依托《邺城遗址保护规划》,推进"一城""三苑""两馆""两祠"重点基础设施建设,即:建成邺城遗址"保护区",同时建设"铜雀三台苑、倪辛庄宫殿苑、朱明门遗址苑",完成"邺城博物馆和建安文学馆"两馆建设,建设"西门豹祠""鬼谷子祠"两个规模祠堂。目前,邺城遗址保护范围已经确定,邺城博物馆主体工程已经完工,鬼谷子祠及纪念馆改扩建已经完成。随着"一城""三苑""两馆""两祠"的建成,邺城文化游将成为河南殷商文化和河北赵文化旅游市场的连接点,三国文化游的新亮点。

郑州市两年前与深圳华强集团签约,投资240亿元共同打造"华夏历史文明传承创新示范区"项目。其中,三期项目方特梦幻王国是以中国神话为背景的文化科技主题公园,即将开园,以中国近现代史为背景的四期项目郑州中华复兴之路主题公园也将动工。

五期项目"华夏历史文明传承主题园",以华夏历史文明传承为主题,包含以"儒、释、道"文化为核心的华夏历史故事、华夏文明对外交流与影响等,内容覆盖中华传统文化的方方面面。

安阳市政府印发《安阳市文化旅游产业发展三年行动计划》,计划在2014年至2016年突出文化旅游产业重点项目建设,包括四大工程,涉及23个重点文化旅游建设项目。

这四大工程分别为殷墟出土重要遗迹保护展示馆项目、殷墟乙二十组宫殿基址保护展示项目等六大历史文化传承保护工程;中国文字博物馆续建项目、林州航空运动文化旅游项目等三大公共文化拓展延伸工程;安阳·中国历史文化产业博览园项目、司母戊文化综合开发项目等四大文化产业创新发展工程;林州红旗渠、太行大峡谷景区项目、汤阴县周易文化旅游产业园项目、安阳县长春观景区项目等十大文化旅游精品培育工程。

开封作为七朝古都,以宋文化影响最为深远。开封市主打宋文化品牌,着力打造了一批精品文化项目和节会文化品牌,促进了文化旅游产业不断繁荣发展。2008年,开封市依托清明上河园二期工程,利用水系景观和现代科技,推出了大型水上实景演出《大宋·东京梦华》,得到了社会各界的广泛认可。另一个文化景观——大型歌舞剧《清明上河图》,则汇集高跷、面人、马术、杂耍、汴绣等民间文化和艺术,是中国最大的宋文化旅游主题公园。目前,《大宋·东京梦华》与大型歌舞剧《清明上河图》,成为展示宋文化魅力的重要载体。

此外,开封市不断着力营造古朴典雅、宋韵浓郁、独具特色的宋都古城旅游区,已初步形成龙亭湖旅游区、包公湖旅游区、繁塔—禹王台旅游区三大旅游区,还有以水系工程为轴心的环状旅游带、以古城墙为轴心的环状旅游带两条环状旅游带,构建了"城在景中,景在城中"的宋文化城市旅游格局。

2.文化旅游产业发展对传统文化的需求,增强了人们保护传统文化的自觉意识

文化旅游产业促进了当地经济的发展,改善了人民的生活条件,当地居民在享受旅游所带来的巨大利益的同时,也逐渐发现了自己传统文化的不可替代性,从而消除了过去面对所谓主流文化的文化自卑感,越来越倍加珍视自己的传统文化,由衷地产生了维护传统文化的责任心和使命感,保护传统文化的自觉意识不断增强。传统文化正以各种方式得以保护和传承。如丽江的地方政府、民众、企业通过旅游增加了收入,又把一部分旅游收入返还于古城修复、文化保护和抢救、整理传统文化,从而推动和促进了民族文化的保护和发展。还有在纳西族知识精英大力呼吁和倡导下,在地方政府支持下为东巴文化的复兴与传承建立的学校。如纳西族知名学者郭大烈先生在黄山镇宏文村开办的"东巴文化传习院"、和力民先生在金山乡组织的"纳西文化研习馆"以及东巴文化博物馆和东巴文化学校等等。

3.文化旅游产业发展为文化的传播提供平台,促进文化交流

开展旅游活动为旅游接待地带来了巨大的物质利益的同时,也为其提供了文化传播的平台,促进了接待地对外文化交流,使当地文化能够在更高的层次上以更快的速度发展。首先,不同的文化会伴随着旅游者的游览旅程,传播到接待地的每个角落,接待地居民可以通过来自不同地域、不同民族的旅游者的言行、举止、装束,感受到他们带来的"别样文化",然后结合本民族本地区的特色进行借鉴、吸收,从而促进当地文化的发展和创新;其次,旅游者和旅游接待地的居民不断地接触,能更有效地宣传旅游接待地的地区形象,能提升旅游接待地的社会文化的可信度,让更多的人接受旅游接待地的文化。

(二)文化旅游产业发展促进了文化的挖掘和保护

文化旅游产业的核心要素是文化本身,没有了文化或文化遭到破坏,文化旅游产业将不复存在。各地在发展文化旅游产业的同时,对文化进一步的挖掘和保护,是文化旅游产业健康、可持续发展的前提和关键。

以河南省焦作市为例亦可证明,焦作以前是河南省主要产煤区,经过多年的挖掘其资源逐步枯竭。而现在当地政府利用其独特的地理和文化优势开创了闻名遐迩的焦作文化旅游产业区。焦作北依绿色太行,南接中原水乡,焦作的文化旅游产业风生水起。文化与旅游的紧密结合正是旅游行业"云台山奇迹"的要诀。"以'竹林七贤'、王维等为代表的名士文化,以万善寺、玄帝宫为代表的宗教文化,以铁棍山药、连翘茶为代表的药膳饮食文化,以红石峡为代表的山水地质文化,共同成为云台山吸引四方来客的招牌。"一座资源枯竭型城市正迎来"绿色"新生。2017年,云台山景区共接待游客1480万人次,门票收入达到10.7亿元,分别是10年前的24倍和93倍,成为全国人气最旺的景区之一[①]。文化旅游产业发展还促进了文化的挖掘和保护。

1.充分挖掘和整合文化资源,促进特色文化的发展

全国许多地方都具有各具特色的历史文化、民族文化、民俗民间文化、生态文化、饮食文化等资源。通过发展文化旅游,可以推动各地进一步深入挖掘本地的各种文化资源,以旅游为载体对这些资源进行整合和开发利用,发展特色文化产业,培植新的经济增长点,使一个地区的文化资源优势转化为经济发展优势。特别是发展文化旅游已经成为拓展文化消费的重要途径。以旅游为载体对文化资源进行开发利用,可以催生丰富多样的文化业态,如饮食文化、手工艺品制作、养生休闲、演出娱乐等,进一步拉长文化产业链,广泛吸引群众进行文化消费,推动居民消费结构升级,为扩大内需做出贡献。

2.更好地发挥各种历史文化资源的现代价值

旅游景点往往凝固着深厚的历史文化、革命文化以及民族民俗文化等内涵。旅游不仅是一种经济生活,更是一种文化生活。旅游的过程,本质上是人们感知文化、鉴赏文化、体验文化、享受文化的过程。旅游给予人们的不仅仅是愉悦身心的享受,更多的是陶冶情操、增长见识、提升境界、净化心灵的体验。特别是许多地方拥有丰富的历史文化和革命文化资源,通过大力发展红色旅游,可以极大地增强教育意义,使人们在愉悦身心的同时受到深刻的爱国主义和革命传统教育。同时,大力发展红色旅游,还可以进一步促进革命老区的基础设施建设,开辟新的就业渠道,为老区人民增加收入创造条件。比如,自2004年红色旅游建设规划实施以来,我省已建成红色旅游经典景区123个,具体景点400个左右,其中233个达到A级景区标准;精品线路30条,各地结合实际情况发展近70条。据不完全统计,6年来,红色旅游共接待4.16亿人次,综合收入1368亿元。其中,2010年接待1.27亿人次,综合收入达30亿元。实践证明,红色旅游既是一项重大的政

---

① 民建中央调研发展文化旅游产业 促进经济结构调整.人民政协报.2012年4月27日.

治工程、文化工程,也是一项重大的富民工程,实现了社会效益和经济效益双丰收。

3.进一步促进非物质文化遗产的保护和传承

我国是文明古国,拥有丰富的物质文化遗产和非物质文化遗产。如何保护好、传承好这些文化遗产,是一项重大而紧迫的任务。推动各种文化遗产特别是有市场前景的非物质文化遗产与旅游相结合,开发相关的旅游产品和服务,既可以增强人们对非物质文化遗产的了解和认识,从中得到教育和熏陶,又可以创新非物质文化遗产保护和传承的方式方法,拓展非物质文化遗产保护和传承的社会基础,使之在面向群众、面向市场的过程中得到更好地保护和传承。

(三)文化旅游产业发展促进了文化的创新和发展

文化的生命力在于其自身的不断创新和发展,这也是文化旅游产业得以持续发展的因素所在。我们以河南省信阳的茶文化以及朱仙镇的木版年画的发展予以证明。

近年以来,信阳浉河区董家河镇立足茶乡优势,积极挖掘茶文化旅游资源,强力推进以千佛塔为代表的各种茶文化旅游项目建设,努力打造茶文化旅游名镇。以绿之风、茶之韵、茶都居、茶镇风韵等茶文化为载体,目前,该镇茶社已发展到 16 家,成为茶文化休闲、宣传、交流的重要场所,茶叶交易市场、健身广场持续扩建完善,着力打造茶文化宣传主阵地。

朱仙镇曾是我国四大年画产地之一。到了明代,朱仙镇的年画作坊多达 300 余户。年画远发河北、山东、安徽、江苏等地,朱仙镇木版年画从此名扬天下,影响深远。从 20世纪 80 年代初开始,朱仙镇木版年画行业逐渐跌入谷底,作坊简陋、后继乏人,生存状况令人担忧。2012 年 5 月,朱仙镇国家文化生态旅游示范区项目作为河南省重点旅游项目,总投资 120 亿元,规划占地 5000 亩,建设用地 2000 亩。专家学者介绍,重建朱仙镇、恢复朱仙镇的历史面貌已经成为许多中原人心中的愿望。朱仙镇国家文化生态旅游示范区项目规划细致,深度挖掘了朱仙镇的商业、民俗、年画、饮食、姓氏、军事、宗教等文化内涵,展示了朱仙镇两千年的历史文化。希望朱仙镇国家文化生态旅游示范区能重现历史上商埠漕运的辉煌,营造河南旅游最具吸引力的古镇。

文化旅游产业发展还能极大地促进文、旅创新融合发展,能提升城市文化"软实力",增强文化自信,促进文化产业发展。在文化产业和旅游产业都亟待转型的当下,文化产业发展需要进一步改革,加强产业化;旅游产业需要优化升级、提升产业素质。而文化旅游作为文旅融合的新型旅游产品,能够在很大程度上吸引游客,既能和探险旅游、运动旅游一道成为文化旅游产业转型升级的重要机遇,也能提升城市文化"软实力",增强文化自信,促进文化产业发展。文旅融合发展有利于继承发扬优秀传统文化。旅游所承载的作用不仅仅是拉动消费增长,从更宏观的角度来看,它更是一种文化传播。通过旅游,可以使更多游客了解当地优秀文化,并且自发进行进一步的传播活动。可以说,旅游在一定程度上能够为传统文化的继承和发扬做出贡献。我国很多省市都可以依托自身的特色文化资源,进行文化旅游的推广,这不仅能够提高行业竞争力,取得进一步发展,还能弘扬优秀传统文化,推动中华文化走向世界。文旅融合发展有利于推动旅游产业的优化升级。随着文化旅游产业不断发展,人们对旅游的需求逐渐多样化。但目前市面上的旅游产品品种依然较为单一,以游览观光为主,缺少一些文化气息浓厚、比较高端的创意旅游产品。如果能推出具有文化附加值的旅游产品,就不仅能进一步满足游客的需求,创造更多的利润,还能够提升旅游行业服务质量,增强服务品质,促进产业的升级转型。

(四)文化旅游产业发展促进了文化的交流和融合

文化交流所指的文化一般是广义的文化,是人类在社会实践活动中创造的物质财富和精神财富的总和,也就是文明。从国际上看,按照亨廷顿在《文明的冲突与世界秩序的重建》中的标准,广义的文化可以分为中华文化、日本文化、印度文化、伊斯兰文化、东正教文化、西方文化、拉丁美洲文化、非洲文化等。从国内范围看,在中华文化之下又可以分出中原文化、巴蜀文化、岭南文化等亚文化。无论是国际还是国内,促进文化交流都是推动不同文化相互借鉴、相互吸收、共同发展的重要途径。作为文化交流的主渠道之一,文化旅游产业在这其中发挥了独特而又重要的作用。

1.是与大规模旅游经济活动相伴随的文化交流

自从文明开始诞生,文化交流就一直存在,但在没有现代文化旅游产业出现之前的文化交流是相对零散的,同经济的联系也不太紧密。文化旅游产业的发展,则以经济为动力,并通过经济的方式,极大地拓展了文化交流的范围。2012年,全球过夜旅游者达到10.35亿人次,国际旅游收入达到1.08万亿美元;而同期国内游客达到29.6亿人次,国内旅游收入达到2.27万亿元。这其中,以文化交流为目的旅游占了很大比例。可以说,在市场经济条件下,文化旅游产业已经成为文化交流的重要渠道。

2.是民众之间的文化交流

从交流主体的角度看,可以划分为官方层面的文化交流和民间层面的文化交流。官方层面的交流发生在政府之间,往往通过公共财政支出,弘扬本国或者本地的文化。比如我国派遣文艺团体出国表演,在国外设立"孔子学院"等,都属于这一范畴。民间层面的交流则更多是自发的,是不同国家或者不同地区居民之间基于文化差异而进行的相互访问。旅游交流属于民间文化交流,这种交流与官方交流互为补充,推动了不同文化之间的发展。

3.是一种更深入、更持久的文化交流方式

文化旅游产业推动的文化交流不是少数精英之间的文化交流,而是国民全方位参与其中的文化交流,这种文化交流不预设主题、不先入为主,是不同文化群体之间平等的交流。更为重要的是,这种交流是面对面的交流,是客源地和旅游地居民之间的互动式交流。因此,影响面更大,也更为长久。

4.文化旅游产业发展促进了文化的交流、融合与发展

文化旅游产业的发展推动了跨文化群体之间的相互碰撞、相互沟通,有利于促进文化的融合与发展。对于旅游目的地的物态文化具有传播作用,文化旅游产业的发展使得各民族地区以及许多的旅游目的地会开发出许多各具特色的旅游文化产品,虽然旅游开发商开发特色产品是出于营利性目的的,但这样的开发有助于游客了解旅游目的地的特色文化,有助于物态文化的传播,提高民族认同感。旅游的发展可以促进不同地区的物态文化的交流与认同;旅游是一种双向的活动,游客去到目的地能够体验当地的文化,同时,游客也可以带去自己地区的文化,两种文化的碰撞有助于不同文化的交流,丰富文化的内涵,也有助于丰富物态文化的表现形式,促使文化的进步。

旅游发展能够使人们建立起规范的制度文化,可以促使民族优秀文化得到发掘、弘扬和振兴,文化旅游产业的发展使得人们有更多的机会能够去到不同的地区去体验不同的文化,在体验不同文化的过程中,游客即能分辨出文化的优秀程度,对于优秀的文化,经过旅游的商业化开发能够使得优秀文化得到弘扬与发展,也能够振兴许多位于边缘的优秀民族文化。

文化旅游产业发展可以促使民族文化的特色个性更加突出,使得旅游目的地的文化更加多元化;行为文化是旅游发展中的具有较大吸引力的旅游资源,许多游客去旅游目的地的旅行都是奔着当地具有特色的生活习惯与特色风俗去的,因此,旅游的发展能使民族文化的特色个性更加突出。由于文化传播的双向性,游客去到当地也能带去一些先进的文化,有助于当地学习优秀文化,革除本文化中存在的缺点,促进文化的进步,也能够提高落后地区的文化生活水平。

旅游的发展使得不同文化有了更深层次的交流,不管是对旅游目的地的居民还是外来的游客都有一定程度上心态文化的影响。如去民族地区旅游,外来游客的到来可能会使得当地的原住居民产生心态上的变化或社会意识的改变,能够促使当地居民对文化需求的进一步提高,有更高的物质文化需求。对于外地游客来说,体验过了不同的文化,在价值观念、思维方式和审美情趣方面会有所变化,也能够提高外地游客的文化水平,提高自身的文化修养与素质。

(五)文化旅游产业发展对推动文化建设具有非常突出的平台作用

党的十八大提出了中国特色社会主义"五位一体"建设的目标,如果从大文化的角度看,五个建设都属于物质和精神财富的范畴,即属于大文化所包含的内容。但是当经济、政治、文化、社会、生态文明建设并列的时候,文化建设一般指的是发展科技教育,加强思想道德建设等方面的内容,其根本目的在于形成全社会共同的精神支柱,为经济建设、政治建设、社会建设提供思想保证、精神动力和智力支持。经济学家于光远曾经说过,"从社会文化价值看,旅游具有非常明显的教育意义,它可以是一种社会化的因素,因为它使人亲自了解现实,可以培养人们面对现实的某种态度,它也是一种培养感情的因素,在很多情况下,它有利于智力、科学、技术、艺术和文学方面的创造。"需要说明的是,文化旅游产业对文化建设的作用,主要不是依靠国家投入来实现,而是通过市场经济,主要依托游客自身的旅游消费达到促进文化建设的目标,国家支持文化旅游产业的发展,实际上可以用更小的成本,产生更大的文化收益。从这个意义上讲,文化旅游产业既推动了文化建设,同时也促进了经济建设。其中,文化旅游产业对文化建设的作用突出体现在以下两个方面。

1.对于形成和弘扬社会主义核心价值观具有独特作用

核心价值是一个社会共同认可和遵循的价值。推动形成核心价值对于一个国家持续健康的发展具有重要意义。比如在中国汉武帝之后的帝制时代,以儒家思想为主导的共同价值观对于中国的发展产生了深远影响。正因为如此,党的十八大报告提出,"社会主义核心价值体系是兴国之魂,决定着中国特色社会主义发展方向。要深入开展社会主义核心价值体系学习教育,用社会主义核心价值体系引领社会思潮、凝聚社会共识。"值得注意的是,核心价值的形成除了教育,还在于国民通过现实的工作生活去感悟、去印证、去实践。因此需要通过更多渠道去促进社会主义核心价值的形成。以旅游的方式形成的核心价值观不是僵化、填鸭式地灌输,而是通过柔性影响、自然渗透,春风化雨式地帮助人们在旅游过程中形成共同的核心价值观。比如,人们在游览了祖国的壮美河山和名胜古迹之后,很自然地会将对大好山川的热爱和对中国历史文化的热爱转移为对国家的热爱,而通过这样的方式形成的爱国主义价值观往往更为巩固和持久。再比如,游客在参加红色旅游之后,自然会对先辈革命和建设的历史有更深入的了解,由此形成的向上精神动力是其他教育方式很难替代的。

2.对提高国民素质具有突出作用

国民素质包括身体素质也包括文化素质。中国自古就有"行万里路,读万卷书"的说法。旅游可以开阔视野、增长见识,对于国民的身心发展都有很积极的作用。特别是对青少年而言,更多地参与到旅游中来,有利于其全面健康地成长。在国际上许多国家都支持年轻人开展游学活动,其看重的正是文化旅游产业的这种突出功能。未来我国需要更好地发挥文化旅游产业对提高国民素质的作用,推动文化建设。

(六)文化旅游产业对文化事业发展具有不可或缺的促进作用

文化事业强调文化的公益性、公共性。公共文化需要政府来提供,因此这种文化基本上是免费的,或者是收费很少,带有优惠性质的。文化事业虽然强调政府投入,但文化事业的根本目的是为了让更多人可以分享文化建设的成果,进而实现文化建设的目标。因此,只要有利于文化事业发展的方式都可以采纳。这也意味着,发展文化事业并不等于要完全排除市场的内容。如果通过市场机制的方式能够促进文化事业的发展,同样也应该将其充分的运用。《中共中央关于深化文化体制改革推动社会主义文化大发展大繁荣若干重大问题的决定》在发展文化事业中主要提到四大任务:构建公共文化服务体系,发展现代传播体系,建设优秀传统文化传承体系,加快城乡文化一体化建设。而文化旅游产业对这四个方面的文化事业发展都有不同程度的积极作用。具体表现在:

1.扩大了公共文化服务体系的覆盖范围

公共文化服务体系建设属于公共财政投入的内容。既然是公共财政投入,享受公共文化服务体系的人越多,其文化投入产出的效率就越高。国家规定,文化馆、博物馆、图书馆、美术馆、科技馆、纪念馆、工人文化宫、青少年宫等公共文化服务设施和爱国主义教育示范基地要逐步向社会免费开放服务。一般而言,公共文化设施其享受的主体往往是设施所在地的居民。通过文化旅游产业,可以引导更多外来游客享受当地的博物馆、美术馆、纪念馆等公共文化设施,有利于提高文化效益。

2.是一种独特的现代传播渠道

现代传播体系的建设对文化事业具有重要的意义。按照一般的观点,传统媒体包括第一媒体报纸刊物、第二媒体广播、第三媒体电视,现代媒体包括第四媒体互联网和以数字杂志、数字报纸、数字广播、手机短信、移动电视、网络博客、桌面视窗等为代表的第五媒体。从传播的角度看,媒体即信息传播的平台,其中,信息的覆盖面、信息被接受的程度、信息传播的速度都是衡量媒体传播效率的重要标准。旅游在作为一种经济活动的同时,实际上也很大程度扮演了信息传播媒体的角色,从这个意义上旅游可以被视同为"第六媒体"。与其他五种媒体的不同之处在于,旅游传播信息的速度虽然相对较慢,但是旅游目的地信息传播的覆盖面却很大,此外旅游目的地信息的传播还是一个持久的过程,游客在这一过程中可以更深入地感知和消化信息。同时,旅游作为一种新的传播媒体,它是旅游者对旅游目的地信息的主动选择,具有很鲜明的互动式的信息传播特点,不像其他媒体只是由一方被动接收信息。目前,社会普遍忽略了旅游在现代传播体系中扮演的独特角色,未来需要对此问题予以更多关注。

3.促进了传统文化的保护与传承

目前对于文化旅游产业促进传统文化保护与传承的问题社会上存在不少的争议。特别是一些地区在盲目开发文化旅游产业中对传统文化造成负面影响后,引发了社会广泛的关注,甚至把文化旅游产业作为破坏传统文化的"罪魁祸首"。分析这种情况需要对几个问题做出回答。

①发展文化旅游产业是否必然会破坏传统文化。虽然一些不科学的文化旅游产业发展行为确实对传统文化造成了破坏,但其实对传统文化冲击最大的是工业化和城市化。较之工业化与城市化同传统文化的相互对立,传统文化与文化旅游产业之间并没有本质的冲突。更为重要的是,传统文化是文化旅游产业发展重要的依托对象,破坏传统文化其实就是破坏文化旅游产业自身,因此文化旅游产业从发展本身而言,必然要把保护传统文化作为发展中重要的内容。此外,差异化发展是文化旅游产业发展的基本规律,各个地方只有更多地保留传统的多元文化、异质文化,文化旅游产业才能更好地吸引游客,从这个意义上讲,文化旅游产业具有保护传统文化的内在动力。

②发展文化旅游产业对文化保护与传承的机制是什么。与依靠国家投入进行保护和传承不同,文化旅游产业对传统文化的保护与传承是在市场经济条件下,基于利益机制而实现的保护。在这个过程中,文化旅游产业将利益机制传导给传统文化的传承者,通过经济动力促使其对文化进行保护和传承。文化旅游产业对传统文化的保护不是将其封闭起来的静态保护,而是以文化交流、互动的方式实现的动态保护,这种保护是基于发展视角的保护,其实更是一种与时俱进的保护。比如山西的平遥古城,在文化旅游产业没有发展起来之前,一直被视作当地政府的一个包袱,急欲将其拆掉。随着文化旅游产业的快速兴起,地方政府和当地居民才意识到平遥古城是一个绝佳的旅游资源,因而自觉地强化了保护古城的动力。再比如,中国社会科学院研究员邓敏文在研究侗族大歌时特别提到,"如果侗族大歌不能与时俱进,就是死路一条。侗族大歌必须从侗族村寨走进学校,走进县城、州城、省城乃至国内外各大都市。当然侗族大歌在城市化进程中,千万不要遗弃它固有的生存基础——侗族村寨。如果没有这个基础,侗族大歌也会死无葬身之地。"从文化旅游产业的角度看,侗族大歌要更好地保护和传承下去,除了"走出去"之外,还要"引进来",这就是要通过文化旅游产业形成一种良性的利益反馈机制,让留在侗族村寨的居民还可以通过向游客表演等方式来展示侗族大歌的魅力,而这也在一定程度上避免了村寨"空心化",使侗族大歌"走出去"之后还能实现原居地的文化发展。

③如何看待发展文化旅游产业过程中对传统文化破坏的现象。文化旅游产业在发展过程中,确实存在因为规划、开发、经营不当对传统文化造成破坏的情况。造成这种情况的原因,是由于在发展文化旅游产业过程中利益传导机制太强,同时又缺乏平衡和制约机制,因而出现旅游场所过分商业化,文化传承人为迎合游客将文化庸俗化肤浅化等行为。要解决这一问题,关键在于找到文化旅游产业发展与传统文化保护的一个平衡点。一方面通过示范引导,鼓励文化旅游产业投资者和经营者在传统文化的保护和利用中实现文化旅游产业的可持续发展;一方面加大对文化旅游产业发展中破坏传统文化行为的处理,建立和完善纠错机制,最大限度保护好传统文化。

总之,任何事情都有利有弊,对待文化旅游产业对传统文化的作用,主要应该肯定其正面的价值,同时避免文化旅游产业发展中对传统文化破坏的行为,以更好地发挥文化旅游产业对传统文化保护和利用的积极作用。

4.促进农村文化事业的发展

城乡文化一体化建设的关键是要补上农村文化事业这一"短板"。发展农村文化事业,其落脚点在于提高农民的文化水平。这些年国家也在通过农村文化站、农家书屋等方式来加强对农村地区的公共文化服务。但除此之外,还有必要关注文化旅游产业对农村文化事业发展的作用。这一点在许多乡村文化旅游产业发展较快的地方有较明显的体现。比如,一些乡村旅游经营户通过接待城市游客,就不同程度提高了自身的文化素质和服务意识。

(七)文化旅游产业对文化产业发展具有十分重要的催化作用

分析文化旅游产业对文化产业的作用,首先需要对文化旅游产业和文化产业做出区别。文化旅游产业是为吃住行游购娱等旅游活动提供物品和服务的一组产业集合;文化产业是为社会公众提供文化产品和文化相关产品的生产活动集合。虽然二者都是一系列产业的集合,但是文化旅游产业实际上是从消费需求角度来衡量的一个产业,文化产业则是从消费供给角度来衡量的产业。由于二者各自从需求方和供给方衡量产业,因此彼此之间存在一些交叉。但是文化旅游产业和文化产业各自独立,并不是完全同一的产业。

从统计的角度看,根据国家统计局《文化及其相关产业分类》,文化产业和旅游产业交叉的部分主要有:一是在文化产业的文化艺术服务类中,文艺表演服务、文物保护服务、文化遗产保护服务、博物馆等有一部分是面向游客的,对应的是旅游产业中"游"和"娱"的环节。二是在文化产业的文化休闲娱乐服务类中,公园管理、游览景区管理、室内娱乐活动、游乐园活动等很大部分都是面向游客的,对应的也是旅游产业中"游"和"娱"的环节。三是在工艺美术品生产中,工艺美术品的制造和销售如果面向游客,对应的是旅游产业中"购"的环节。具体到文化旅游产业对文化产业的作用,大体上体现在以下四个方面:

1.促进了一部分文化资源的旅游化利用,使其转化为文化旅游产品

从文化旅游产业的角度看,文化资源是文化旅游产业发展的重要资源。但从文化产业的角度看,许多文化资源如果不借助旅游市场这个渠道,就只能是"养在深闺人不识",

不能成为可供消费的产品。比如过去许多有形文化资源,如古村、古镇等在没有发展文化旅游产业之前仅仅是当地居民居住的场所。但是通过文化旅游产业,这种资源很快走向市场,成为文化旅游产业的重要组成部分。同样,许多非物质文化遗产,也是在文化旅游产业发展的过程中实现了自身的经济价值。

2.延伸了现有文化产品的销售市场,进而扩大了文化产业的规模

最典型的例子是手工艺品。在没有文化旅游产业的时候,许多手工艺品大多是在区域内进行小规模的市场交换。比如,开封的汴绣工艺品,主要是在当地进行销售。随着文化旅游产业的发展,大量的游客取代当地居民,成了这些手工艺品的主要销售对象。像河南的华西村,每年向游客销售胡辣汤及其制品带来的收入就超过1亿元。

3.催生了一批全新的、面向游客的文化产品和服务,丰富了文化产业的内容

这其中最突出的现象是旅游演艺的崛起。近年来,许多直接针对旅游市场开发的演艺项目都取得了成功。比如,实景演出"梨园春",至今还受到大量游客的追捧。而像张开封的"天波杨府演出"、承德的"龙庭演出"等也是从丰富外地游客夜间活动出发开发的新型文艺演出。这些演出增加旅游消费的同时,实际上也成了新的文化消费热点。

4.促进了文化事业单位经营模式转换,为文化事业发展方式转变提供了新的路径

按照中央的要求,深化国有文化单位改革是加快构建有利于文化繁荣发展体制机制的首要任务。其中特别提出了"推动代表民族特色和国家水准的文艺院团等事业单位实行企业化管理,增强面向市场、面向群众提供服务能力"。事业转换为产业,最重要的是要有足够的市场空间。市场越大,其转换也越容易。对许多文艺院团等事业单位来说,面向市场的方式一种是在本地演出,一种是去外地演出。但是除了少数优秀节目有较大的外出演出市场外,多数演出主要还是要立足本地演出。但是本地演出最容易面临的就是当地居民消费能力不足问题,这在一些中小城市更加明显,因此这就很大程度需要借助外地游客的消费才能保证其足够的市场容量。从这个意义上讲,如何将文化旅游产业发展与地方文艺院团转企改制更好结合起来,对于这些文艺院团的长远发展具有重要意义。

二、河南省文化旅游产业发展对文化自身败灭的影响

正如世界上的任何事物都有利弊的两重性一样。旅游活动的开展,在促进传统文化复兴的同时,也给当地的传统文化带来了一系列的负面影响。旅游给传统文化带来的影响较之对自然环境的影响更为广泛、更加深入,进而将影响到当地社会的可持续发展,所以应受到我们的更多关注。文化旅游产业是市场经济的产物,作为一个产业,产生经济效益是其最终目的,其另外一个目的就是发扬和传播我们的先进文化。对于文化产业来说,我们不仅要认识到文化产业带来的巨大经济效益,还要加强对文化本身的保护、继承和发扬。但是,部分文化产业却片面地强调其经济效益,而忽视了对文化本身的保护,更有甚者,在发展文化产业的同时文化本身正在遭受到歪曲或破坏。

(一)文化旅游产业发展对文化本原的冲击

1.历史文化遗产遭受不同程度的破坏,"文化生态环境"逐渐恶化

由于 游客特有的物质摄取心理及不检点的行为使得蜂拥而来的旅游者每到一处,常常毁损掉他们不辞辛苦特地前来观赏的宝物:有的偷偷地掀下古庙的一片瓦,更多的人将摩崖石刻抚摩得光滑无痕,或在游览点随意刻上"某某到此游"……而更加普遍也是更令人棘手的问题是因开发旅游所致的客观上的损害。

2.文化传统遭到异地强势文化的冲击和同化,地方文化的独特性逐渐消失

文化的独特性与地理环境的封闭性紧密相连,而旅游的发展却与当地的可进入性息息相关。随着交通的改善,地理的封闭性被打破,旅游地文化的独特性也必然受到冲击。一个国家、一个地区的人们在历史长河中所形成的生产方式、生活方式和思维方式,如果没有受到外界的影响,该地区的文化就能长期保留其固有的特征,而无实质性的变化。"随着旅游的发展,在异质文化的强力冲击下,接待地的原有的文化风貌发生了一定的变化,从衣着、建筑及生活方式到语言文字等都与外来者日益趋同,当地固有的传统文化被逐渐冲淡、同化甚至被扭曲而变形"。

3.民俗文化出现舞台化、商品化甚至庸俗化的倾向

为了发展旅游 业,接待地会积极吸引各方旅游投资者,有时还会刻意迎合旅游者的口味。正如有的学者说,不少旅游者并不关心接待地文化特色的真实含义,而只是为了猎奇。这就使接待地文化在发展旅游过程中有被不正当舞台化、商品化进而庸俗化的可能。一些地方文化特色的东西被肆意移植仿造,似乎其存在的基础再不是当地的社会生活,而是旅游者的需求。这种迁就游客"期望"的文化表演——同时也是文化歪曲对旅游接待地文化的自然发展极其有害,旅游者无法全面有效地接触和发现接待地活生生的文化,而是接受了一种经过了包装的"伪文化""伪民俗",而且接待地固有的文化也会因此而逐渐失去特色。从长远的眼光来看,如此开发民俗文化旅游,无异于"杀鸡取卵"。旅游地"文化设限"宽松化,社会道德观念扭曲,犯罪率呈上升趋势。任何本土文化在与外来文化接触时,通常会有选择地接受和吸收那些与本身文化价值观相契合的内容,而排斥那些与本身文化价值观不相容的东西,即经过了所谓"文化设限"的过滤。但是,在经济利益的刺激下,旅游地对外来旅游者的"文化设限"较一般情况下更为宽松一些。旅游地为了招徕游客,违心地接受外来文化中某些与本土文化的道德观念与价值取向大相径庭的东西。在旅游市场上,因片面追求旅游效益,而不顾当地社会人文资源的特性,进行完全趋从于旅游者口味的运作,以现代艺术形式包装民族文化,将其传统的舞台艺术化、商品化是目前旅游开发的主要手段。虽然它在特定的时间和环境里,能有效刺激游客,使之产生旅游消费的作用。但它的致命弱点就是使民族传统文化失去了原有的文化内涵,日益商品化。大多数旅游者对接待地发生兴趣往往不是真正的关注那种文化的价值,而是受猎奇心理驱使。对游客来讲,有新鲜感的、令人称奇的、来之不易的、在别的地方见不到的,也就是他想要的。他趋近什么,购买什么,就在它们中间选择。"接待地内但凡一切能吸引游客的事与物均被标上价格'待价而沽',传统文化也仅仅是简单地为经济服务,而真正的内涵却常常被人为地肢解、阉割甚至伪造或假冒,原有的文化价值完全被商业价值所取代,出现了一个个专为迎合旅游者而被篡改得面目全非的所谓'民族服饰''民族歌舞''民族礼俗'等,原本只有在特定的时间、地点及场合,并按传统的内容和方式才能举行的各种礼仪、礼俗,屡屡应邀打破规矩而频频登台亮相,一切都变得那么有模有样,气氛热烈甚至场面壮观,但从实质而言已毫无特殊意义与价值。仅仅是一种舞台化、程式化、商业化的表演而已"。如放河灯本是纳西族人民祭奠亡灵的一种民俗形式。现在已被改造成许愿寄托美好祝福的游戏,天天给经营者带来财富。从表面上看,接待地传统文化依然存在,至少在外部形式上并没有发生多大的变化,但实际上其存在的目的与过去已有了根本的区别。

4.文化旅游产业发展造成传统文化价值观的退化甚至遗失

价值观是民族文化的核心。如热情好客、淳朴善良、重义轻利等。但是随着旅游活动的开展,游客的大量涌入,有意无意地带来了各自不同的价值观,引起了以往相对封闭的接待地居民价值观念上的急剧变化。其中也有进步的积极因素,但也引起了当地居民传统文化价值观的退化甚至遗失,从而导致一些诸如传统失落、道德失范的现象发生。极大地损害了接待地原本良好规范的旅游氛围,直接影响社会的可持续发展。如林县人把水视作生命,爱护水、珍惜水、保护水、合理利用水。不准往红旗渠里丢杂物,倒脏水,不准在上游洗衣服是约定俗成的习惯。这些爱河护水的公约不知沿袭了多少年。可是随着红旗渠声名大振,大量人流的进入,也带来了陋习。往河里扔垃圾,倒脏水、吐痰等现象随处可见。

(二)文化旅游产业发展对文化生存的破坏

文化旅游产业发展在促进经济社会、文化进步的同时,由于其追求的经济利益目标以及个别人员对文化本身的不理解,在发展文化旅游产业的同时对文化本身的生存却造成了破坏。主要表现在以下三个方面,一是文化旅游产业的无序开发破坏了文化的生存环境;二是由于缺乏对文化的正确认识损坏了文化自身形象;三是旅游产品的不当开发破坏了文化生存特性。

1.文化旅游产业的无序开发破坏了文化的生存环境

健康的文化生存环境是文化得以维系、生存和发展的根本。文化生态对一个旅游项目的成败起着决定性的作用。但是,部分文化旅游项目为了追求经济利益,提高收益,不加限制地进行促销,尤其在黄金周期间人山人海、摩肩接踵,对文化景观特别是世界文化遗产的破坏特别大。有的地方政府缺少经营方法和思路,就把风景名胜区租给私人,而私人资本追求利润的属性造成了在景区私搭乱建、乱伐树木、乱卖景石,这种杀鸡取卵、砸锅卖铁的营利方式,使景区的原生态遭到了严重的破坏。这种现象在河南省已是屡见不鲜,我们举一两个例子便可证明。

以河南的开封古城、商丘归德古城为例,开封是七朝古都,北宋时更是世界上最大的都会,其文化价值是全方位的,政治、经济、文化无所不包,仅从一幅《清明上河图》、一部《东京梦华录》中便可见一斑。商丘归德古城是商文化的发祥地,也是商业的起源地。在解放初期,开封、商丘都有着完整的城墙和布局严谨的历史街区。但是在后来的开发建设中,开封和商丘古城中,其文化生态环境保护遭到了严重的破坏,其价值也就打了折扣。

再如,郑州商代古城墙距今已有 3600 多年的历史,但是在现代化城市建设以及不当开发之下,早已失去其原来面目,被破坏的城墙下面是被开发的一排排西式建筑住宅小区;洛阳"天子驾六"车马坑的上面是现代园林式的河洛文化广场,广场周边高楼林立,车流如潮,文物古迹赖以生存的文化生态渐行渐远。这种文化景观的破坏在河南非常普遍,开发过程中旅游区为了追求直接的经济效益,忽视文化的保护,也忽视了文化得以繁衍生存的生态环境,开发过度过滥,甚至到了竭泽而渔的地步。其具体表现就是,旅游地区商业气息过浓,失去了它原始的古朴民风。

其原因是我们在用现代城市规划的方法改造历史文化名城和文物古迹,大规模的仿西式建筑群正在吞噬以历史街区、古老建筑为标志的古都特色和民族特色,导致许多历史文化遗产和历史文化名城的古老空间特色和文化环境遭到破坏。文化环境的改变,使名胜古迹成为孤立的陈列,其完整性被肢解和蚕食。

2.文化旅游产业的不健康思想破坏了文化自身形象

"汲取精华、去其糟粕"是我们传承和发扬传统文化的态度。特别是在我国社会主义现代化建设过程中,我们提倡的是社会主义新文化。但是在市场经济一些不良因素诱导下,也有一些脱离实际、脱离群众的不良现象,个别地方以追求经济利益为最高目的来树"形象""政绩"工程,以宝贵的文化资源为赌注,大做文化的"一锤子"买卖。很多文化事象本该在市场经济的大潮中崭露头角,却被一些人误读,对原来优秀的文化传统肆意更改和杜撰,致使一些优秀的文化面目全非。如 2008 年 5 月,在老子故里鹿邑举办的"中国鹿邑国际老子文化节"中,竟安排了穿着旗袍(原定为"泳装",后被取消)的小姐走秀,并从中选出"老子文化节形象大使"!并得到了很多人热捧!

另据《河南省商务之窗》报道:木兰故里虞城县正悄然兴起"木兰"热,大至商店宾馆,小至店铺小巷,都以"木兰"为名,木兰食品公司、木兰宾馆、木兰大道、木兰武校、木兰小吃店等以木兰命名的企业、产品及各种设施近 600 种。目前,该县已在苹果、西瓜、大葱、葡萄、石榴、红枣、花生等三十多种农产品上注册了"虞国花木兰"和"木兰"商标,在河南甚至在全国掀起了一股木兰热[①]。

由此可以看出,相当一部分地区或个人并没真正理解和掌握我们传统文化的真正内涵。堪称我国古代伟大哲学家、思想家的老子,在发展文化经济的今天却被多人"玷污"。"花木兰"亦是如此,其代表的中国优秀文化传统被以经济利益为目的各种商标"淹没"。

3.文化旅游商品的不当开发破坏了文化的生存特性

支撑文化旅游经济发展的另一因素是对旅游商品的开发和销售。但是由于过于追求经济利益,而忽视了文化本身的生存特性。其主要表现在,企业为了尽可能多的生产文化旅游商品以谋取更多的经济利益,将文化产品进行工业化生产,导致产品失去了"文化"本身的价值,进而影响到文化的生存和创新。

如"汴绣"是中国历史上的"四大名绣"之一,因北宋时期汴京(开封)为皇城,所以汴

---

① 转引:河南商务之窗.河南虞城:花木兰文化升温"花木兰"品牌抢眼.http://henan.mofcom.gov.cn.2007 年 6 月 21 日.

绣也多为宫廷御用而做,极其讲究典雅精致、做工精细,是中国绣品中品位极高、不可多得的珍品。另有"中国古代四大名镇"美誉的朱仙镇的木版年画、曾享有"家有钱财万贯,不如钧瓷一件"美誉的河南禹州钧瓷,都以其做工讲究、文化底蕴深厚而名扬海内外。但是,由于现代标准化的生产要求却抹杀了其自身的生存个性,直接导致一些优秀文化事象在产业化的过程中,被以追求经济效益为目标的企业和个人肆意更改和误读,这样不但不利于文化的发展和传播,更严重的后果是让后人对文化的误解。用夏挽群老师的话说,这叫"紧步唐三彩后尘,自毁品牌"。

(三)文化旅游产业发展对文化交流的异化

文化旅游产业在某种程度上,能使物态文化异化。旅游者将本国或本民族的文化带进旅游目的地,冲击了当地本有的文化,当地居民可能就会盲目地认为外来的文化就是好的,盲目的学习,只会冲淡本民族文化的特性,造成物态文化的异化,使得各民族或各国的文化发展不再具有特色。

文化旅游产业的发展一定程度上会导致制度文化的破坏,由于游客的文化修养与素质参差不齐,在游客去某一目的地旅行时,可能会做出一些不文雅的行为,破坏了当地的风俗习惯或者破坏了当地的物质文化遗产等,给当地的旅游资源造成了重大的损失,不利于文化旅游产业的长期发展;其次,旅游目的地的文化受到外来文化的冲击,本地文化可能会发生重大变化,也不利于文化特色的保留与传承。

旅游行为,为旅游目的地带来了外来的文化,这种文化传播的形式有其好处也有其坏处,一种文化的到来,可能会影响当地居民的审美情趣与世界观,而这种意识的东西又会影响旅游地居民的行为,其中的消极影响也会造成行为文化的破坏。如旅游者将本国或本民族的文化带进来,对旅游目的地的传统文化产生冲击,当地居民盲目认为外来文化就是"好的",从而不加区分地予以接受,盲目模仿旅游者的生活方式,接受其价值观、人生观和道德观,结果使本民族文化逐渐被外来文化所同化。旅游目的地居民,尤其是青少年,在生活方式上盲目地模仿外来的游客,尤其是发达国家、发达地区的游客,逐渐在思想和行为上发生消极变化。他们开始对自己的传统生活方式感到不满,先是在装束打扮和娱乐方式上消极模仿,继而发展到有意识地追求,从而使赌博、卖淫、投机诈骗、贪污受贿、走私贩私等犯罪和不良社会现象增多,影响社会秩序的安定。由于文化旅游产业是属于一种商业性的营销,因此,随着文化旅游产业开发的深入,受经济利益的影响,旅游目的地的商业意识过强,会导致旅游目的地的风俗习惯,生活习惯的方式受到破坏,极大地破坏了文化的原真性。

此外,文化旅游产业的发展一方面是对于旅游目的地的居民来说,外来文化的冲击可能会引起旅游目的地居民心态上的变化,另一方面对于旅游者来说接受体验了另一种文化,对于自己的价值观念也会产生一定的影响。受商业化的影响,当地居民在参与文化旅游产业的时候,可能会更加注重经济利益,由此引起了居民心态文化的变化,整个地区的文化旅游产业就会朝着商业化的方向发展,而旅游景区过于商业化的话就会使得旅游景区旅游资源失去其吸引力,游客体验度下降,该旅游景区的衰败也是意料之中的。

(四)文化旅游产业对文化自身发展的误判

对文化自身发展的错误认识,是文化旅游产业发展对文化的又一不良影响。其主要表现在以下几个方面。一是在开发文化旅游产业时,认为文化越"古老"越好、越有价值;二是对文化本身的"误读";三是在开发旅游产业时对景区建设投入很大,但对文化本身的创新乏力。

1.文化旅游产业发展中的文化"复古"思想

文化旅游产业发展中的文化"复古"思想是一种普遍现象。河南省某地区一位官员在该地区的一次传统文化节上接受一位记者采访时说:"现代人就喜欢看那些'原汁原味'的。"殊不知何谓"原汁",何谓"原味",这种认识恰恰忽略了现代化进程仍然是传统文化发展的一个部分,这种片面的复古主义观点,对社会主义现代化建设以及农村民俗文化的发展和保护都有消极的影响。

国粹主义认为,传统文化是一笔丰厚的财富,可以原封不动地拿来指导现实生活。在这种观点看来,现代化过程中出现的困难、矛盾以及价值失落和价值错位,只能靠传统的恢复来拯救。在这个问题上我们必须处理好一个概念问题,那就是传统文化与古代文化的区分,古代文化是针对现代文化而言的,它是对文化时代的划分;传统文化是针对文化的传承而言的,它强调的是文化的本源和沿着这个本源传承下来的全部文化遗产不局限于古代,而是迄今为止中华民族经过筛选、淘汰,不断丰富又不断增长的文化精神的总和①。

文化是由广大劳动人民经过筛选、淘汰而积淀成的文化精神总和,它既是历史的,更是现代的。而现代有些人认为传统文化就是古代文化,甚至认为发展传统文化就要与现代化相分离。特别是在现代文化旅游中更是严重,大多数人都是把"文化"的久远作为评判文化价值,对这种认识我们不能完全否定,但是其明显具有极端的片面性。

2.文化旅游产业发展对文化自身发展的误读

文化旅游产业除了其经济功能以外,另外一个重要功能就是发展文化本身,通过文化旅游产业的发展促进文化本身的创新和传承。针对目前文化旅游产业的开发现状,一个不好的现象就是我们忽略了文化的本真含义,文治教化的功用失去了。文化的意义、价值判断出现了问题。我们今天把文化当作一个筐,什么东西都往里装,缺乏了价值判断的取向,文化只能是良莠不分、泥沙俱下。本该长起来的好苗却没有长出来,而垃圾文化发酵。

河南省鹿邑老子故里圣地——老君台,自古以来就是著名游览胜地,古往今来慕名来访者络绎不绝,唐高祖李渊、唐高宗李治、唐玄宗李隆基、女皇武则天、宋真宗赵恒,以及文学大家苏东坡、欧阳修等都曾来拜庙祭祀。或观瞻游览,留下了千古不朽的诗篇华章。1978年,鹿邑县政府公布其为县级重点文物保护单位。1983年在此建博物馆。1986年,老君台被定为河南省重点文物保护单位。2001年随太清宫遗址一起被国务院列为国家级重点文物保护单位。2007年随老子故里旅游区一起被文化和旅游部列为国家

---

① 王宁.中国文化概论[M].湖南:湖南师范大学出版社,2008年8月,第11页.

AAAA级景区。

原本代表中国传统文化一脉的道教文化创始人老子的故乡,本应具有浓厚传统文化气息,而现实却被那些"信男善女"的求签问卜、"还愿"等形式取代,整天乌烟瘴气、鞭炮长鸣。这种现象在河南省乃至全国都有发生,由此可以看出,我们在发展文化旅游的同时却误读了我们优秀的文化内涵。我们必须"要全面认识祖国传统文化,取其精华,去其糟粕,使之与当代社会相适应、与现代文明相协调,保持民族性,体现现代性。"①

3. 文化旅游产业发展对"文化"创新的乏力

厚重的文化内涵是文化旅游产业得以发展的内在因素,文化的创新和传承是文化旅游产业健康持续发展的根本动力。没有文化为依托,文化旅游产业无以发展,没有文化的创新,文化旅游产业的发展就会失去原动力。

由于文化旅游产业观念认识的滞后,河南丰富的文化资源很多处在无序开发的状态,比如四川杜甫草堂旅游做得非常好,但实际上杜甫的老家是巩义的,四川杜甫草堂游人如织的时候,巩义的杜甫故里还显得有些荒凉;当美国动画大片《花木兰》在世界各地赚得盆满钵盈的时候,我省虞城的木兰故里藏在深闺人未知。当我们沉迷于河南省发现恐龙蛋化石的喜悦之时,美国却上演了《侏罗纪公园》等系列大片,数以千亿美元的资金流入外国人的口袋。这些均可说明河南对文化旅游的认识还不到位、观念比较落后,缺少大思路、大制作、大政策。目前看来,河南省文化旅游产业的发展始终没有摆脱对资源、能源的依赖,走的是单一资源开发的路,景区景点基本上以观光为主体,造成旅游产品的低档次、单一化。

(五)文化旅游产业发展中经济与精神失衡

文化旅游产业的主要功能是促进经济发展和精神文明建设。但是,从目前文化旅游产业的发展来看,其"经济"功能远远大于其"精神"功能。人们在追求其经济利益的同时,忽视了文化旅游产业另外一个重要功能——对文化本身的宣扬和传播,其以"文"化"人"的作用没得到足够的重视。

1.强调追求经济利益,忽视了对文化的发扬

文化旅游产业是市场经济的产物,作为一个产业,追求经济效益是其重要目的,其另外一个目的就是发扬和传播我们的先进文化。对于文化旅游产业来说,我们不仅要认识到其产生的巨大经济效益,还要加强对文化本身的保护、继承和发展。

近年来人们对文化旅游产业的发展过多地强调了其经济利益,而弱化了文化本身的价值,这是很危险的本末倒置行为。发展文化产业不能只看经济效益指标,还须看社会效益指标。现在许多地方开发文化旅游、吸引外资、发展文化经济,这种做法既保护了文化,又发展了经济,倒也两全其美。但是,因为对文化的认识误区,一些地方出现了或大或小的偏差,尤其是对于文化理解不足,过分追求其"包装",给人一种不伦不类的感觉。如此发展文化经济,将导致文化经济赖以生存的要素——文化,也将失去它生存的土壤

---

① 胡锦涛.高举中国特色社会主义伟大旗帜,为夺取全面建设小康社会新胜利而奋斗.十七大以来重要文献选编(上).北京:中央文献出版社.2009年版.第27页.

而面临灭绝,更不会有地方经济的持续发展。

对此,陶思炎说:"由于知识缺乏、态度草率、心理浮躁,很多民俗传统被扭曲了,变得简单肤浅了。这些背离历史的误读,人为地加快了人们对原有民族精神和文化内涵的淡忘,给后人留下一堆错误的民族文化记忆,危害是显而易见的。"①我们正经历着一场深刻的文化变革,它与以往任何一次文化变革运动最大的区别是,文化经济及其发展成为文化发展的重要动力之一。文化经济正面临着文化责任、文化使命和市场经济和谐发展的双重目标,文化经济发展必须克服单纯的经济增长的目的,必须以科学发展观为指导,只有在文化经济可持续发展的文化生态环境中才有可能健康发展。没有文化产业的科学发展,我们一些优秀的传统文化将会遭到曲解、破坏,甚至消亡。

现在,还有一些地方和单位对文化建设重视不够,重经济、轻文化的观念根深蒂固,形成了某种思维定式,看不到文化对经济社会发展的凝聚支撑和引领作用,意识不到自己的文化责任,把文化与经济分割对立起来,这样既不利于文化的发展,也不利于经济的发展。

2.重视产业宏观规划,轻视了对内涵的建设

河南省以其独特的文化内涵,在全国乃至海外产生了非凡的影响,每年国内外来河南省旅游的人数足可证明这一切,还可以肯定的一点是,这一喜人现象正是河南省深厚的文化起的作用。也正是这一原因,促使河南省文化旅游产业风生水起。但是,当前旅游定位中有很多怪现象,好大喜功、从众心理,无论在经营者还是消费者中都很严重,说做什么都做什么,看见什么赚钱一窝蜂而上,投资几百万、上千万,最后赚不来钱,这就是没有很好地分析自己的产品,没有自己的特色,没有自己的"魂"。

据悉,目前河南省有20多个旅游景点在做漂流项目,从其定位和宣传口号的"第一""最大"等词汇可看出这些景区好大喜功的心理,也反映出旅游景点的老板们开发旅游的时候总想做到最大,恰是这个"最大"害了景区的发展。分析其原因主要还是缺乏内涵建设,没有文化内涵作支撑,其结果不言而喻。

如郑州绿博园面积2939亩,累计完成投资14亿元,栽植各类绿化苗木700多个品种、63.5万株,园内开挖的枫湖,水面面积有260余亩,真可谓大手笔。再如郑州市的碧沙岗公园,1928年,冯玉祥为纪念北伐军阵亡将士在此建立陵园,亲笔题名"碧沙岗",并以石雕刻、嵌在北门之上。这个地方原来是一片叫白沙岗的荒地,陵园建成改名碧沙岗。陵园内还修三民主义纪念亭,并立有碧血丹心纪念碑,陵园中部设祠堂,名"昭忠祠"。而现在其内部早已被各种经营性娱乐场所代替,其真正的内涵却被人们忘记。

3.注重开发旅游产品,轻视了对文化的创新

随着大众旅游和全民休闲的兴起,文化旅游受到国民的追捧和喜爱,也因此对文化旅游产品提出了更高的要求。传统的文化旅游产品发展模式显然已无法满足人们的需求和适应市场竞争。

但是,目前在开发文化旅游产品时,往往借助于原有的文化现象,甚至对其认识出现错误的判断,导致开发的旅游文化产品不伦不类,更重要的是在传统文化上的创新。现

---

① 邱宝成.不要让民俗变得不伦不类[N].中国文化报,2005年9月15日,第003版.

代科学和技术所引发的重大原始性创新导致的生产力根本变革,也必然导致全球生产关系的全面调整和利益格局的重新分配。能否抓住这样的历史机遇,对于中华民族的复兴是一次历史性挑战。因此,突破传统文化中的相对僵化和保守,重构有利于创新的文化氛围,再创新文化的辉煌,对于中国经济社会的持续繁荣,对于中华文明的传承与弘扬,都将具有极端重要的意义,这就要求我们为营造创新文化环境做出积极努力。

典型案例

古城古镇等文化遗产正遭遇"旅游性破坏"

漫江碧透的江水、绵延幽深的石板巷,飞檐翘角的吊脚楼……滚滚旅游开发热浪下,散落在中国中西部的硕果仅存的古城古镇古村,正从文学大师笔下的梦境中醒来,投入世界的怀抱。

湖南怀化市日前举办的第二届中国古城古镇古村论坛上,丽江、平遥、洪江、凤凰四大知名古城缔结为"姊妹古城",力图打造"中国古城旅游品牌"。这些曾经被视为"欠发达地区"的古城古镇,在享受一场旅游大开发带来的狂欢盛宴的同时,也将面对一场生死大考。

★古城古镇的根本属性是"不可再生性"

"一些地方对文物的保护意识不强,片面强调利用,盲目开发,盲目追求短期的经济利益,对古镇古村的保护增加了难以承受的压力!"第二届中国古城古镇古村论坛上,湖南省文物局局长陈远平的呐喊振聋发聩。

文物部门初步普查结果显示,湖南省具有保护价值的古城古镇古村 408 处,保存的古民居文物建筑 9146 栋,总建筑面积 1200 多万平方米。陈远平认为,古城古镇古村遗产既是重要的文化资源、教育资源,又是重要的旅游资源、经济资源,但它的根本属性是"不可再生性",正确处理保护与利用的关系,是保护好古城古镇古村的前提基础。

站在凤凰古城南华山上,记者看到 10 余栋钢筋水泥楼房居高临下,俯视着一大片深褐色的飞檐翘角的古建筑群。另一个令人震惊的事实是,最能体现凤凰独特风情的吊脚楼,有一部分已改建成钢筋水泥结构的民居,只在回龙潭附近尚留有 10 多栋老屋。

凤凰县建设局负责人说,过去在经济利益驱动下,一些凤凰人将祖传的老屋拆掉,重修两三层的砖房开"家庭旅馆",或随意洞开门面,肆意在房顶加层,使越来越多的新式房屋穿插于古巷之间。

执着于文物和古城保护的陈远平介绍说,古民居建筑本身经历了上百年的沧桑,已经相当脆弱,加上各级政府的投入不足,保护工作跟不上,大多陷入了自生自灭的困境。而且,湖南大量的古建筑群的古民居属于私人所有,政府难以统筹其保护工作,难以协调解决保护与居民生产生活之间的矛盾。随着生活条件的改善,拆旧建新不断发生,致使古城古镇古村的民族文化特色、地域文化特色、历史文化特色的消失速度日益加快。

由于近年来民间收藏热的兴起,导致一些非法收藏行为对古民居的破坏加剧。陈远平说,在利益驱动下,一些不法分子对古民居建筑的精品构件进行盗拆和非法收购,致使很多古建筑的构件被洗劫一空,古建筑空留外壳、残败不堪。常德市破获的一起盗窃古民居构件的案子,查获的古民居构件就装了满满两辆汽车。

被誉为中国资本主义萌芽时期"活化石"的洪江古商城,仍保存着近10万平方米、380余栋明清古窨子屋建筑,如今也"踊跃"加入旅游大开发的行列当中,却在城市建设大潮中遭遇空前危机,一些房地产开发商甚至将推土机开到明清古建筑旁边,打起了毁古建新的歪主意。

★文化遗产面临"旅游性破坏"

在很多专家学者看来,制止推土机的破坏并不难,但要抵挡住外来文化这个"无形推土机"对民族文化的侵袭,却是一件很困难的事儿。

经历了第一轮的"建设性"破坏之后,中国的古城古镇古村等文化遗存现在面临的"旅游性"破坏,使开发与保护的关系话题日益敏感、沉重。而"文化遗产"成为"文化沙漠"的忧虑,则使学术界对此投入更多关注的目光。

凤凰古城是一座新兴的旅游城市,厚重的人文底蕴和古色古香的街巷吸引了无数外地游客来此寻梦。

记者日前在凤凰古城采访时看到,夜色中的古城喧闹得令人吃惊,沱江边的古民居不少摇身变成了闹哄哄的酒吧,形形色色的游客在吊脚楼歇斯底里大呼大唱。这座被称为"中国最美的小城",弥漫着进口啤酒和爆米花的味道,正在失去宁静安详的氛围,与"梦中守望的家园"渐行渐远。

凤凰古城经营银器和扎染的张桂英老人说,随着古城旅游开发的加速,老街上的古旧味儿越来越淡了,由于租金水涨船高,商铺门面渐渐被外地资本占据,具有地方特色的工艺品店面,生意远远不如那些喧嚣的酒吧和饭店。

凤凰古城老街上的"蜡染大师"熊承早,前些年还在家中与天南地北的游客交流创作心得,出售一些自己创作的蜡染工艺品,如今却不见人影,老宅子也租给了外地商人经营,令人唏嘘不已。

学者在总结部分古城旅游开发规律时说,开画廊的不如开饭店的,开手工艺作坊的不如开酒吧的,珍藏着中国历史文脉的古城古镇古村,由于对资源的掠夺性索取,导致不少景区谢顶早衰,吸引力急剧下降,"摇钱树"正蜕变为长不大的"小老树"。

而类似凤凰古城遭遇的这种隐性"文化伤害",也在加速遗产"折旧"。在江南小桥流水周庄,"万山猪蹄"招幌太多太腻,满镇飘荡,"多了商家,少了人家"令人遗憾。

如果听任旅游开发热潮对古城文化遗产的损害,过不了多久,这些古城很可能走上一条"变异"的不归路。今天走在丽江古城的街道上,游客们看到的是一幅与真实纳西族人无关或变异了的旅游商品交易图,如果再不进行有效控制,将导致丽江文化主体的转移和失落,而丽江文化正是古城作为文化遗产最有价值的部分。

★古城"开发"须慎之又慎

记者在采访中了解到,中西部很多古城大力发展旅游,有着难以控制的冲动。被国务院列为国家历史文化名城的凤凰,同时也是国家重点扶持的贫困县,身处"国宝"与"国贫"的尴尬。凤凰县地方财政长期入不敷出,对古城区历史风貌保护力不从心,保护与建设的矛盾日益突出。凤凰县政府县长张永中说,发展文化旅游产业,也是希望通过启动市场这只"看不见的手"来保护古城。

国家文物局古建筑专家组组长、中国文物学会会长、国际古迹遗址理事会中国委员会副主席罗哲文说，一些经济欠发达而文物资源和文化遗产十分丰富的地区，如何在现代经济大潮下，在旅游文化产业开发的弄潮中做好文物以及非物质文化遗产保护工作，尤其是如何迈过经济短缺这道坎，不使文物以及非物质文化遗产资源因经济短缺而遭受损失和破坏，是摆在我们面前必须回答的问题。

中国的古城古镇古村历史源远流长，文化底蕴深厚，人文遗址绚丽。在缔结姊妹古城签字仪式上，丽江、平遥、洪江、凤凰四座古城的政府代表均表示，将切实担负起保护中华文化遗产的神圣使命，本着保护第一、开发第二的原则，推动历史文化古城的保护和发展。

保护古城，才能延续民族记忆。从 1997 年被列为"世界文化遗产"开始，云南丽江古城在保护文物的同时，采取多种办法保护景区内原住居民的生活风俗。丽江古城保护管理局副局长徐嘉泽认为，如果要古城有强大的生命力和活力，关键是要留住人，因为古城内 2 万多名居民是古城文化的载体和传承者。为了留住居民，从 2003 年起，丽江每年发放居民生活补助，采取一系列的便民惠民措施，为古城居民创造好的生活条件。徐嘉泽说："如果是一座空城，那就不是丽江古城了。"

为避免房地产商的推土机打上明清古建筑的歪主意，湖南省对洪江古商城核心区域外的古建筑群和散落的零星古建筑实施整体保护，从房地产开发商的推土机下挽救了贺家祠堂及另外两栋即将夷为平地的古代民居，并成立洪江古商城文物管理委员会，切实加大古建筑的保护力度。

凤凰县政府如今也意识到不伦不类的酒吧文化将侵害古城悠久厚重的历史文化，正准备逐步迁出居民反映强烈又与当地生活极不协调的酒吧和饭店。凤凰县副县长刘红玉认为，将坚持保护为主的理念，改善古城居民的生活条件，尽量保护好古城居民的生活习俗，积极扶持民族文化和民间工艺等非物质文化的传承工作

长期从事古城保护研究的罗哲文表示，旅游开发与文化遗产保护其实并不矛盾，如果我们在做好文化遗产保护的措施上再进行产业开发，那不仅是一代人的利益保障，而且是子子孙孙多少代人取之不竭的财富资源。我们不能只顾眼前经济效益，去做损害子孙后代的缺德事。

第五章 促进河南省文化旅游产业与文化自身协调发展的对策建议

旅游产业是建设资源节约型和环境友好型社会的先导产业,是扩大内需的主导产业。2009年,国务院出台了《国务院关于加快发展文化旅游产业的意见》(国办发〔2009〕41号),确定将旅游产业培育成国民经济的战略性支柱产业和人民群众更加满意的现代服务业,对旅游产业的定位达到了前所未有的高度。河南省把旅游产业作为实现中原崛起、河南振兴的一大优势、一大支撑、一大后劲,作为现代服务业的发展重点来培育,作为中原经济区建设的先导产业、经济社会发展的支撑产业、改善民生的富民产业、促进经济发展方式转变的引领产业来打造。"十三五"时期,河南省文化旅游产业发展将进入黄金机遇期。

一、文化旅游产业发展应坚持的基本原则

《中共中央关于深化文化体制改革推动社会主义文化大发展大繁荣若干重大问题的决定》指出:"发展文化产业是社会主义市场经济条件下满足人民多样化精神文化需求的重要途径。必须坚持社会主义先进文化前进方向,坚持把社会效益放在首位、社会效益和经济效益相统一"。

河南省文化旅游产业的快速发展得益于其独特的文化底蕴,文化旅游产业的健康、可持续发展亦必建立在对文化正确的认识基础之上。文化旅游产业与其文化自身的协调发展是文化旅游产业能够正确发展的前提。为此,文化旅游产业的发展必须坚持社会主义先进文化的前进方向;坚持社会效益与经济效益相统一;遵守经济与文化发展的自身规律。

(一)保持社会主义先进文化前进方向

在发展文化旅游产业的同时,我们必须保证文化自身的正确发展方向,先进文化是批判和继承传统而又体现时代要求的文化,它反映时代发展的要求和方向,体现时代的特征,是优秀民族文化传统与时代精神的结合。传统文化是先进文化赖以生长和发展的沃土,建设先进文化必须充分尊重、挖掘、吸收优秀的传统文化。一个民族要想自立于世界民族之林,就必须有自己的文化根基、文化特质;同样,一种文化要想生存和发展,就必须有自己的民族文化根基和民族传统。中国特色社会主义文化,只有深深扎根于中华传统文化沃土,凝结民族文化精华,具有鲜明民族风格,才有强大的生命力。

邓小平在《在中国文学艺术工作者第四次代表大会上的祝词》中说:"我们的社会主义文艺,要通过有血有肉、生动感人的艺术形象,真实地反映人们在各种社会历史发展的

趋势,并且努力用社会主义思想教育人民,给他们以积极进取、奋发图强的精神。"[①]文化,要随着时代的发展而发展,不同时代,文化的发展需求是不同的,关键在于它能否反映时代前进的要求和历史发展的趋势。只有坚持"三贴近"和"二为"方针即贴近实际、贴近生活、贴近群众;为人民服务,为社会主义服务,才是优秀的、先进的文化。

(二)注重社会效益与经济效益的统一

文化旅游产业面临着文化责任、文化使命和市场经济和谐发展的双重目标。文化旅游产业的发展必须克服单纯培育新的经济增长点的价值局限。没有文化旅游产业的科学发展,一些优秀文化将会遭到曲解、破坏、停滞甚至消亡。

胡锦涛在党的十七大报告中明确指出:"坚持把社会效益放在首位,坚持社会效益和经济效益有机统一。"同时还指出:"满足人民基本文化需求是社会主义文化建设的基本任务。必须坚持政府主导,按照公益性、基本性、均等性、便利性的要求,加强文化基础设施建设,完善公共文化服务网络,让群众广泛享有免费或优惠的基本公共文化服务。"[②]社会效益之所以必须放在首位,从根本上说,这是由马克思主义关于上层建筑适应经济基础发展状况的规律决定的。

社会主义文化属于上层建筑中的意识形态范畴。这就决定了必须坚持正确的思想舆论导向,必须用社会主义主流意识形态和社会主义核心价值体系来武装头脑,创作出贴近实际、贴近生活、贴近群众的,反映人民主体地位和现实生活的优秀精神文化产品。只有这样做才能促进社会主义经济基础的巩固和发展。始终把社会效益放在发展文化事业和文化产业的首位,是我们党在新时期对上层建筑适应经济基础发展状况的规律的创造性运用,我们必须准确把握始终把社会效益放在发展文化事业和文化产业首位的哲学理论依据,以保证我国文化事业和文化产业又好又快发展。

要"做到经济效益与社会效益相统一",这既是发展文化产业的客观要求,也是发展文化产业的基本方针,主张把社会效益放在发展文化产业的首位并不意味着可以忽视对经济效益的合理追求。发展文化产业,追求较好的经济效益是适应社会主义市场经济和全面建设小康社会的客观要求。

(三)遵守经济与文化自身的发展规律

胡锦涛在党的十七大报告中明确指出:"坚持把社会效益放在首位,坚持社会效益和经济效益有机统一,遵循文化发展规律,适应社会主义市场经济发展要求"。严格意义上说文化旅游产业属经济范畴,但与其他产业相比,其明显又担任着更多的文化发展、社会精神文明建设等责任。所以我们在发展文化旅游产业时既要遵循经济发展规律又要符合文化自身生存规律,二者缺一不可。文化旅游产业发展的经济规律在此不多赘言。

文化的发展和创新,必须建立在对历史文化遗产的批判与继承,对各民族文化的相互吸收与借鉴之上。毛泽东在六届六中全会指出:"我们是马克思主义的历史主义者,我

---

①　邓小平文选:第二卷[M].北京:人民出版社,第二版,第 210 页.
②　中共中央关于深化文化体制改革推动社会主义文化大发展大繁荣若干重大问题的决定.

们不能割断历史。"他还指出:"应该充分地利用遗产,要批判地利用遗产。所谓中国几千年的文化,是封建时代的文化。但并不都是封建主义的东西,有人民的东西,有反封建的东西。要把封建主义的东西与非封建主义的东西区别开来。封建主义的东西也不全是坏的,也有它发生、发展和灭亡的时期。"①我们对封建时代创造的文化既不能全盘否定,也不能无批判的兼收,而必须采用历史唯物主义的批判精神,对文化遗产进行分析,分清哪些是精华,对我们新文化建设是有用的;哪些是糟粕,必须予以抛弃。是文化生存、发展的一般规律。

二、文化旅游产业发展应坚持的基本思路

由于文化旅游产业自身的特点及其肩负的不同使命,在其发展过程中也应具有自己特点的发展思路。主要有:以文化特色为基础,强化旅游品牌建设;以科技创新为手段,加快旅游产品开发;以文化旅游为载体,加强文化传承。

(一)以文化特色为基础,强化旅游品牌建设

随着文化旅游产业的不断发展,其已经从"资源主导"时期走向了"品牌主导"时期。发展文化旅游产业要以河南省文化特色为基础,以树立文化旅游品牌为核心,提升文化旅游品牌影响力,扩大市场覆盖面,确立与其相适宜的旅游形象,构建我省旅游品牌体系,把品牌纳入社会公益宣传范围。坚持高水平策划创意,利用多种宣传手段,全方位推介我省旅游形象品牌。围绕我省旅游的主题形象,大力实施品牌战略,着力打造一批国内外知名的旅游景区品牌、旅游线路品牌、旅游目的地品牌和旅游服务品牌,逐步提升品牌知名度和竞争力。将品牌意识渗透到我省旅游企业发展和服务的每一个细节,充分发挥品牌的扩张引领功能作用,带动旅游产业实现质的跨越。

如开发河南省古都特色文化旅游产业。发挥古都群体优势,整合郑州、洛阳、开封、安阳四大古都历史文化资源,以郑州商城遗址公园、洛阳汉魏故城遗址公园和隋唐城遗址公园、开封城摞城遗址公园、安阳殷墟遗址公园开发建设为重点,构建特色鲜明、优势互补的古都文化旅游产品体系。充分发挥以少林武术、太极拳和杂技为代表的作为典型中国文化元素的中国功夫,进一步扩大其影响,增强其吸引力。全面整合中华始祖文化和姓氏祖根文化资源,打造"记忆中原、老家河南"品牌,建设面向全球华人的拜祖寻根旅游目的地。充分发挥历史名人文化资源优势,打造以鹿邑老子故里、巩义杜甫故里、偃师玄奘故里、孟州韩愈故里、沁阳朱载堉故里为代表的河南历史名人游精品。依托丰富的红色旅游资源,全力打造以新县鄂豫皖苏区首府、陈氏将军祠、商城县金刚台红军洞群、桐柏英雄纪念馆、确山县杨靖宇纪念馆、吉鸿昌将军纪念馆、罗山县红二十五军长征出发地等为龙头的桐柏—大别山红色旅游区;以林州八路军豫北办事处、新乡刘庄、濮阳单拐冀鲁豫军区旧址、台前将军渡、博爱寨卜昌晋冀鲁豫野战军九纵司令部旧址、济源留庄英雄民兵营、晋豫边区政府等为龙头,联动河北、山西的太行抗日烽火红色旅游区等多种品牌旅游资源。

---

① 孙宝义:毛泽东的读书生涯[M].知识出版社,1993 年版,第 110 页。

(二)以科技创新为手段,加快旅游产品开发

文化旅游产业的发展与科技进步密不可分。利用现代科技成果,综合增强旅游体验与人性化服务,改善传统的产品开发与服务模式,推动文化旅游产业快速发展。当前,在把文化旅游产业培育成为人民群众更加满意的现代服务业的国家战略中,如何转变发展方式,由"啃老族"依靠老天爷赐予的自然资源、老祖宗留下的文化遗产发展成为现代化、时尚化、需求多样化的战略性支柱产业,应用最新的科技手段势在必行。充分利用科技手段开发新的旅游商品、纪念品,改进游客消费结构。目前我市各大景点销售的旅游商品、纪念品除普遍存在着形式单调、缺乏地方特色,工艺粗糙外,缺少技术含量也是主要原因之一。要加强对旅游商品、纪念品科技创新的政策引导和专利保护,吸引更多的资金和技术,开发更多的富有西安地域文化特色和技术含量的旅游商品、纪念品,提高游客花费水平,改进游客消费结构。

(三)以文化旅游为载体,加强河南文化传承

党的十七届六中全会做出了促进文化大发展大繁荣的战略部署,国务院《关于支持河南省加快建设中原经济区的指导意见》,明确把"建设华夏历史文明传承创新区"作为中原经济区战略定位之一。发挥文化旅游资源优势,打造国际文化旅游名城,建设华夏历史文明传承创新示范区,是时代赋予开封的崇高使命。

文化是民族精神和时代精神的综合标志,它渗透到生活的一切方面,引领和支配着人们的物质生活和精神生活,无时不在,无处不在。它是一个民族的灵魂。只要一个民族的文化没有消解,这个民族就不会灭亡;只要一个民族有高度的文化自觉、文化自信和文化自强,能够不断传承和创新自己的优秀文化,又能以海纳百川的胸怀用人类文明发展大道上一切优秀的成果来丰富自己的文化宝库,这个民族就能够自立于世界民族之林,在人类历史上留下伟大的足迹。我们中华民族千百年来历经磨难而岿然屹立,就因为我们做到了这一点。

文化传承与创新是全社会的事业,文化旅游产业以其自身的特殊性,在推进文化传承创新中起着引领作用是无可否认的。这里还要端正观念,精心探索,正确引导,与时俱进。

三、文化旅游产业发展应注意的几个问题

(一)开发与保护相统一

"开发"是对文化旅游产业的开发,"保护"是对文化本身的保护。目前而言,河南省文化旅游产业还停留在初级发展阶段,发展的重点不是放在内容创意而是放在简单复制上,主要依托地方物质文化资源。这种发展方式基本上是粗放型的,对地方自然景观、历史景观、名人资源的开发方式是近乎粗放的。这种以文化资源的转化方式,前期投入非常巨大,大部分景点开发又跟文化遗产保护混杂在一起,很难有效实现文化事业与文化产业的依存、支撑和转化的关系,往往破坏文化遗产的生态环境。

进行文化旅游产业开发,带动当地文化旅游产业发展,这原本是一条循环经济与绿色产业的好路子。要搞文化资源开发,首先要弄懂什么是"文化",哪些文化可以开发为产业,而且应该始终站在保护与传承的基础之上。然后,我们才能去谈所谓的文化开发带动经济发展。其次,搞文化开发必须以一种虔诚的心态来对待,文化是一种潜在开发资源,能带来客观的经济回报,这种认识并无不妥。但是,我们必须清醒认识到,开发好了的确能实现文化与经济的双赢,开发失败就是对文化的破坏。

(二)经济与精神的并重

经济发展、政治发展、文化发展和人的全面发展是相互联系、相互影响的,没有政治发展、文化发展和人的全面发展的不断推进,单纯追求经济发展,不仅经济发展难以持续,而且最终经济发展也难以搞上去[①]。文化与经济一体化是当代世界经济和文化发展的主要趋势,文化已经成为生产力的重要因素,发展文化旅游产业是地方经济发展的重大战略问题。

"社会主义的优越性不仅表现在经济政治方面,表现在能够创造出高度的物质文明,而且表现在思想文化方面,表现在能够创造出高度的精神文明上[②]"。

党的十八大报告中指出"推进文化创新,增强文化发展活力。在时代的高起点上推动文化内容形式、体制机制、传播手段创新,解放和发展文化生产力,是繁荣文化的必由之路。要坚持为人民服务、为社会主义服务的方向和百花齐放、百家争鸣的方针,贴近实际、贴近生活、贴近群众,始终把社会效益放在首位,做到经济效益与社会效益相统一。"[③]

由此可以看出,发展文化经济是繁荣文化的必由之路,是我国文化发展战略。随着我国文化经济的发展,经济建设与文化保护的矛盾日趋突出。发展经济和文化保护是文化经济的双重指标,但是,现在国家对地方的考核还是以经济发展为第一要素,在许多地方,片面追求经济建设,忽视文化建设和文化保护的现象大量存在。在解放和发展文化生产力的同时要始终把人民的利益放在第一位,把社会效益放在第一位。这就要求我们在发展文化经济的同时,必须一手抓好经济效益,一手抓好文化的繁荣和发展,二者不可有任何的偏废,这也是我国文化经济发展的目的所在。

(三)传统与创新的融合

"一个没有文化底蕴的民族,一个不能文化创新的民族,是很难发展起来的,也很难自立于世界民族之林。"[④]优秀传统文化凝聚着中华民族自强不息的精神追求和历久弥新的精神财富,是发展社会主义先进文化的深厚基础,是建设中华民族共有精神家园的重要支撑。要全面认识传统文化,取其精华、去其糟粕,古为今用、推陈出新,坚持保护利

---

① 十六大以来重要文献选编(上)[M].北京:中央文献出版社,2005年,第851页.

② 江泽民:发挥我军的政治优势,大力加强军队的精神文明建设.江泽民论中国特色社会主义(专题摘编).北京:中央文献出版社.2002年版,第382页.

③ 习近平:十八大以来重要文献选编(上).北京:中央文献出版社.2017年版.第28页.

④ 胡锦涛:在广东省考察工作结束时的讲话.2012年4月15日.

用、普及弘扬并重,加强对优秀传统文化思想价值的挖掘和阐发,维护民族文化基本元素,使优秀传统文化成为新时代鼓舞人民前进的精神力量。

文化发展不能完全撇开传统,离开传统就失去了它生存的土壤;文化发展不能离开现代性,离开现代性就失去了它存在的价值。文化发展必须表现时代前进的要求和历史发展的趋势,这是文化现代化的首要标志。任何时代都会孕育、产生符合时代要求的文化,任何一种先进文化都反映着社会进步的方向,这既是对时代精神的凝聚又是对前人思想的升华,既是一个批判、继承的过程,又是一个不断超越、创新的过程。创新是先进文化发展的不竭动力,继承、选择与创新是文化发展的方向,也是文化进一步发展的根本途径。

文化的发展,必须把握先进文化的发展方向和要求,继承传统必须和现实相结合,要糅进时代的内涵、活力,自主发展、自我超越、主动创新,否则是不会有生命力的。要想使我们几千年的灿烂文化不断地发展进步,就必须立足于当代,承前启后,推陈出新。我们的先辈创造了丰富灿烂的文化,给我们留下了宝贵的精神遗产,只有创造中国特色社会主义的文化,才是对优秀中华传统文化的最好继承①。

旅游促进文化传承发展,文化促进旅游提质升级,文旅融合并非简单相加,而是通过文化与旅游的深度跨界融合,形成具有地方文化内涵的新的经济增长极。近年来,文化和旅游产业在我国经济社会发展中发挥了越来越重要的作用。旅游为文化的传播提供了有效载体,为中华文化走出去提供了巨大机遇,文化的注入又为文化旅游产业转型升级和可持续发展提供了动力。早在2009年,原文化部和旅游部和原国家旅游局就发布了《关于促进文化与旅游结合发展的指导意见》,推动文化和旅游融合走上规范化发展道路。笔者认为,当前,文化和旅游融合发展主要有以下几个主要路径:

一是基于场所精神塑造的文旅融合——历史文化街区。历史文化街区是历史文化氛围最为浓厚的区域,由成片的历史建筑以及丰富的文物遗存组成,能够较为完整与真实地反映城市历史风貌。历史文化街区以市井文化为特征,与城市生活紧密相连,在保留街区历史风貌与传统民俗文化的基础上,挖掘其商业效应,通过引入餐饮、住宿、娱乐等业态进行创意建设,打造与传统文化相融合的现代公共休闲空间,完成从单一地理空间到旅游文化消费形态的转变,在创新性的文化体验过程中搭建起人与历史文化相连接的桥梁。与此同时,生活文化场景在"传承与消费"的互动中被活化,城市场所精神在历史文化街区这一特有的文化空间中被塑造,再现了城市历史文化记忆,延续城市文脉,提升旅游吸引力,让保护与开发协调,让传统文化与游客的吃、住、行、游、购、娱等环节紧密相连,让历史文化街区成为城市最具识别性的文化符号之一。

二是基于产业价值网络构建的文旅融合——旅游小镇。旅游小镇是指在对当地具有价值的自然生态文化与人文社会文化进行开发的基础上,以旅游服务为主要业态的空间载体。小镇的打造要与旅游产业规划统筹考虑,在清晰的文化主题定位与游客需求指导下,在合宜的地理空间尺度内,以"旅游＋"形式构建旅游产业价值网络。要整合现有文化要素进行旅游项目打造,实现旅游产业升级,如民俗体验馆、主题民宿、文化艺术节

---

　① 杨柳,徐新.先进文化发展规律的新探索[J].理论月刊,2003年09期.

等;要将生产、生活、生态空间与旅游空间相融合,以文化旅游产业为媒介,通过引入特色农业、特色工业以及特色休闲等具有差异化的产业形式,深挖文化内涵,打造文化体验项目,实现"三生"空间向旅游空间的拓展,向游客传递当地特色文化,提升经济与社会效益。

三是基于主题文化演绎的文旅融合——主题公园。我国主题公园30多年的发展,经历了"模拟景观—微缩景观—游乐场—主题乐园"的发展演变。从景观复制到器械娱乐再到故事植入,推动主题公园变革的核心在于对文化价值的深入挖掘。截至2017年年底,我国主题公园数量达到2500多家,亚洲游客量排名前20的主题公园中我国有13个。华侨城、华强方特、万达、长隆等本土主题公园加速扩张布局,主题公园市场百花齐放。主题公园的建设以及运营,最为关键的是在特定的空间内,利用深受大众喜爱的主题文化IP,通过科技手段进行真实有效的演绎。这与"讲好中国故事"这一时代使命相契合。华强方特以中华传统文化为基础,通过内容创作、技术研发以及工程施工三步战略讲述中华故事,以"创、研、产、销"一体化产业链打造促进主题公园可持续发展的文化IP,并将其植入园区内各旅游要素之中,形成"文化供给—本土品牌塑造—文化展示—文化输出"的全过程平台,让游客与本土文化之间产生情感共鸣。

四是基于创意空间集聚的文旅融合——文化创意产业园。2017年10月,"21世纪避暑山庄"文化旅游产业园区等10个园区获得第一批国家级文化产业示范园区创建资格。文化创意产业园区在整合特定地理区域内的土地以及旅游资源基础上,吸纳多元化资金投入,通过旅游开发的联动效应改善当地基础设施,活化当地文化,利用完善的社会环境吸引文化企业以及支持系统企业入驻,围绕本地旅游资源进行旅游创意而集聚形成的文化空间与多功能园区。西安曲江文化产业集团立足西安丰富的文化遗产,以"文化+旅游+城市"的发展理念进行文化旅游产业链集群打造,一跃成为西部最具创新性、发展速度最快的文化旅游品牌。

五是基于舞台再现的文旅融合——大型实景演出。旅游演艺以具有一定知名度的景区为空间依托,以宏大叙事的方式展示当地特色文化,同时搭配声光电科技增强舞台效果。旅游演艺通过创新性的文化内容表达以及震撼的空间视觉效果,活化传统文化,为游客打造"白天观景,夜晚看剧"的全天候旅游体验。旅游演艺场所按依托空间可分为实景演艺场、主题公园演艺场以及演艺剧场三类,实景演艺场以景区自然山水为背景,整个场所形成独立的旅游景点,以"印象"系列为代表;主题公园演艺场则以演艺项目为引领,围绕演艺内容进行主题公园打造,延伸产业链条,以"千古情"系列为代表;演艺剧场多依托景区室内剧场,作为对白天游览活动的衔接,丰富景区的文化内涵,以曲江文旅的《梦回大唐》为代表。

旅游促进文化传承发展,文化促进旅游提质升级,文旅融合并非简单相加,而是通过文化与旅游的深度跨界融合,形成具有地方文化内涵的新经济增长极。在"用户为王、体验至上"时代,做好本土特色文化,在内容与情感上深入挖掘与创意加工,为旅游体验增添故事与温度,就抓住了文旅融合发展的根本,以人民群众喜闻乐见的方式为旅游产品注入生命力。文旅深度融合有利于促进形成一批强大的文旅品牌,通过旅游传承中华文化,讲好中国故事,推动中华文化走出去,提升国家文化软实力;同时通过文化注入提升旅游吸引力,打造旅游新业态,实现文化旅游产业升级转型。

(四)规范与教育的并举

1.进一步规范旅游市场,严控无度的文化开发

文化旅游产业波及的地区,作为旅游资源的地方文化不可避免地要被商品化。虽然我省很多地方依托文化创出了品牌,获得了丰厚的利润,促进了经济的发展,但同时也引来了更多的外来开发商打文化的主意,使当地文化商品化的趋势愈演愈烈,文化也就被大量的涂改,变得面目全非。我们应该清醒地看到,开发商以优势文化的习惯整理、加工、包装民族文化,使民族传统文化舞台艺术化、商品化甚至庸俗化。这实际上是对民族文化进行掠夺式开发,已成了一种假造的民族文化,从而破坏了民族文化的变迁轨道,极不利于民族地区文化旅游产业的可持续发展。因此文化开发必须严格控制,有关部门应该做好以下工作:一要规范旅游市场,坚决杜绝短期行为的所谓"文化"开发。二要正确引导,让当地人民积极主动地参与到旅游之中,自觉担当起维护传统的使命。三是继续发挥好民族研究专家和学者的作用,为政府进一步规范文化市场献言献策。

2.保护古城,保护古城的人文景观

开封、洛阳、安阳等古城是我们的传统聚居地,是河南传统文化最重要、最具有代表性的载体。数千年来,人们世世代代在此居住,享受着古文化的宁静与安详。这些"活"着的历史文化名城,是由世代以古城为家的居民们创造出来的,他们的日常生产生活构成了独树一帜的"活"的古城文化。因此保护古城文化最重要的是留住当地的土著居民。之前政府采取的一系列措施和办法都是较有效的,但这项工作必须抓住以下几个方面:一要动员社区参与,把社区居民作为旅游发展的主体纳入旅游规划,旅游开发等涉及旅游发展重大事宜的决策、执行体系中。将社区的环境、社会和文化背景都纳入旅游发展规划之中,使旅游发展的整体目标和重点与本地居民的目标和重点相互协调一致,正确引导当地居民在依靠旅游获得利益的同时,自觉维护传统习俗和生活习惯,主动参与到维护传统的行列中。二要关注古城居民的生活状况,切实为他们解决实际困难。如果对古城居民的要求和困难视而不见,让大多数居民眼睁睁看着旅游经济所带来的种种好处自己不能从中受益,反而还要忍受由于旅游所带来的负面影响及承担旅游发展的各项成本(包括环境、社会成本等)。这种矛盾积累到一定程度时,就不可避免地产生抵制、消极和敌对情绪。因此,这就要求我们充分考虑当地居民的愿望、要求、态度、看法和权利,从他们的切身利益出发,要尊重当地的意识形态,传统文化和民俗习惯。通过运用当地的知识,吸纳当地的做法,将当地的文化价值观和传统与民俗旅游开发相结合,使推出的旅游活动能获得当地居民的认同与支持。不断地征询并采纳当地社区的意见和建议,使之进一步改进和完善。使居民都能从旅游收入中体现出在古城居住的优越性,成为旅游开发的主人,而非旁观者或受害者。三要不断提高居民的文化素质和商品经济意识,逐步增强他们适应市场和保护自己文化的能力。

3.弘扬民族精神,加强民族传统道德教育

由于外来文化的影响,使传统道德伦理体系受到了强烈冲击,导致一些诸如传统道德失落、秩序失控的现象发生,给人一种人心不古、世风日下的消极印象,极大地损害了原本良好规范的旅游氛围,直接影响社会的可持续发展。所以我们应大力发扬民族精神,使优良传统能够继续传承和发展。在弱小民族面临强大主流文化进入而处于困惑时,弘扬民族精神,加强民族传统道德教育的工作显得更加重要。应与时俱进,将社会主义精神文明建设与传统美德教育相结合,用良好的道德风尚树立人的形象。现代物质文明的发展给人类带来巨大的生存危机,同时也恶化了人与人之间的关系,导致了信仰危机、道德危机、情感危机、家庭危机。因此,发扬民族精神是历史发展的必然要求与选择,将会有利于我省文化旅游产业的可持续发展。

(五)开放与限制的均衡

在接待地旅游发展过程中,要均衡传统文化保护和发展之间的矛盾,首先就要认识到对于传统文化来说,继承是最好的保护,发展是最深刻的弘扬。要继承实质性的传统,以传统文化为底蕴,加快设施设备现代化、思想观念现代化、管理手段现代化,为传统文化的弘扬提供科学技术的支持,结合现代化中的合理性内涵,作为传统的发展和创新。

开展文化旅游,就必须开放自己的社会文化门户,接收外来的文化的渗透和冲击。但是,每个社会的文化承受能力是有一定限度的。为了使主客文化的冲突和融合能够在互不伤害的前提下进行,在有些情况下,有必要对以旅游者为媒介的外来文化的进入和扩散给予适当的限制。通常采用的办法是错开旅游区和居民区,使主客之间保持一定的距离。当然,任何限制措施都应避免本地文化的变相的隔离排外,否则不仅影响传统文化的发展,而且影响旅游业的繁荣。

四、河南文化旅游产业发展的不足

(一)文化旅游资源利用比率较低

河南文化旅游资源丰富,但利用率低。以文物资源为例,截至 2018 年,河南拥有的省级文物保护单位共计 1237 处。其中,涉及近现代文物、重要史迹及代表性建筑、石窟寺和石窟造像、古建筑及历史纪念建筑物、石刻及其他古文化遗址、古墓葬等六大类文物的文物保护单位达 1229 处,占比为 99.4%。但是截至 2013 年,河南全省的旅游景区不过 601 家,其中 A 级旅游景区 254 家。开发成景区的文物保护单位的比例仅为 48.5%,开发为 A 级旅游景区且直接产生经济效益的文物保护单位的比例仅为 20.5%。全省文化旅游资源很多还在"睡大觉"。

(二)文化旅游产品开发缺乏创意

目前,河南大多数文化旅游产品还处于初级开发阶段,旅游景区看点少,特色并不鲜明。像《禅宗少林·音乐大典》《大宋·东京梦华》之类的大型创意产品不多,文化旅游产品普遍缺乏创意元素,这导致河南文化旅游产品的附加值偏低。目前,文化创意人才的质量和数量已成为衡量一个地方竞争力的重要指标。在这种形势下,创意人才也成为文化旅游产业发展的根本依靠。但是河南的创意人才严重不足,导致河南的文化旅游产业难以做大做强。文化旅游产业长期处于简单模仿、低水平重复的运行状态,少有大的作为。在文化旅游产品的创意设计方面，河南和发达地区有着较大的差距。在创意人才的培养、引进方面，还没有形成长效机制，这严重影响了河南旅游景区的建设和文化旅游产业的长远发展。

(三)文化体验型旅游产品数量不足

文化旅游活动是指通过某些具体的载体或表达方式，提供机会让游客鉴赏、体验和感受旅游目的地文化的深厚内涵，从而丰富其旅游体验的活动。旅游发展的根本动因是文化需求，缺乏文化体验的旅游没有恒久魅力。河南一些传统的景区对游客的旅游体验关注不够，仍采用传统的"点线旅游"模式，专注于接待一日游，没有充分考虑多种经营，设置的旅游项目以观光游览型项目居多，休闲度假型、文化体验型、保健娱乐型项目较少，长期靠单一的"门票经济"作支撑，导致综合收益偏低，经营陷入困境。

(四)文化旅游资本化运作程度偏低

目前，河南的旅游企业中尚无一家上市公司或具有统帅性的企业集团，大规模的集团并购也不多见。将国有资产打包，通过划拨方式组建旅游股份有限公司是河南省那些旅游产业基础较好的城市在资本运作方面通行的做法，但其内部整合成本较高、行政色彩浓厚等弊端也显而易见。总之，河南文化旅游产业缺乏一个强大统一的投融资服务平台，没有充分利用企业债务融资工具，融资通道狭窄，民间资本进入渠道不畅，资本化运作程度偏低。三、创意视角下河南文化旅游产业发展的路径选择旅游产业是创意产业，旅游经济是创意经济。有创意，旅游产品才有市场竞争力；有创意产品，旅游企业才有市场影响力。文化是旅游之魂，而创意可以使文化在旅游产业中发挥更大的作用。创意是文化旅游产业的起点，也是决定文化旅游产业兴衰的重要因素。

五、河南文化旅游产业发展与振兴

河南文化旅游产业要想实现可持续发展与振兴，就需要增加新引擎、激发新的增长点，需要创意为其注入新鲜血液。

文化产业、旅游产业都是朝阳产业，具有良好的发展前景和发展潜力。文化旅游产业如何进一步促进文化与旅游结合，怎样实现二者的完美融合，使其产业达到振兴的效果，我认为应该从以下几方面做起。

(一)发挥政策的导向作用，用好用足相关政策

在现代经济发展中，市场机制起着基础性作用，但政策导向、宏观调控不可或缺。要加快旅游与文化融合的步伐，推动旅游产业快速发展，更离不开政府的扶持和推动。中央政府连续出台了《文化产业振兴规划》《关于促进文化与旅游结合发展的指导意见》《关于加快发展文化旅游产业的意见》等政策性文件，要加强旅游和文化相关部门合作、开发旅游文化产品、创造旅游文化典范，要事事、处处、时时体现对游客的关怀和尊重。

(二)深入挖掘文化内涵，提升文化品位

这是文化旅游产业加快转型升级步伐，实现差异化、品牌化、可持续发展的必然选

择。提升旅游的层次,增强文化旅游产业的竞争力,关键是走内涵式发展道路,提高旅游的文化含量。旅游的文化品位是全方位的,体现在吃、住、行、游、购、娱等各个环节、各个方面。这就需要我们积极推动旅游项目的文化创新,提升旅游商品的文化创意,打造高品质的旅游演艺产品,把原真形态的非物质文化遗产融入旅游项目当中,深度开发符合地方文化特点的旅游工艺品(纪念品),提高导游的文化素养,创造良好的文化环境,切实充实景区景点的文化内涵、提升景区景点的文化品位。

(三)培育具有鲜明地域特色的旅游文化品牌

从旅游者的旅游动机来讲,文化差异性是重要的催化剂,是激发游客好奇心的"看点"。因此,差异性的文化体验,对文化产业和旅游产业的发展带来了有利的条件。不同民族、不同国家、不同地区的文化传统和文化样式,各具特色、丰富多彩,体现了世界文明的多样性,为发展各自的旅游文化提供了独特资源。越是民族的,越是世界的;越具特色的,越有吸引力。体现文化特色,需要把握自己文化的内核所在、特质所在,以现代形式、大众方式来诠释和表达,努力打造特色鲜明的品牌项目和品牌活动。中国几千年的灿烂文明为我们留下了丰富的文化资源,是发展文化旅游、繁荣旅游文化的深厚基础。突出旅游文化特色形成区域间文化特质,培育具有地方特色的文化旅游品牌,是培植文化旅游经济核心竞争力的关键。国际旅游发展的经验显示,文化旅游产业的收益越来越不依靠人数的增加,而来自多元文化含量的特色旅游产品和特色旅游服务,旅游与文化结合程度愈高、旅游文化因素越多,旅游产品的特色越突出,旅游经济就越发达。因此,特色是地方文化旅游品牌的生命,切忌文化旅游发展中的盲目模仿和低水平重复。

(四)提高从业人员整体素质,树立良好形象

文化旅游产业不仅是一个劳动密集型产业,而且还是一个高度文明和智力密集型产业。从业人员素质高低、观念是否更新,直接影响文化旅游产业的经济效益和社会效益。旅游文化的精神文明建设功能,主要是通过文化旅游产业的发展,开展旅游单位创优活动,提高"窗口"行业的服务质量和文明水准,提升游客的文明素养,带动全社会文明水平的提高。因此,要运用各种载体活动,加强精神文明建设和行业队伍建设,把文化旅游产业建成传播社会主义精神文明的坚强阵地和重要窗口,努力营造"人人争做文明使者、处处都是旅游形象"的良好形象。

(五)进行科学规划,充分发挥旅游资源优势

河南文化旅游资源丰富,具有竞争优势,但需要进行合理谋划,以发挥其更大作用。首先,进行顶层设计。在对全省文化旅游资源进行摸底调查、准确把握的基础上,编制全省中长期文化旅游产业发展规划,同时指导各地编制自己的规划。条件成熟时,编制区域文化旅游产业发展规划,搞好各层级规划的衔接,指明产业的发展方向。其次,实施重大项目带动战略。要建立文化旅游创意产业重点项目库,搭建重点项目服务平台,对重点项目进行包装,并使之尽快进入市场运作阶段。第三,注重规模发展。要建立创意文化产业带、创意文化产业示范园区,形成规模效应。同时要突出特色,避免千城一面。

（六）挖掘旅游产品文化内涵,走创新创意之路

新时期,人们更加强调个性与自由。人们的旅游需求变化也十分明显,游客已不满足于对旅游产品和旅游目的地的一般认知,而是希望深入了解其文化内涵;游客已经从目标性追求转向过程性追求,希望通过外出旅游,丰富阅历、增长知识、完善人格、感悟生命,达到"读万卷书,行万里路"的人生境界。基于此,河南的文化旅游必须在产品文化内涵的挖掘整理、文化主题的提炼、创新创意上下功夫、做文章,努力打造响亮品牌。景区是文化的综合体,是中心吸引物。一流的景区更是创意产品的展示平台。旅游景区只有坚持创意规划、创意开发、创意设计、创意建设、创意运营、创意服务,才能吸引游客的眼球、引起游客的兴趣、留住游客的心,才能取得良好的经营效益。所以,要对旅游产品进行综合包装,让其文化功能充分发挥出来,使其文化内涵充分展现出来;要实现景区的集约化利用、精品化开发、集团化发展。例如,可在景区推出豫剧、曲剧、祥符调、二夹弦等河南地方戏曲的彩妆演出活动,让游客充分感受到河南戏曲文化的魅力。要围绕武术、饮食、书画、民间艺术等河南特色传统文化推出一批主题鲜明的创意旅游产品,以丰富旅游市场,满足游客多方面的文化需求。河南可进行创意的旅游素材很多,关键在于我们能否准确把握其特点、挖掘出更多的文化内涵、培育出拳头产品、拉长产业链条。如果能做到这几点,就会得到市场的认可、赢得游客的信赖。

（七）增加动态文化载体,满足游客深度体验游

要想深入了解旅游产品的文化内涵,就不能走马观花,要下得马来,深度体验。一方面,我们要做到使游客愿意进行深度体验,这就需要创新旅游产品,增强旅游产品的吸引力;另一方面,我们要满足游客深度体验的要求,这就需要创新旅游形式,增加动态文化载体,给游客提供更多体验旅游产品的机会。总之,要想方设法让客人留下来、住下来,细细品味蕴涵于旅游产品中的文化内涵。未来的文化旅游市场将由体验型产品来主导,消费者"到哪儿去"(旅游意愿)"在那儿学到了什么"(旅游体验)将决定旅游产品和旅游目的地的兴衰。根据旅游目的地成长周期理论,旅游地文化载体最初多是静态的,随着旅游者越来越注重参与体验,动态的文化载体会逐渐增多,并且日益受到旅游者的青睐。旅游产业具有文化性突出、体验性强、游客参与度高等特征,与文化产业、创意产业有着天然的联系。如果能够在文化旅游中植入创意因子,进行创意开发,就容易打开市场,叫响品牌。这样的例子比比皆是。例如北京的798艺术区,其形成过程实质上是一个由废弃的工业区转化为艺术区的过程,这一过程的衍生产品就是文化旅游,也就是说,艺术区成为城市的文化旅游资源,成为城市文化旅游的重要吸引物。河南文化旅游产业要学习借鉴外地的先进经验,围绕历史和文化主题,对文化旅游资源进行创意开发,以游客喜闻乐见的形式再现历史,使静态的景观、"沉默"的自然立起来、活起来、动起来,让游客在深度旅游体验中领略河南文化的魅力。

（八）完善产业布局,实现联动融合发展

文化旅游产业具有点多、线长、面广,综合性强、关联度高等特性,因此创意开发在旅

游产业内有着巨大的应用空间。文化旅游产业创意开发离不开其他产业的支持,所以必须坚持产业联动、融合发展,形成科学的产业空间布局、合理的产业发展结构和完善的产业配套体系。河南文化旅游要想取得长足发展,就需要吸引其他文化产业加入,联合各方一起进行旅游产品的层次开发与市场营销设计,形成一种具有多个产品层次的文化旅游消费循环。要促进文化旅游与商业的融合发展,建设文商旅综合体、特色文化旅游街区、特色文化旅游休闲社区。开封的小宋城、七盛角、珠玑巷等特色民俗街区就是文商旅一体化发展的典范。要打造一个文化旅游产业投融资服务平台,加大对文化旅游企业和企业集团、重点旅游项目、特色文化项目的投融资支持力度,尤其要支持文化创意、旅游演艺、剧目制作等新的产业形态的发展,促进优势资源产品化、特色产品市场化,努力实现经济效益最大化。要尽快出台专项财税扶持政策,加大对文化旅游创意产业的支持力度。要打击侵权盗版,保护创意设计的知识产权,避免同质化竞争,防止出现"劣币驱逐良币"的现象。

(九)加快创意人才培养,为文化旅游发展提供强劲智力支撑

旅游创意人才培养是文化旅游产业发展的基础。要编制河南省旅游创意人才培养中长期规划,打造一批旅游创意人才教育培训基地,广泛动员各种教育力量投身旅游创意人才培养当中。首先,发挥高等院校人才培养的主渠道作用,实施"订单式"培养;其次,发挥科研院所的创新引领作用,培养高级旅游创意人才;第三,通过资金补助、师资支持等方式,鼓励社会培训机构举办多种形式、多个层次的专题培训班,引领旅游产品设计人员走创新创意之路,充实旅游创意人才队伍;第四,鼓励支持各级非物质文化遗产传承人广收门徒,扩大学艺者队伍,促进传统技艺的传承创新。还可探索建立人才联合培养机制,为旅游创意人才的成长开辟新的道路。要整合河南旅游教育资源,突出高端文化旅游创意人才培养;要构建旅游创意人才信息交流平台,促使各级各类人才在相互交流中共同提高;要建立健全奖励机制,在促进创新的同时,吸引更多国内外艺术工作者加入旅游创意活动中来。总之,要走产、学、研、商一体化的人才培养道路,建立一支结构合理的旅游创意人才队伍,形成多个高水平的创新创意群体,促进文化旅游产业的发展。

国务院《关于促进文化旅游产业改革发展的若干意见》(国发〔2014〕31号)的出台,给文化旅游产业发展提供了新的契机,同时也开辟了更加广阔的空间。河南的文化旅游产业必须立足本省文化积淀深厚这一特点,深度挖掘旅游产品的文化内涵,同时从市场需求出发,用创新的理念进行产品开发,让厚重的历史文化可感可及。必须从创意的视角开发文化旅游产业,在文化旅游产品中融入更多创意元素,以此来提升旅游产品的价值、增强旅游产品的吸引力,最终使文化DNA转变成GDP,取得更大的经济效益和社会效益。

六、国内外文化旅游产业典型案例梳理

世界各地文化旅游的体系大体都是通过文化资源、旅游消费与供给以及产业政策引导等几个方面来体现的,而各个地区又略有不同:在自身文化资源特色的基础上,美国更多体现出的是一种自由、开放式的管理模式,即鼓励地方及产业自主发展,联邦政府给予

必要的政策引导及经济补助;欧洲则通过合作框架或者政策性引导措施的出台,鼓励国家或是内部城市间的合作与联合,继而强调欧盟整体在国际的竞争地位;日韩等亚洲国家则是通过突出发展自身在资源、交通或产业等某些方面的优势条件,并且做到扬长避短,从而取得了良好的营销效果。每个地区或城市的文化旅游发展应该说都有自己的特点,本文只能将欧洲及美国等发达国家或地区及部分亚洲城市的文化旅游发展情况进行简单梳理,希望能将文化旅游的主要方式有所体现。

(一)国外文化旅游典型案例

1.美国文化旅游产品的象征:"米老鼠"与迪士尼

2003 年 11 月福布斯公布了"全球十大虚拟人物财富榜",米老鼠与哈利·波特、皮卡丘等十个虚拟人物登上了荣誉榜并名列榜首。当今世界凡是媒体可到达的地方,尤其是少年儿童,80%以上都知道"米老鼠""唐老鸭"和著名的"迪士尼乐园"。我们回顾它的发展史并分析其营销手段和策略,对新世纪建立文化的中国、文化产业的中国和文化发达的中国应该说都不无裨益。

米老鼠的创始人沃尔特·迪士尼拥有对新事物、新技术的高度敏感、浓厚兴趣和永不间断的创新能力,这是推动米老鼠从一个普通的动画角色发展成为世界娱乐业帝国形象的根本动力。他的创新体现在多个方面。第一,他和他的同事们创造了独特的迪士尼动画电影造型特征原则。主要表现在迪士尼动画电影经由米老鼠及系列片的尝试,逐步建立出写实与卡通化为原则的造型特点。第二,迪士尼和同事对于新技术的不断采用也是"米老鼠"受到欢迎的关键因素之一,具体体现一是由无声电影到有声电影;二是由黑白片到彩色片。

沃尔特·迪士尼的可贵,就在于他不满足做一个出色的动画片画家,而是在一群志同道合伙伴的参与下,成立了一家专业的动画制作公司,从"创意内容"核心层出发,逐步扩大到"产业基地",用现代工业化流水线生产的方式,大批量制作动画片并把它们销往世界各地;同时,又为米老鼠、唐老鸭等卡通形象申请了专利,在法律的保护下进行特许经营开发。

1955 年 7 月 17 日,位于洛杉矶的首座迪士尼乐园正式建成。它标志着迪士尼公司的经营范围从纯粹的文化产品和文化产业,扩张到相关的"亚文化产业"——主题公园文化旅游产业,这一事实被文化史学家称为影响 20 世纪人类的一个重大历史事件。它第一次把观众在电影里和卡通片里看到的虚拟世界变成了可游、可玩、可感的现实世界,公园里的"美国大街""探险奇遇""西部边境""梦幻世界"和"未来世界",激起了无数少年儿童和他们父母的好奇心。迪士尼发明的"米老鼠"这一独特创意,经过 70 多年的发展已经成了一个风靡世界的全新文化产品和文化产业,当别的商家模仿时,他又不断加强自身开发能力,加快价值转化的战略,把优势延伸到音箱和期刊出版业、零售业、文化旅游产业、宾馆业等,通过规模化的拓展,排斥了别家企业的兼并企图,而成一个全球化的跨国娱乐企业集团。

20 年以后,沃尔特·迪士尼先生把米老鼠、唐老鸭这类品牌动画人物搬进主题公园,以新的娱乐形式给游客创造欢乐。此时他的理念提升为:由游客和员工共同营造"迪士尼乐园"的欢乐氛围。这种理念的正向推论为：园区的欢乐氛围是游客和员工的共同产品和体验；也许双方对欢乐的体验角度有所不同，但经协调是可以统一的。逆向推论为：如果形成园区欢乐祥和的氛围是可控的，那么，游客从中能得到的欢乐也是预先可以度量的。在把握游客需求方面，迪士尼致力研究"游客学"，审视公司的每一项决策是否站在游客的角度，为了准确把握游客需求的动态，公司内设调查统计部、信访部、营销部、工程部、财务部和信息中心等部门，分工合作完成。

今天，每当国际游客乘坐加拿大航空公司的班机时，就会注意到：加航的工作人员会热情地介绍一种义卖的小纪念品，并特别说明，这是加航工作人员与迪士尼公司合作设立的一个慈善项目。它的目的是给全世界的贫苦儿童和残疾儿童捐款，让他们有机会分批的去迪士尼乐园享受一天的快乐，暂时忘记黑黢黢的茅草屋，愁容满面的父母、针筒和拐杖，去和米老鼠、唐老鸭约会。许多穷孩子接到这份礼物，激动地哭了。加航工作人员的善良之心令人感动，另一方面也可以看出迪士尼公司延伸开发米老鼠等系列文化产品的巨大魅力。

2. 欧洲——"文化之都"与城市旅游

一提到欧洲的文化旅游，会使人们联想到雅典、罗马、巴黎、伦敦、柏林、马德里、佛罗伦萨、阿姆斯特丹、里斯本等一长串的名字。欧洲有着悠久的历史，并且文化遗产保护的意识也十分强烈。至 2008 年 7 月，欧洲共有 367 个遗产项目（其中 12 项跨国遗产）列入《世界遗产名录》，约占世界总量的 2/5，其中文化遗产 327 项，占总量的一半左右[①]。由于欧洲很多地区都富集大量的文化遗产资源，因此较之于其他地区，文化旅游在欧洲的发展时间较早，受到普遍认可并且其文化旅游的内容也偏向于遗产旅游部分。同时欧洲的文化氛围浓厚，文化产业十分发达。

据欧盟统计局资料显示，2007 年西班牙、法国和意大利是最具吸引力的旅游目的地，而英国和德国则是最大的消费市场。冯翔（2009）较为系统地介绍了欧洲文化旅游的发展情况，认为 2000 年以来欧洲城市文化旅游的发展增速超过了全球文化旅游产业的增长速度；从地理分布来看，欧洲最大的文化游客市场是占了欧洲出境游 40％市场份额的英、德两国，斯堪的纳维亚半岛和西北欧的一些小国出游率最高，丹麦、德国、芬兰和意大利的旅游者较其他国家的文化旅游动机更强；同时在文化吸引物方面，欧洲加大了对于文化活动的关注力度，近年来以文化主题年或城市开展的各类文化活动所取得的成就足以证明旅游者的兴趣点已经从单纯的遗产遗迹转向多元的文化需求。在这些文化活动中影响范围最广、最有借鉴意义的当属欧洲的"文化之都"活动。

欧洲的"文化之都"是源于 1985 年当时欧共体文化部部长 Melina Mercouri 的提议而决定举办的欧洲范围内的文化城市评选活动。该活动希望通过"文化"这根纽带将整个欧洲紧密地联系在一起。自 1985 年评选活动开始后，一般每年都会有一到两座城市获得该项殊荣（2000 年同时有 9 座城市获得），至今共有 48 座城市获得该项荣誉。这些文化之都在获得称号的当年一般会将大大小小的各式文化活动排满全年，一方面用于展示自己的文化遗产以及在文化方面取得的成就；另一方面也以此为契机通过吸引其他城

---

① 谭杰、李星等.欧洲世界遗产〔M〕广州：华南理工大学出版社，2009：5

市或国家的文化艺术团体到本地演出或举办活动以加强地区间的文化交流。从以往的实际情况来看,这些举办城市通过文化之都活动提高了城市影响力,不仅吸引了众多游客,同时也促进了本地区文化产业的发展,带动就业和经济收益的提高。

3.日本

(1)东京迪士尼乐园

耗资 1500 亿日元的东京迪士尼乐园位于日本东京都以东的千叶县浦安市舞滨,占地面积 826000 平方米,被誉为亚洲第一游乐园。东京迪士尼乐园自 1983 年建成以来共接待游客已经突破 3 亿人次,创造了数倍于投资的利润。东京迪士尼乐园的成功不仅使其成为美国迪士尼乐园在海外投资的成功典范,更使其成为全世界主题公园类旅游开发项目的成功案例之一。

在选址方面东京迪士尼乐园考虑到了主题公园开发对客源市场的要求。所在地千叶县地处日本首都圈东侧,是日本人口最为稠密、经济最为发达的地区。同时邻近成田国际机场,便于国外游客的到访。千叶县还拥有良好的自然环境及会展中心等各种与旅游产业有关的资源,通过迪士尼乐园的开发能够起到对地区内现有资源的综合利用,从而带动地区整体经济发展。

在主题公园的分区方面,东京迪士尼乐园是遵循美国迪士尼乐园的设计而建成的,整个主题公园的分区也参照了美国迪士尼乐园的分区方法,主要分为探险乐园、梦幻乐园、西部乐园、卡通乐园、世界市集、未来乐园等几大分区,每个分区都有不同的主题。通过各个不同主题部分的演绎向游客综合展示了作为美国文化代表的迪士尼文化。同时东京迪士尼乐园在文化本土化方面也做出了相应的努力。在设施方面增加了具有日本文化特征的设施,在表演项目的设计上也考虑到了日本本土文化的特征。

东京迪士尼乐园在游乐设施、通道设计及其他一些细节设计上没有照搬美国迪士尼乐园的设计,而是在充分考虑到当地的气候特征及日本国民的一些习惯后改造的。日本的气候属于海洋性气候,潮湿多雨,与美国本土的大陆性气候有着本质区别。而日本的这种气候因素又对户外娱乐活动造成了不利影响。因此东京迪士尼乐园在娱乐设施及建筑间的通道设计上采用了长廊的设计方式,最大限度地避免了气候对经营的不利影响。而在园区内的开放空间的设计上,从栽种植物的选择到野餐区域的设计等等都体现了经营者对本土文化的重视。

表演类节目一直是各类主题公园所提供的旅游体验的重要组成部分,可以说表演类节目的特色与安排在一定程度上决定了主题公园开发的成败。东京迪士尼乐园中各类表演节目的设置是其重要特色之一。在表演类节目的编排上东京迪士尼乐园一直坚持"动态性"原则,在不同主题的区域内设置了能够体现分区特征且类型相异的各类表演项目。

东京迪士尼乐园还于 2001 年投资建设了东京迪士尼海洋乐园,同样取得了巨大的成功。同时为了增加游客的停留时间,使东京迪士尼乐园进一步向停留型旅游目的地转化,于 2000 年启用了迪士尼大使酒店,为游客提供了具有迪士尼文化特色的住宿体验。

从文化角度审视东京迪士尼乐园的成功时能够看出,东京迪士尼乐园的建设是在美国与日本长期经济、文化交流的背景下建成的。在日本的社会与经济发展过程中美国起到了十分重要的作用。东京迪士尼乐园的成功从某种意义上讲是美国文化在日本的成功。日本国民通过两国间的经济、文化交流了解、认同了美国文化,甚至对美国文化产生了一种崇拜情结,这种深厚的文化基础也许才是东京迪士尼乐园成功的真正原因。

(2)居民参与下的文化传承——日本祭神节

祭神节在日语中是节庆的意思,实际上祭神节可以被看作是日本式的节庆。祭神节是日本传统文化、宗教信仰等文化要素在现代社会的集中体现。古代的日本是以农业及渔业为主的国家,由此也诞生了对各种自然现象的崇拜。后期由于受佛教、神道、阴阳道等宗教的影响诞生了对各种神灵的崇拜信仰。这种对自然、祖先及各种宗教的敬畏逐渐发展演变成了各种民间宗教活动,而祭神节就是起源于这种宗教意义活动,是传统宗教活动的重要组成部分。尽管今天日本各地举办的祭神节已经不再具有很强的宗教意义,但在活动中依然保留着日本传统文化及民俗的特征,因此可以说今天一年四季在日本各地举行的不同类型的祭神节是日本传统节庆活动的核心,也是日本传统文化的核心。

目前日本东京的神田祭、大阪的天神祭与京都的祇园祭是日本最具代表性的三大祭节。东京的神田祭是日本东京地区市民参与最多、影响最大的传统祭祀活动。神田祭开始于1316年,早期的神田祭于每年的5月14日、15日两天举行,进入近现代社会以后受文化旅游产业发展的影响,神田祭的时间也变为了每年5月第三周的周五、周六、周日举行。神田祭起源是为了纪念德川家康家族在神田地区所取得的胜利而举办的庆祝活动,随后在其发展过程中增加了其他的元素。目前神田祭神节的节目设置由传统舞蹈表演、神舆巡游等部分构成,在神田祭神节的第一天主要安排了传统舞蹈表演等表演类项目;第二天则是浅草四十四町所制作的各种神舆共同巡游浅草地区;最后一天是神灵乘坐的神舆在浅草地区的巡游,在这一天的巡游过程中还有日本传统的农乐及舞蹈表演。

随着社会的不断发展演变,日本的祭神节已经由具有宗教意义的祭祀活动逐渐发展成为具有现代意义的节庆活动。更值得注意的是,随着经济与旅游产业的发展,日本的祭神节同样也具有了商业功能,促进了日本各地区旅游产业及地区经济的发展。但祭神节的这种商业功能仅仅是其文化功能及社会功能延伸后的产物。这种组织形态最大限度地避免了地区传统文化过度商品化的问题,在保持了地区文化原有特征的同时为到访游客提供了一种真实性的体验,这也是祭神节能够传承并发展的重要因素之一。

4.韩国

(1)"韩流"——影视文化与旅游开发

进入21世纪后随着世界各国间的交流日益紧密,以文化竞争力为代表的"软实力"竞争对各国的国际竞争力产生了越来越重要的影响。而文化要素作为旅游吸引物中的重要组成部分在旅游体验中起到了十分重要的作用。随着韩国影视文化产业的发展,迅速在亚洲范围内形成了一种"韩流"现象,随后韩国文化旅游产业界及政府相关部门迅速开发了各种以"韩流"为主题的旅游产品,并在韩国旅游文化部、京畿道政府的共同促进下正式确定了包含影视作品制作、影视文化主题公园、住宿、购物、娱乐等功能的"韩流世界(Hallyu Wood)"大型文化中心的开发计划。

在亚洲及韩国国际旅游市场方面,在21世纪初期,随着韩国旅游产业的不断发展,以首尔为中心的韩国首都地区出现了住宿设施不足的问题,同时,亚洲各个国家和地区间在国际旅游上的竞争日益激烈。在这一背景下韩国京畿道政府开始重新审视旅游产业的未来发展趋势,将旅游产业作为新型战略产业开始扶持。

在文化产业发展方面,全世界的文化产业在 2000 年以后取得了飞速发展,与此同时,"韩流"作为一种文化现象已经形成并且其影响力在亚洲乃至全世界范围内不断扩大,为韩国文化产业向外扩张打下了基础。在考虑到亚洲国际旅游市场的发展趋势、韩国文化产业发展趋势、"韩流"现象影响的不断扩大以及京畿道旅游产业发展需要等客观情况的基础上,韩国文化旅游部与京畿道政府共同确定了以"韩流"为主题,集影视剧制作、影视文化主题公园、住宿设施、商业设施、文化设施等为一体的综合性旅游开发计划,即"韩流世界"开发计划。

从旅游开发的角度来审视"韩流世界"时可以看出,"韩流世界"是一个以韩国文化为核心的主题公园。通过对以迪士尼乐园为代表的主题公园开发成功案例分析可以看出,主题公园的开发需要大规模的初期开发资金及后期的运营维护资金,为了维持主题公园的运营乃至获得利润,就必须有庞大的市场作为支持。因此,主题公园多选择邻近经济发达、人口众多且交通便利的大城市(或地区)。

值得注意的是在制定土地使用计划时,"韩流世界"开发计划充分考虑到了城市未来的发展方向,并从京畿道未来整体发展趋势出发,将"韩流世界"作为京畿道新的中心地区,从功能及与其他地区的空间联系角度出发,对其用地做出相应的规划。在土地用途划分时,为了达到增效效果的极大化,不仅考虑到了主题公园、旅游住宿、文化旅游产业及商业设施等设施间的互相补充性,同时对建成后的"韩流世界"与周边设施的联系性也做了充分的考虑。

"韩流世界"主题公园的核心是"韩流"文化,在主题选择上就与现有的主题公园形成了差别。为了更好地通过主题公园的形式演绎"韩流"文化这一主题,获得不同细分市场的青睐就成为"韩流世界"设计的核心。为了结合主题,达到开发设计中既定的目标,"韩流世界"主题公园将整个园区分为 Anime World、Festival Garden、Hallyuwood Studio 三大主题来共同演绎"韩流文化"这一主题。这一主题部分将邀请韩国的艺术家、电影导演、演员的相关人员通过音乐会、特别演出及互动博物馆等活动为游客提供近距离感受韩国影视文化的机会。

(2)春川国际哑剧节

节庆旅游一直是文化旅游项目中最具代表性的类别之一。由于节庆旅游具有形式多样、弘扬地方文化、投资相对较小、能够平衡淡旺季旅游需求等其他旅游项目所不具备的特点,因此最近几年在国内备受关注,成为一种新兴的旅游开发模式。特别是对于一些自然景观及历史文化景观贫乏地区,节庆旅游就成为此类地区开发旅游的一种新的选择。

春川国际哑剧节的前身是于 1989 年在首尔举办的第一届韩国哑剧节,随后春川MBC(韩国电视台)申办了韩国哑剧节的邀请演出,至此哑剧节正式落户春川。从 1990 年第二届开始哑剧节正式在春川举办,并定于每年五月中下旬举办,并与 1995 年更名为春川国际哑剧节,至今共举办了 21 届。由于春川国际哑剧节是以"哑剧"这一表演艺术为主题的文化艺术类节庆,因此,该节庆就具备了"艺术性"和"节庆性"两大特征。

表演类节目一直是体现哑剧节艺术性及表演性的重要节目,同时也是春川国际哑剧节常设的一类节目;具有参与性的节庆类节目是烘托并体现春川国际哑剧节节庆特色的项目,同时也是吸引游客参与节庆活动的重点项目,在整个节庆活动中起到了十分重要的作用。这一类节目中包括了深受游客欢迎的"鬼怪集市"、由首尔出发直达春川的"鬼怪列车"以及"恰逢星期五"等常设节目,也包括了根据每届不同主题而设置的体验类节目、教育类节目等。由于哑剧艺术起源于西方,在韩国社会中的认知度与其他艺术形式相比处于较低的水平,因此自从哑剧节开办以来,如何培育哑剧艺术的市场就成为哑剧节需要长期努力的一项任务。同时在节庆的宣传活动上,春川哑剧节也采取了街头表演、宣传及调查并行的方法。

春川国际哑剧节通过早期的以哑剧艺术家为中心的表演活动逐步发展成为具有一定影响力的国际性节庆活动,在这一过程中表演人才的培养及市场培育起到了至关重要的作用,也是哑剧节能够不断发展壮大的重要因素。同时哑剧节通过听取专家的建议,不断地从各个方面改善自身的不足,获得了韩国政府在资金上的支持,为节庆活动的进一步发展打下了经济基础。

(二)国内文化旅游典型案例

1.一生不得不到的地方——大理:金庸寻韵、小资觅踪

云南大理古城是明王朝按大理府设置需要而修建的城池,历经明清两朝数百年,弥足珍贵,至今依然保留着雄伟壮阔的南北城楼以及纵横交错,长短不一的棋盘式街巷建筑格局。目前大理古城占地 2.11 平方公里,4 座城门雄峙东西南北;东有洱海门、西有苍山门、南有承恩门、北有安远门。九街十八巷的青瓦粉墙、"三坊一照壁"的古老民居连同以白族为主题的文化特征把古城装点得魅力十足。这里是千百年来与东南亚诸多国家进行文化交流、商贸往来的重要门户,也是西南丝绸之路和茶马古道的交汇点。因此,古城内外,展示在游人眼前的是文化资源富集、多民族文化交融的瑰丽画卷。自 1994 年大理市政府提出"以旅活市"以来,古城旅游在山多、地少、水域面积有限的大理地区便显得极为突出。

2007 年初,以"弘扬中华传统文化、展示县域旅游形象、促进县域经济发展、推动两个文明建设"为宗旨的,由中国传统文化促进会、中国县域旅游网等单位联合主办的中国文化旅游大县征集评选活动结果揭晓,大理从 300 个候选旅游县市中脱颖而出,顺利入选"一生要去的 66 个中国文化旅游大县"。大理之所以能入选,并不是大家都到过这个地方,而是因为一个著名的小说家在他的作品中多次写到此处,他就是金庸。在众多金庸迷那里,金庸笔下的大理是最令人神往的地方之一。多情的段誉父子、茶花、一阳指、六脉神剑、天龙寺、佛光普照的大理古城、苍山洱海……构成了读者对大理的想象图景。其实大理历史悠久,素有"文献名邦"的美名。远在新旧石器时期,就有古人类居住。西汉武帝在云南设置郡县,这个时候大理正式纳入汉王朝版图。在元代前,大理一直是云南政治、经济、文化的中心。元代,云南行省建立,政治、经济、文化的中心开始由大理转至昆明。悠久的历史和璀璨的文化,为大理留下了丰富的文物古迹。玉洱银苍之间,自然风光绚丽多姿,苍山如屏,洱海如镜,蝴蝶泉深幽,兼有"风、花、雪、月"四大奇景(下关风、

上关花、苍山雪、洱海月）如今的大理古风犹存，在青山绿水的环抱下，虽然几度兴废，但依然显得古朴幽静。

大理有"八大名片"——苍山、洱海、古城、水城、三塔、蝴蝶泉、民居、名花。很多人不仅到这里观光游览，还在这里投资、做学问、搞创作等。大理古城的保护价值可分为历史价值、艺术价值、科学价值和旅游价值。各级政府充分利用大理古城的有形资产和无形资产，使大理古城的保护工作落到实处。针对古城的文化旅游开发，也都遵循了"保护为主、开发为辅、合理利用"的原则。因此，大理可以说是我国现代文化旅游开发的先例。

2.梭嘎苗族生态博物馆

民族生态博物馆是把少数民族自然、社会、文化进行整体保护、传承和研究的生态博物馆。1995年中国和挪威两国政府已联合在贵州六枝特区梭嘎乡创建了梭嘎苗族生态博物馆，这是中国乃至亚洲的第一座生态博物馆。中挪两国还拟定将增建贵阳市花溪区镇山村布依族生态博物馆、锦屏县隆里古城（生态博物馆）、黎平县肇兴乡安堂寨侗族生态博物馆，以形成不同文化类型的民族生态博物馆。作为一种实现保护与开发民族文化双重目标的新兴旅游模式，生态博物馆强调如下理念：

①文化遗产应以原状保护和保存在其所属社区及环境之中，从这种意义上讲，生态博物馆的面积等于社区的面积；

②生态博物馆非常强调"尊重"，既要尊重本民族文化，又要尊重其他民族文化，从而形成一种自尊、自信、自豪、自重的社区文化价值，这是一种社区文化赖以长期保存的思想基础；

③生态博物馆是一种为将来而保护某种文化整体的手段，因此强调一切有关的文化记忆要原始的保留着，作为这一种文化延续和继承的见证，以排除因实物的征集而破坏了社区记忆的完整性；

④生态博物馆强调地方政府和当地人民的参与，社区的居民是文化的拥有者和主人，不能将他们从生态博物馆的社区里分离出去。

3.弘扬潮州文化、打造文化旅游精品

潮州话被称为"古代汉语活化石"；潮州音乐被称为"华夏正音"；潮州戏被称为"一曲宋元遗韵在"，比京剧、越剧、黄梅戏的历史还要长，为这座城市赢来"中国瓷都"称号。还有那一连串的美誉：国家历史文化名城、中国优秀旅游城市、中国著名侨乡、中国潮州菜之乡、中国婚纱晚礼服名城、国家重点工艺美术城市……在粤东，潮州的文化旅游资源特色是最有优势的。潮州是国家历史文化名城和"潮文化"的发祥地，文化旅游资源独具魅力，文化旅游经济潜力巨大。要进一步整合挖掘文化资源，加强文化资源的对外交流与协作，发展特色文化旅游产业，推动文化与经济的融合，使资源优势转化为经济优势。文化是潮州特色经济发展的根基，也是潮州未来经济发展的潜力所在。

潮州的文化特色、文化内涵、文化底蕴在广东省首屈一指，在国内也特色鲜明，名声在外、优势明显。早在1986年，潮州就被授予国家历史文化名城的称号，保存了较为完整的文化传统体系和项目，拥有文物古迹700多处。不仅拥有8处全国重点文物保护单位、9处广东省重点文物保护单位、还拥有潮剧、潮绣、陶瓷、木雕、泥塑、布马舞等一系列非物质文化保护遗产，形成了博大精深、别具一格的地方文化体系。潮州的古城区方圆只有 2.33 平方公里,但却拥有 20 多处文物保护单位,是潮州作为历史文化名城的主要载体,也是展示潮州独特文化的理想场所,文化旅游资源十分丰富。

广济桥是潮州文化的招牌,是潮州历史文化的最大亮点,是潮州作为国家历史文化名城的重要标志,有非常高的历史价值,也有很高的艺术价值。它从宋代兴建直至明代才完善定型,中间不断地改进不断地重修完善,它是潮州人艰苦创造,聪明勤劳的见证。广济桥是发展潮州古城文化旅游的一个重要依托载体,它从笔架山宋窑、韩文公祠再到广济桥、牌坊街,连接了众多国家级文物保护单位,它的重修完成,进一步扩大了古城文化旅游区。

国学大师饶宗颐先生在他的《潮州学在中国文化史上的重要性——何以要建立"潮州学"》中谈道:中国文化史上,内地移民和海外拓殖史,潮人在这两方面的活动的记录一向占极重要的篇幅。潮州人文现象和整个国家的文化历史当是分不开的。潮州文化若干特殊现象,已不仅是地方性特色那么简单,事实上已是我国文化史上的重要环节与项目。

4.山西打造晋商等文化旅游产品

几年前提到山西,很多人都会像当年的余秋雨先生一样,将其看成是一个特别贫困的内地省份,除了五台山、云冈石窟、山西老陈醋、杏花村汾酒等模糊概念,似乎没有更多的认知和更深的了解。这几年,随着资讯的发达和旅游的升温,养在深闺人未识的山西,才逐渐揭开其尘封的面纱,显示出独特的历史文化魅力,成为中国最热的旅游目的地之一。

其实,无论是对于山西人来说,还是对于外地人来说,这一切都归功于导演张艺谋和学者余秋雨。张艺谋的一部《大红灯笼高高挂》,让沦为财富象征符号的晋商深宅大院,在沉寂一百多年之后重新走向世界。十多年前,余秋雨的一篇《抱槐山西》,让辉煌一时的晋商文化,在掩埋了一百多年之后走进人们的视线。当然,提到晋商豪宅大院,首先要提的是乔家大院。乔家大院(又称"乔在中堂宅院")位于山西省晋中地区祁县东观镇乔家堡村,是 1965 年山西省人民政府确定的文物保护单位。自 20 世纪 80 年代以来,在乔家大院拍摄的影视剧目有《大红灯笼高高挂》《狄仁杰》《解放》《龙虎斗》和《乔家大院》等。

随着反映晋商传统文化的影视作品纷纷出笼,晋商文化的神秘面纱正渐渐揭开。新晋商的崛起和山西全面开放态势的形成,又极大地催生了波及国内外的晋商文化旅游热的滚滚热浪。伴随着观念的转变。定位的升级、要素市场的配套整改及具体操作思路上的创新,山西文化旅游产业短短几年就走出了曾有的尴尬。已被全面激活的山西文化旅游产业,正在进入一个调整发展的时期。目前,文化旅游产业已成为山西全省国民经济中发展最快、最具活力的新兴支柱产业。除影视作品外,山西还在通过各种节庆活动频频亮出文化品牌:平遥国际摄影大展、大同云冈国际旅游节、五台山国际旅游月暨佛教文化艺术节、晋中晋商文化艺术节、运城关公国际旅游节等。"奥运期间,山西将邀请所有冠军免费五日游。"这是全国第一个对奥运冠军发出的免费邀请,也是奥运旅游热潮中,第一个在操作层面引人瞩目的超大举动。

从习惯于默默无闻,到事事发出响亮声音,这一显著的变化表明了山西旅游在促销、宣传机制上的更加开放。山西,这个曾经久怀"煤炭富晋"之梦的能源省份,如今又因"旅游富晋"的崭新思路、因文化旅游产业的阔步前行,让世人刮目相看了。

5.上海:创意园区打造成文化旅游景点

从八号桥、莫干山路 50 号到 1933 老场房,近年来愈来愈红火的上海新兴创意产业园区已经不再是办公室板块单调的集合,而是集聚了越来越多旅游要素、逐渐变成的一个"好吃、好玩、好看"的崭新旅游景区。它不仅丰富了上海都市旅游的内涵,也成为反映沪上文化旅游特色的一大亮点[①]。

(1)八号桥:从闲置厂房到工业旅游示范点

曾经是闲置的汽车制动器厂房的八号桥,历经改建,如今是汇集了中外创意产业的翘楚,一跃成为文化与时尚的聚集地,甚至还是全国工业旅游示范点中首个以创意产业为特色的示范点。据上海工业旅游促进中心秘书长鲍炳新介绍,改造后的八号桥吸引了海内外众多艺术设计类及时尚类的创意公司入驻,占整个创意园区的 80%,包括国际知名建筑及室内设计、影视制作、艺术画廊、广告、公关、媒体、顶级餐饮等。其余的 20% 则被改建成为休闲设施。为配合工业旅游示范点的发展,更好地满足游客吃、购、娱的需求,八号桥目前利用剩余空间已经开始了第二期工程建设。

(2)莫干山路 50 号:"上海的塞纳河左岸"

被称为"上海的塞纳河左岸"的莫干山路 50 号,隐匿在苏州河岸旧的工厂仓库里,红砖青墙中聚集着多个艺术家工作室、艺术中心以及画廊,老仓库变成时尚的艺术作品创作工坊,自然成为社会关注的焦点。而且这些工作室是常年对外开放的,徜徉其间既可以感受新锐艺术的气息,又可以看艺术家如何现场挥毫泼墨,将脑海中的灵感化为纸上神奇,观赏性大大提升;正在招收学徒的手绘玻璃小作坊增加了整个园区的互动参与性,而同样被赋予艺术气息的咖啡馆则填补了莫干山路 50 号餐饮休闲空白。

(3)1933 老场坊:脱胎换骨后"倚老卖老"

于 2007 年 10 月以全新面貌亮相的 1933 老场坊,作为曾经的远东最大的屠宰场,经过重新设计改造后,吸纳了外滩 18 号的高档时尚、新天地的人气活力、田子坊的艺术氛围。脱胎换骨后的 1933 老场坊里汇集了多个创意设计工作室,在那里的创意设计街上,人们可以享受创意设计师们为他们量身而制的独家设计。让人感慨的是老场坊并没有因新元素的融入而摒弃古老的韵味,而是"倚老卖老",用现代的审美观来"卖老",以增强对旅游者的吸引力。

6.山东——青岛啤酒节

青岛国际啤酒节作为青岛市的重要节庆活动不仅是国内最早创办的节庆之一,目前也已经跻身我国成功举办的大型节庆行列。青岛啤酒节创办于 1991 年,至今已经举办了 14 届,经过 14 年的培育和发展,青岛国际啤酒节无论是在经营思路上,还是在体制设计上已经与举办之初有了很大的不同:1991 年至 1995 年,青岛国际啤酒节主要依靠政府投入。1996—1998 年,从第六届国际啤酒节开始,提出了"民办公助"的办节思路,政府不再给啤酒节资金上的支持,而是提供一些相关政策上的支持,主要依靠企业出资。随后的第六、七、八届青岛国际啤酒节处于市场化过渡阶段。从 1999 年的第九届青岛国际啤

---

① 刘存温、丁宁:《上海:创意集聚区成为景点"新贵"》,《中国旅游报》,2007 年 5 月 14 日第 5 版。

酒节到 2000 年第十届青岛国际啤酒节,政府已经开始实现了零投入。从 2001 年的第十一届啤酒节开始,在青岛国际啤酒节节庆气氛良好,具有了良好的群众基础。

从青岛国际啤酒节的经济影响来看,国际啤酒节在短期内已经达到了"收支平衡",实现了"以节养节"的目标。在对不同行业的关联带动方面,啤酒节对旅游行业,特别是酒店行业和旅行社业带动巨大,在啤酒节期间,青岛市的酒店出租率明显提高,几乎达到了 100%。此外,影响较大的依次是市内交通(如出租和公交)、航空、铁路以及商业零售、餐饮业等。在对整个目的地的推动上,啤酒节提升了青岛作为一个沿海城市的知名度和美誉度、塑造了青岛作为海滨休闲度假的目的地形象,另一方面也推动了城市整个大环境的改造和建设。

从社会文化影响来看,"吃海鲜、喝啤酒"早就是很多青岛人的习惯,啤酒节不仅保留和弘扬了这一传统,同时还提出了"青岛与世界干杯"的国际化发展思路,实现了这一传统与世界啤酒文化对接,也增强了青岛人保留传统的自豪感,让这一啤酒文化更加深入人心,使得啤酒节也成为老百姓邀请朋友共度的一个欢乐的节日。

7.中国香港——文化万花筒

中国香港地处祖国东南端,面积 1104 平方公里,由香港岛、大屿山、九龙半岛以及新界(包括 262 个离岛)组成,人口约 700 万,是世界知名的深水海港及国际商业、贸易及金融枢纽。文化旅游产业同金融服务、贸易及物流、工商业支持及专业服务是制造大量就业机会并带动其他行业发展的支撑香港经济发展的四大动力支柱。其中文化旅游产业创造了香港 3% 左右的总生产值,其就业人数占 5% 左右,并有逐年上升趋势。

香港旅游资源丰富,文化设施众多,其健全的现代化城市接待设施以及自由港的优势条件使香港成为著名的旅游及购物天堂。香港有浅水湾、太平山、迪士尼、海洋公园等大小热门景点 49 处,香港推出的会展游、游轮游、文化游、购物游、亲子游、休闲度假游等不同种类且个性十足的旅游产品,每年都会吸引大量游客到访。

香港融中西文化于一体,素有"文化万花筒"的美誉。香港拥有 600 间庙宇及众多法定古迹,旅客在香港既可以看到像黄大仙及九龙城这样的古代传统建筑,又可以欣赏到圣约翰教堂、立法会大楼等西式建筑,更可以穿梭于中银大厦、交易广场汇丰总行大厦等现代建筑之间。从这些建筑中人们可以体会到本土文化和外来文化的碰撞、历史的发展和社会的演变。香港的文化活动盛事不断,这里一个月平均举行超过 300 多项文化艺术活动,在这里既可以找到摇滚乐、爵士乐、芭蕾舞、现代舞、话剧、大型音乐剧等国际性的文化艺术活动,又可以发现本地的粤剧以及其他一些中国传统艺术形式。

"优质诚信香港游"是香港旅发局"优质旅游服务计划"与文化和旅游部倡导的"诚信旅游"相结合的产物,于 2006 年底双方共同倡导并发起,旨在指导消费者正确选择真正有品质的香港产品,以促进香港旅游产业和谐、安全、健康地发展。

典型案例

"文化与时代的融合:经典古城开发案例透视"

在全域旅游、全民旅游的时代背景下,国内古城开发呈现出主客融合、产业融合、城旅一体的特点,因此,应围绕古城文化核心,以文化＋旅游双轮驱动,以"文化复兴、功能复兴、经济复兴"为理念,在开发思维、产品供给、运营模式、投融资等方面寻求创新转型,以促进古城保护和城市有机更新。

云南●丽江古城

"休闲度假＋精致体验"世界级的古城旅居目的地

【古城概况】

概况:位于云南省西北部,占地7.279平方公里;2017年的游客量达4069.46万人次,是世界文化遗产地、国家5A级景区、国家历史文化名城和全国文明风景旅游区。

发展定位:世界级旅游目的地、体验之都、爱情之都、艳遇之都、小资天堂。

历史演进:

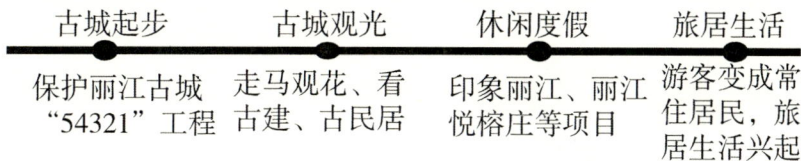

古城起步	古城观光	休闲度假	旅居生活
保护丽江古城"54321"工程	走马观花、看古建、古民居	印象丽江、丽江悦榕庄等项目	游客变成常住居民,旅居生活兴起

功能结构:

片区	功能主题	旅游产品	发展情况
大研古镇	小资休闲精致住宿	①木府古城博物院等景点 ②四方街等四大商业街 ③洗街、火把节等民俗	商业住宿氛围浓厚,购物与住宿比重相当
束河古镇	旅居度假	①茶马古道博物馆等景点 ②束河四方街 ③骑马、火把节等民俗	商业开发成熟,以购物和住宿为主,购物比重略大

白沙古镇	观光休闲	①白沙锦绣艺术院等景点 ②棒棒会、火把节等民俗	旅游观光为主,商业开发不成熟
其他	为当地居民和游客提供医疗、教育、商务等生活配套		

产品业态

商业业态:主要以餐酒吧、客栈为主,其中80%是由外地人经营的。

商业规模:包括大研古镇、束河古镇、白沙古镇三大片区,其中核心区拥有商铺1046家,商业经营的总面积近3万平方米。

整体业态结构:购物:餐饮:住宿:景点=48:13:38:1。

束河古镇商业业态构成

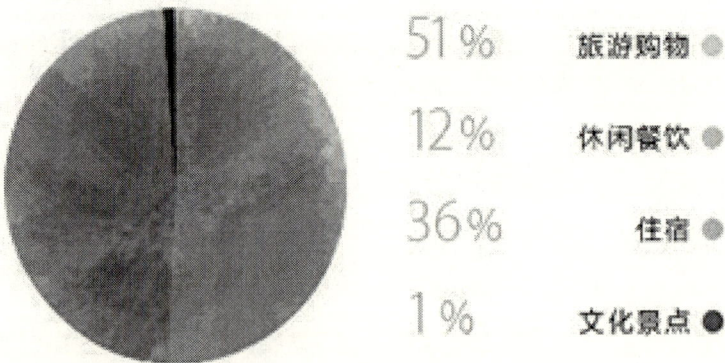

51% 旅游购物 ●

12% 休闲餐饮 ●

36% 住宿 ●

1% 文化景点 ●

【运营管理】

管理模式：采取政府主导模式，成立世界文化遗产丽江古城保护管理局，下设丽江古城管理有限公司，负责丽江古城的保护管理。

融资模式：向游客征收古城维护费、银行贷款融资、加大招商引资力度和争取上级补助等。

盈利模式：采取商业主导型模式，商铺租金以及商业税收收入。

【经验借鉴】

丽江模式：以文化遗产保护带动旅游发展，以旅游发展促进文化遗产保护

保护开发：关停污染企业，禁止东部林区森林采伐。采取专项资金扶持办法、修复名人故居、拆除不协调建筑物。加强对东巴文化、纳西古乐等传统民俗的保护。

文化经营：从战略高度经营民族文化产业。比如"纳西古乐""丽水金沙""印象丽江"等文化演艺品牌。长期举办国际性学术交流论坛，建立东巴文化原始生态保护区。

大项目带动：坚持以大项目带动旅游发展，重点抓古城不协调建筑拆除改造、民族文化开发、象山金虹山小流域治理、世界遗产论坛、周边路网改造、束河古镇保护与发展等项目。

筹资渠道多样：向游客征收古城维护费作为环境整治及治理的专项资金。银行贷款融资和景区门票收费权质押贷款，加大举债投入；加大招商引资力度；争取上级补助。

注重生活体验：恢复水洗街道、放河灯等传统生活习俗。打造互联网古城，注重互联网的应用数据化运营，把一次性的旅游服务变为长线的互动体验，提升古城生活的便利性。

四川 ●阆中古城

世界风水文化度假体验胜地

世界风水文化度假体验胜地

【古城概况】

概况：位于四川东北部、嘉陵江中游，唐宋格局明清风貌，已有2300多年建城史，为古代巴国蜀国军事重镇。与云南丽江、山西平遥、安徽歙县并称为"中国保存最完好的四大古城"。是国家5A级景区、国家历史文化名城、四川首批省级旅游度假区。

发展定位：世界风水文化度假体验胜地。

旅游发展：2015年古城游客量720万人次，过夜率42%，门票收入达4300余万元，同比增长21.14%。2017年接待游客1044.86万人次，实现旅游综合收入101.93亿元。

历史演进：

1986年 国家历史文化名城

2008年 4A景区，古城观光

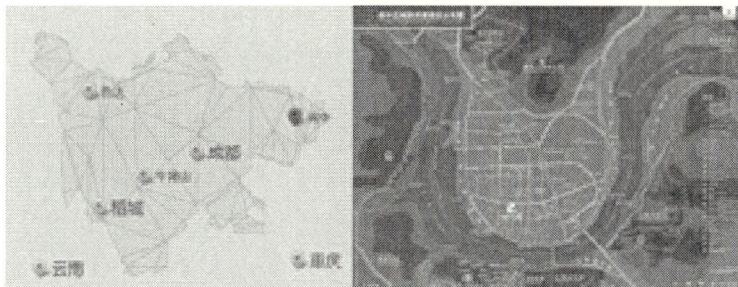

2010 年 依托古城传统院落发展文化度假

2012 年 成立阆中古城文化旅游发展公司

2013 年 5A 景区，省级旅游度假区

业态分析：街巷休闲＋院落度假＋城外娱乐

核心吸引：阆中古城联票 120 元（包含张飞庙、贡院、中天楼、风水博物馆、华光楼、锦屏山等景点）。

配套设施:度假区及周边建成 7 家星级酒店、8 家精品民居客栈、48 家家庭旅馆,3 个休闲娱乐集中区、3 个大型购物中心、1 个大型游乐场、各类住宿设施 500 家,床位 2.2 万个。

灯光秀/演出:"风水古城·梦幻阆中"山水灯光秀、《阆苑飞歌》《又见阆中》(2016)、《阆苑仙境》(2017)等大型移动实景演出及室内演艺。

【运营管理】

一体化经营、市场化运作、专业化管理

盈利分析

2011—2015 年阆中古城游客量及门票收入情况

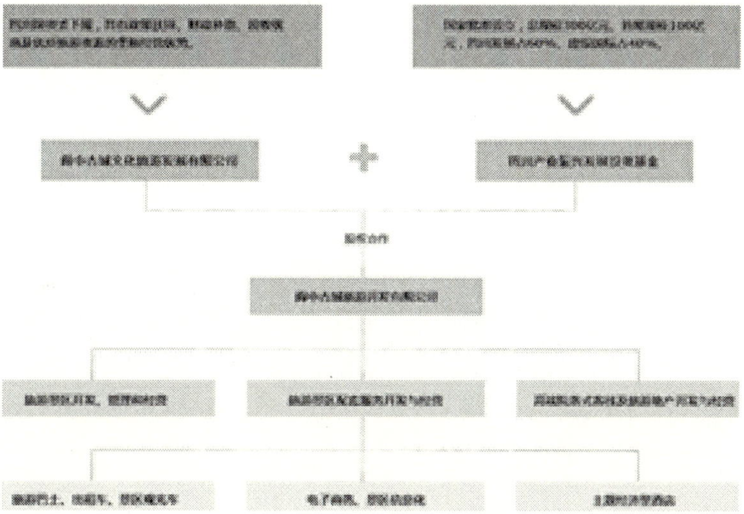

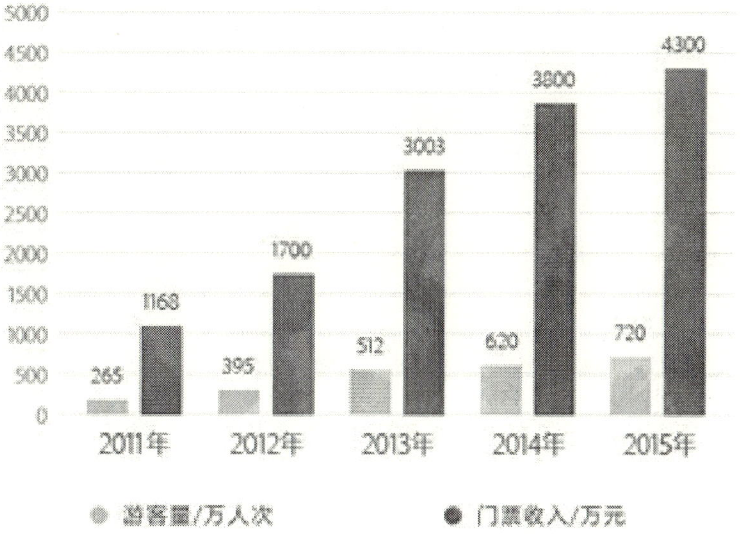

业态单一,观光经济。门票收入占比 86%,休闲业态明显不足。留客不足,客单价低。客源 85% 来自成渝陕区域市场,以家庭为单位的自驾游已超过 70%,"回头客"景点消费少(人均门票消费仅 6 元),停留时间短(超过一半人当天往返),导致人均消费低至86 元,远低于丽江古城的 1452 元。

【小结】对比及启示

对比:国内四大古城游客与消费

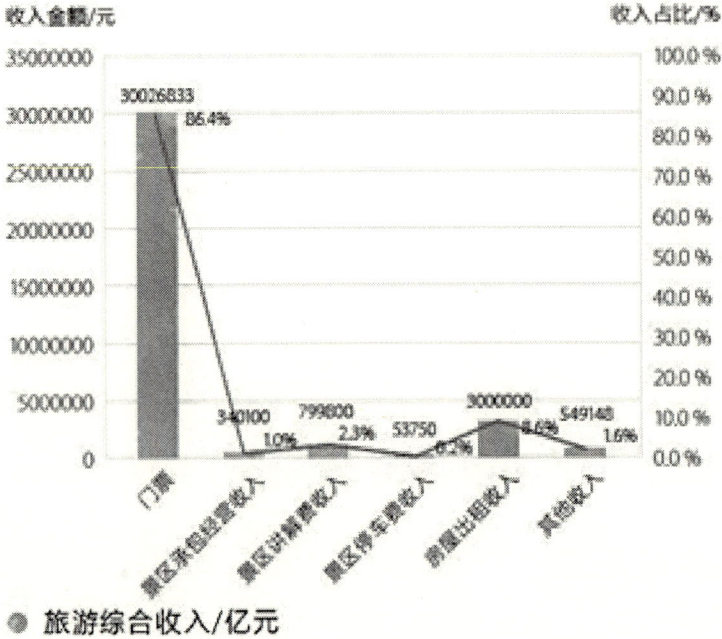

收入金额/元 ... 收入占比/%

30026833 86.4%
340100 1.0%
799800 2.3%
53750 0.2%
3000000 8.6%
549148 1.6%

● 旅游综合收入/亿元

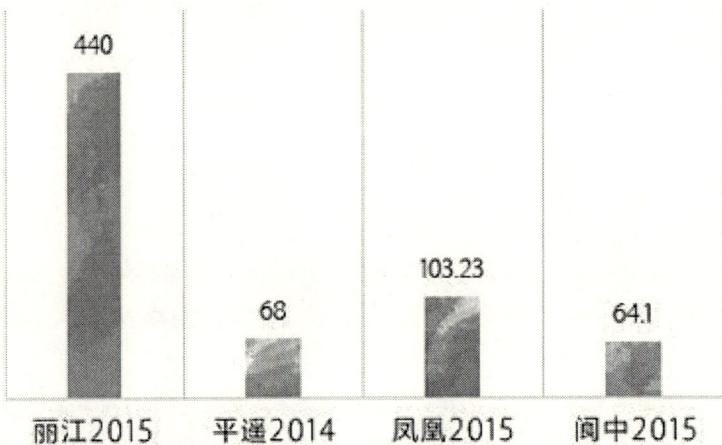

| 丽江2015 | 平遥2014 | 凤凰2015 | 阆中2015 |
| 440 | 68 | 103.23 | 64.1 |

启示:文化传承与古城发展

古今兼顾:从旧城改造到古城保护,不仅是称谓上的改变,更是文化自觉意识与文化自信意识的苏醒。

整体保护:打破修一个文物保护单位的传统观念,把文物保护单位和周边景观环境串起来,形成一个大的文化景观和文化线路。

保护与发展:二元对立的思维模式片面强化传统与现代之间的鸿沟,更为稳妥圆融的解决路径是文化遗产可以并且应该得到合理的利用,可持续性的使用是其保存的最好方式——古今兼顾,新旧两利。正如两个开罗,一个是中世纪的开罗,风格古典,位于市中心的狭长地带,一个是现代化的开罗,摩登时尚,位于尼罗河沿岸。

开发与商业:商业减法文化加法。鼓励文化型业态,对整体业态进行商业规划与调整布局,包括资源调配与重新规划,对经营活动梳理和规范,达到多方利益的"再平衡"。

● 门票收入/亿元

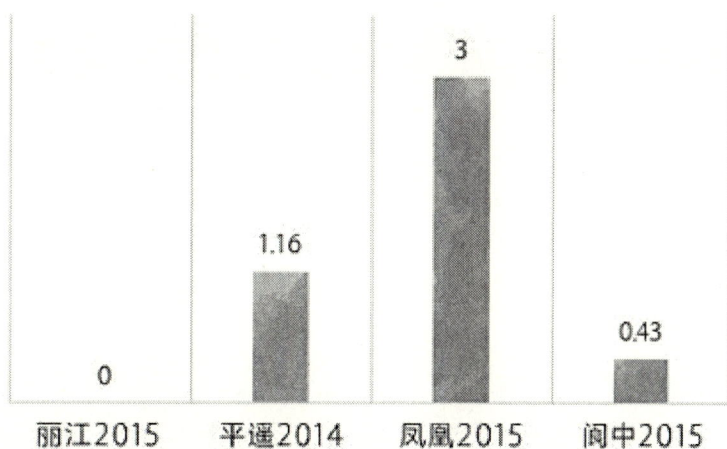

0	1.16	3	0.43
丽江2015	平遥2014	凤凰2015	阆中2015

● 游客量/万人次

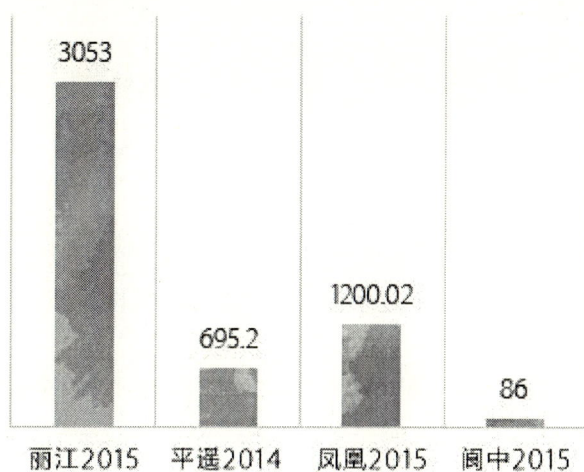

3053	695.2	1200.02	86
丽江2015	平遥2014	凤凰2015	阆中2015

● 人均消费/元

1452	907	860	86
丽江2015	平遥2014	凤凰2015	阆中2015

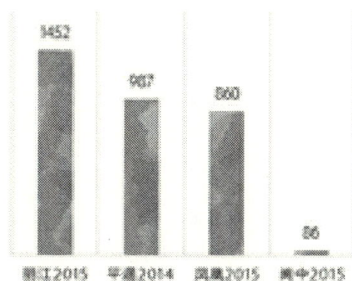

● 人均门票消费/天

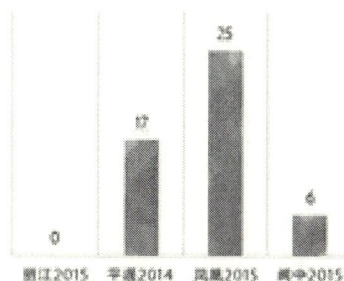

0	17	25	6
丽江2015	平遥2014	凤凰2015	阆中2015

第六章 河南省文化旅游产业发展应抓好的几个典型

文化旅游产业的发展,首先,必须深入了解和研究自己的文化,摸清家底。要分门别类,以图片、录音、录影、书籍、杂志等多种形式对于各种物质遗产和非物质遗产进行整理和挖掘,建立完整的文化资源库。其次,必须对文化旅游资源的旅游价值进行评估。文化资源不等于旅游资源。我省是文化大省,各地都有很多地方文化素材。地方官员往往引以为自豪,号称自己资源丰富、历史悠久、文化璀璨。但是,它们有的是遗迹,有的是遗址(如赤壁之战),有的是传说,有的是风情,往往具有"小、散、虚"的弱点。哪些文化资源可以做旅游,哪些不可以做,要以旅游吸引力为标准。一般而言,地方文化资源的开发重点素材是:

1.地方建筑

民居、桥梁、城池、寺庙等,展现地方民居的风格、材料特点,让游客体验其功能。

2.地方曲艺

如山歌、地方剧。对于外地的旅游者,由于存在语言差异,宜以技术手段加上内容解说以使其能理解和欣赏。

3.地方饮食

包括地方菜、茶、咖啡、水果等等,应尽量向游客展现其魅力。

4.民俗节庆

例如,元宵举行的客家梅州埔寨烧龙灯,还有客家山歌节、擂茶文化节、客家艺术节等。

5.历史渊源,重大历史事件

如战争战役、名人事迹。

6.民间工艺

如刺绣、年画、剪纸等等。工艺品的用材,宜尽量使用当地的独特材料,例如韩国济州岛用火山灰石头雕刻的民间宗教人像。

选择文化旅游资源的开发方式目前主要有以下五种:

1.博物馆

这是最传统的一种方式,如各地的名人故居博物馆、历史博物馆、一些专题博物馆。

2.主题园、风情村(镇)和街区

3.表演

如郑州《禅宗少林·音乐大典》、各地《印象》系列。

4.嫁接主题化

主题酒店、主题餐厅、主题度假村。

5.节庆

如内蒙古的"那达慕"大会、回族的"古尔邦节"、白族和彝族的"火把节"等,本意并非为了发展文化旅游产业,不会长年存在,但在节庆期间会吸引大量的旅游者。一些地方的文化载体分布比较分散,如典型民居、展览馆、表演场地、名牌小吃餐馆等各在一处,由于客观条件的制约,短期内不能集中到一个旅游景点内,只能采取"串点连线式"开发方式,组合包装为一个精品线路产品,供游客整体购买。在形式上它与"北京一日游""广州一日游"是一类的,只不过后者内容不一定是文化旅游。它对于散客主要通过旅行社和散客接待中心组织,需要更大的宣传力度。

文化旅游资源开发的四大原则:1.存真:尊重历史,不戏说,可以再现,但是不一定全盘恢复。例如,柏林墙,保留一段即可。要修旧如旧,尽量用传统材料和工艺。2.做深:挖掘其内涵,丰富其内容。文化旅游要像讲课一样让游客通过游览完了解那段历史——前因后果、大小人物、喜怒哀乐,要注意用细节打动游客;活化:不但要把虚的文化做"实",让游客能够直接看到,而且要做"活"。不能够简单地放几个雕塑、摆几个玻璃柜子和凳子椅子。中国的博物馆之所以不受游客欢迎,原因主要就是没有活化文化,要通过演出、互动、声音、影像等让人感受文化;延展:要把文化旅游资源以多样化的形式开发利用,不能搞纯粹的"门票经济",不能局限在静态观光层面,要积极发展文化旅游商品、参与性娱乐。

文化旅游资源开发的方式,从国际国内的发展实践看,文化旅游产品应当有一定的规模,尽量集中布局,"小弱散差"的状态是难以吸引游客的。在区位市场有潜力的情况下,要创造条件,做出规模。如何"借题发挥"、做大做强,可以采用四大手法:

1.归"类"

从点做到类,抽象化。如胡雪岩的题材,他属于徽商,可以做徽商的文章;黄埔军校,可以做出世界军事的文章,结合介绍世界著名军校;

2.扩"面"

从点做到面,如广西壮族一些地方的铜鼓文化,可以做出全国或者世界鼓文化的文章;延"线":把点拉长出它的发展历史链,如宁波东钱湖的宰相石碑遗存做出南宋石刻公园,介绍中国石刻发展历史。一个古海港,可以做出海上丝绸之路沿线风情、航海贸易发展史的文章;拓"链":形成产业链,如梁祝故里,可以利用其民间故事,做出婚庆文化产业,做出爱情文化产业园区。

此外,发展文化旅游不必拘泥于本地文化,关键是在于客源市场定位。企业投资旅游项目,应当以市场需求、投入产出为判断准则。在旅游开发过程中,政府要引导投资商提高文化水平和市场经营水平,现在的问题是,很多投资商懂文化不懂经营,搞成博物馆自己孤芳自赏;或者有经营意识不懂文化,没有做出精品。做旅游必须懂旅游,懂旅游必须多旅游。河南省文化旅游产业发展应抓好以下几个典型。

一、打造郑州历史文化名城

河南,华夏肇兴之地,中华文明之根。郑州作为河南省会城市,其所蕴含之各种历史文化遗迹,涵盖政治、社会、经济、教育、居舍、生活、娱乐、劳动、宗教、祭祀、艺术等多个领域,弥足宝贵。利用文化地缘优势,把郑州建设成为国际历史文化名城,打造郑州为国家级优秀文化遗产传承展示基地和世界级非物质文化遗产中心,打造历史文化景区长廊,复兴古都文化,发展古都文化产业,打造郑州黄帝故里朝圣大道和具茨山黄帝寻根拜祖圣地,打造郑州的根文化城市精神定位,使郑州成为蜚声中外的华夏历史文明传承区、朝拜圣城和旅游胜地,将对中原经济区的建设、河南的繁荣发展产生极其重大的影响。打造历史文化名城可丰富旅游产品的内涵、结构与类型。每一座历史文化名城都是在特定的自然环境与社会条件下形成的,其文化都是有特色的文化。出自历史文化名城的各种旅游产品,或多或少都带有某一特定城市的文化气息,成为历史文化名城特有的旅游卖点。因此,旅游资源的进一步开发,可铸造旅游产品特色,扩大旅游产品文化内涵,同时可完善旅游产品的结构、增添旅游产品的类型。打造历史文化名城还可树立城市旅游形象,提升文化旅游产业的地位。历史文化名城是城市的一道光环,与其历史文化相结合,城市的旅游形象会更加高大与辉煌;与此同时,历史文化名城文化积淀丰厚,文化程度高。文明城市意味着经济繁荣、社会安定、民风淳朴,无论投资、旅游、文化交流,人们都乐意前来,具有巨大的客源市场。而现代旅游又是以城市为中心向四周扩展,众多历史文化名城经过近几年的发展,已成为本地区或全国的旅游目的地和集散地,成为文化旅游产业发展的增长极,并给所在区域带来一定的向心作用和扩散作用。可见随着旅游资源的进一步开发,必定能够带动城市旅游产业的进一步发展,从而提升文化旅游产业在当地的地位并完全能够成为本区域的核心和统帅。

华夏历史文明是以中原文化为主体的历史文化形态,是中华文化的根源和主干。十七届六中全会和十八大报告指出:"文化是民族的血脉,是人民的精神家园"。可见文化在一个民族或国家中的重要地位。十八大和十八届三中全会亦提出要"建设社会主义文化强国,增强国家文化软实力",将文化强国提到了前所未有的高度。华夏历史文明传承创新区作为中原经济区五大战略定位之一,是中原经济区有别于全国其他经济区的显著特征,在承担国家文化发展战略、增强中华民族凝聚力中,具有重要的战略地位。郑州作为一个历史古城、闻名于世的中国八大古都之一,中华民族人文始祖黄帝的诞生地和华夏文明的发祥地,本身有着太多太丰富的内涵,是中华民族五千年历史文明积淀极为厚重的地方。因此,把郑州打造成为国际文化名城,对于中华文化的传承、弘扬和繁荣,对于河南的振兴和发展,国家的文化强国建设战略,均有着重大的价值和意义。本文试从重大意义、禀赋之利及战略布局等三个方面对郑州建设国际历史文化名城的重要性和可行性进行研究。

(一)郑州建设国际历史文化名城的重大意义

河南是历史文化遗产大省,地下文物全国第一,地上文物全国第二,保护、开发的任务极其艰巨繁重。登封"天地之中"历史建筑群和郑州历史文化大遗址片区全国闻名,作为河南省的省会,是河南文化强省建设的首善之地。把郑州打造成为历史文化名城,探索出一套保护、开发、利用的新办法,提高全民遗产保护意识和我国遗产保护水平,提升河南文化遗产的国际知名度,是一项关系着华夏历史文明传承创新区能否成功实施的重大战略举措,是一件功在当代,利在千秋的宏大事业。打造郑州成为历史文化名城的重大意义主要表现在以下三个方面：

1.保护历史文化古迹,留存华夏文明的路标

历史文化古迹是人类先民在历史活动中肇兴和发展的物质文明和非物质文明的遗产、遗迹或遗址。包含精神文化、制度律令、古物建筑、传统聚落、古市街巷、考古遗址及其他历史文化遗迹,涵盖政治、社会、经济、教育、居舍、生活、娱乐、劳动、国防、宗教、祭祀、艺术等多方面领域,弥补文字、历史等纪录之不足。历史文化古迹是人类文明的路标,它忠实地标记着人类文明每一个时代的萌兴、发展、曲折、多彩或异变,是人类"知其自身何来""观其历史荣衰""明其往世今生"的一部"天书"。然而,近三十年来随着经济社会的迅猛发展,所有的城市正发生着剧烈的改变。现代城市的功能与结构正在逆化、灭毁和淹没着存身城市域内的历史文化古迹。更令人担忧的是,由于旧城改造和地产开发,为了追求城市用地的高容积率,获取丰厚的开发利润,很多地方不惜改变历史城市的格局和风貌,甚至直接拆除或迁走文物古迹;许多地方在历史文化遗产丰富的区域进行建设时,不按程序要求进行必要的考古发掘,取得科学资料,导致古迹永久性的损失。这些现象的泛滥,已经造成严重的后果,导致许多历史文化遗产和历史文化名城的古老空间特色和文化环境遭到破坏,有的已不复存在。郑州历史文化悠久,古迹丰厚,建设历史文化名城,以目标性抢救和固化城市历史文化古迹的方式,对城市历史文化古迹进行保护,这在当前我国城市经济模式下显得尤为重要,可以保护河南的历史文化古迹,留存华夏文明的路标。

2.传承民族优秀文化,收藏民族历史的"化石"

历史文化名城是民族历史缩影,是民族历史凝结的宝贵"化石"。在古代文明下,城市是文明的中心。"城市"是城和附属于城的"市"的合称。中国古代"城"出现很早。据对河南"平凉台"、山东章丘县"子崖"等古城的发掘和考证,发现我国自4000多年前的原始社会末期已始营筑城;古代有"夏作城"的传说。"市"是城内的交易场所,《管子·大匡》[①]中有"工贾近市";东周时,私人工商业多居于市内,有冶铁、炼铜、铸钱和骨器作坊,说明城市工商业已颇为发达。战国时,城市已开始兼有工商中心的性质。所以从"城市"的概念源生过程,即可见城市实为古代社会的经济中心。同时古代城市还是政治、军事、文化和人口中心。据史书记载,西周统治者率族众居城内,称"国人",城外为郊,郊外为鄙或野,其居民称"野人"。据说"周之所封四百余,服国八百余"[②],每国均有城市。不过西周的城市还很小,如周制"王城方九里,公国城方七里,侯伯城方五里,子男城方三里"[③]（《左传·隐公元年》孔颖达疏）。东周以后,列国兼并,大城市迭出,据近代考古发掘,春秋时齐国的临淄(今山东淄博东北),总面积达60平方公里,有11座城门,居民达七万

---

① 《管子》大约成书于战国（前475—前221)时代至秦汉时期。刘向编定《管子》时共86篇,今本实存76篇,《大匡》是其中第18篇。

② 见《吕氏春秋·观世》,《吕氏春秋》亦称《吕览》,是秦国丞相吕不韦,集合门客们共同编撰的一部杂家名著。

③ 见《左传·隐公元年》孔颖达疏,《左传》全称《春秋左氏传》,相传是春秋末年鲁国史官左丘明为解释孔子的《春秋》而作,起自鲁隐公元年(前722年),迄于鲁悼公十四年(前454年)。

户,苏秦称"临淄之途,车毂击,人肩摩,连衽成帷,举袂成幕,挥汗成雨"①。此后历代,城市的经济、政治、文化和人口中心地位不断强固。城市作为古代文明的中心,其所凝结的民族文明之精华神韵也最为丰富和完整。

保护和发展城市的历史文化是当今全世界都在关注的问题。我国以其光辉独特的历史文化屹立于世界民族之林,历史文化名城更是中华民族的瑰宝。中国古代文明是中华先祖在改造世界、发展自己的过程中创造的物质财富和精神宝藏。集中体现了在中华民族五千年文明史中人们对人生、对社会、对自然的认知、体察和感悟,充满了智慧与哲睿;体现了中华民族的心理特征、行为风格、文明开化、文化传统、品格涵养、精神风貌、价值取向。例如以人为本的人道主义精神;团结统一、爱好和平的和谐意识;忧国忧民的爱国主义思想;自强不息变革图存观念;浩然正直的道德情操;有容乃大的开放意识和博大的胸怀;天下为公、大同小康的社会理想;天人合一、自然与社会统一的和谐思想;仁爱宽恕、厚德载物的处世精神;崇尚气节、不折不屈的人格修养;敦厚守信、忠于职守的诚实态度;舍生取义、勇于牺牲的英雄精神;尊老爱幼、睦邻友好的孝道传统等。

历史文化名城是民族历史的"化石",并且是可以为今所用的"活化石"。历史文化名城有着一种一般城市不具有的良好尺度感和浓厚人情味。它往往是人文精华的所在,传统道统的弥存,这些精华和道统因历史的沉淀而越加厚重,因岁月的磨洗而越加光辉。因此,历史文化名城的建设对如何保持和延续该地区的历史文化、如何充实和满足人们的生活情感空间显得尤为重要。打造郑州国际性历史文化名城,更好地保护和发展华夏历史文化,将有机更新和有效发展相融合,使本民族璀璨的历史文化持续地发展和传承下去。

3.发展民族文化产业,做撬动本地区经济社会发展的杠杆

历史文化名城所必须具备的条件之一就是:城市长期以来一直在使用和发展着。正因为历史文化名城还在使用着,它通过文化影响力撬动区域经济社会发展的杠杆作用更不可轻视。发展经济推动了文化的发展,文化又反过来推动城市经济的发展。当今世界,文化与经济、政治相互交融,在地区综合实力竞争中的地位和作用趋于突出。随着"大文化"含金量的提高,将大大改善城市经济运行的质量,使强势文化转化为巨大的经济发展动力,并进而影响到城市域内人们的思维方式和科学素质,促进经济发展在优化结构布局、提高运行水平、增强总体实力、提升创造能力等方面取得质的进步。把郑州打造成国际性历史文化强市,其经济作用具体反映为:一是推动地区文化旅游产业及相关产业的巨大发展;二是为经济活动和产品增添文化内涵和推动力;三是培育支柱型文化产业;四是为城市经济的新一轮发展提供人力和智力支持。历史文化名城建设不仅可以保存和弘扬民族文化,增强民族的凝聚力、认同力和向心力,而且在经济政治社会方面,它对提高城市知名度,改善城市投资环境、促进旅游事业发展等都能起到重要的媒介作用。历史文化名城建设作为提升城市文化软实力的重要环节,是撬动区域经济社会发展的有力杠杆。

---

① 见《战国策·齐策》,《战国策》是汇编而成的历史著作,作者不明。

(二)郑州建设国际历史文化名城的禀赋之利

1.历史文化优势

河南,华夏肇兴之地,中华文明之根。"一部河南史,半部中国史"。"一百年看上海,一千年看北京,三千年看陕西,五千年看河南"! 上古中国建基于此,开创华夏文明,历史上数千年间为我国政治、经济和文化中心。中华文化发源于中原,文化影响力,尤其是中原"根文化"在全球影响力巨大。河南作为中华民族和中华文明的重要发祥地,五千年中华文明史中有三千年中心在河南,河南历史曾是中国历史的主流和浓缩,民族文化诸种元素于此恢宏麇聚,或哲学、政治、经济、军事、伦理,或科学、农桑、美术、音乐、舞蹈等,无不孕育生长于此。故国务院《关于支持河南省加快建设中原经济区的指导意见》[①]对河南的战略定位之一就是"华夏历史文明传承创新区"。要建立中原经济区,大力开展招商和吸引投资,发展河南经济,实现中原崛起,必须利用河南深厚而丰富的历史文化,树立根在河南的形象,着力打造郑州历史文化名城,提升河南与郑州的知名度,扩大河南和郑州的影响力,使之成为中国的圣地,"华夏文明之源",海内外中华儿女向往的地方。

郑州,是河南省省会,中国历史文化名城、中国八大古都之一,是中华人文始祖轩辕黄帝的故里,商朝开国君主商汤的亳都。郑州嵩山风景区的"天地之中"历史建筑群申报世界文化遗产项目 2010 年已经获得成功。"天下第一名刹"少林寺、我国最早的天文建筑周公测景台和元代观星台、宋代四大书院之一嵩阳书院、我国现存最大的道教建筑群中岳庙等都坐落在郑州附近。郑州周围,还有星罗棋布的古城、古文化、古墓葬、古建筑、古关隘和古战场遗址,著名历史人物轩辕黄帝、列子、子产、申不害、韩非子、郑国、张良、杜甫、白居易、李商隐等都出生在郑州所辖县市。在河南博物院,有台湾记者这样评价:"走进这里,仿佛置身华夏文明 5000 年的历史长河中。"作为文物资源大省,河南现在有各类文物古迹 3 万多处,各类博物馆 78 个,收藏各类文物 140 多万件,占全国文物总数的 1/8。当前,中原经济区建设大潮甫起,外商来豫投资、豫商回乡投资风生水起,势头正猛。借此东风,我们更需要把古老厚重的历史文化与现代文明融合起来,倚重郑州得天独厚的地域文化优势,把郑州打造成为中华文明的圣城,从而提升郑州乃至河南的影响力,促进河南旅游和经济的发展,实现中原崛起。

2.祖籍地之优势

全球华人多是由中原走出去的,河南籍华人广布全球,这是郑州建设国际历史文化名城的莫大优势。中原地区是海内外华人的主要祖根地,这赋予了郑州建设国际历史文化名城丰富的人脉资源。"无论走到哪里,我都会想起家"成为中原儿女心底永远挥之不去的声音。黄帝故里拜祖大典,来自全球的华人"认祖归宗"。河南是中华姓氏的摇篮。占汉族 84.9% 人口的姓氏起源于河南。在 2000 年人口普查中大陆 100 个人口大姓中,有 78 个姓氏的源头或部分源头在河南。伴随着历史的变迁与社会的动乱,中原人勇敢的走向四方。今天,无论是李、王、张、刘为代表的中华四大姓,还是林、陈、郑、黄为代表的南方四大姓,其根均在河南。中原,就是海内外无数游子魂牵梦绕的根。能够参与每

---

① 《国务院关于支持河南省加快建设中原经济区的指导意见》,国发〔2011〕32 号.

年的拜祖大典,是所有中华儿女的荣幸,姓氏文化是河南独有的文化。中原文化强调饮水思源、慎终追远,注重崇拜祖先、依恋故土、桑梓之情,是华人恋土归根的本根意识的精神纽带。叶落归根、老家河南、中原热土、河洛文化像一块巨大的磁石,深深吸引着和这块土地有着血脉联系的黄河儿女……正如省委副秘书长安伟认为的,中原文化的优势包括历史文化、民俗文化等众多方面,尤其是近来越来越被大家认识的根文化,在全国是独一无二的。我们要突出根文化、思想文化、姓氏文化等中原文化的传承弘扬,建设全球华人寻根拜祖圣地,进一步提高中原文化影响力,增强中原的磁吸力,这是我们郑州建设国际历史文化名城的最显著的独特优势。

3.地域区位优势

中原乃华夏腹地,天地之"中",连东接西,承南启北,联动作用很大。作为河南省的省会郑州市位于我国中东部,黄河中下游,黄淮海平原的西南要冲。全国南北两大铁路系统在此汇流。这种特殊的位置,在全国的发展布局上都属中心地带,中国经济发展的东西联动、南北沟通,郑州都是"必经之地"。这种区位优势,提升了我们的交往筹码。

郑州市地处我国东西结合部,京广、陇海、京九等铁路干线纵横交错,新开通的从我国江苏连云港至荷兰鹿特丹港的亚欧大陆桥横穿市区而过,是亚欧大陆桥东端最大的客货转运站。郑州北站是亚洲最大的货运编组站,中转吞吐能力和作业手段已达到世界一流水平,通过铁路出口的商品可以在郑州直接联检封关。郑州东站是国务院批准设立的我国内陆一类口岸,是全国最大的集装箱中转站之一,五条国际集装箱运输线路从郑州直通上海、九龙,连云港、天津、青岛港口。郑州新郑国际航空港出口货运量在中国国内机场的排名已位列七强,已成为中国货运通往印度、中东、非洲区域最主要的通道和运力最大的机场之一。目前已有 DAS 货运航空公司、MK 航空公司、约旦皇家航空公司、阿联酋联合航空公司 4 家开通直航的航空公司。它们与 15 家国际航空公司一起形成了覆盖南亚、中东、非洲、独联体、欧洲的航空市场网络。从郑州启运货物可直航运抵印度的马德拉斯、孟买、加尔各答,阿联酋的迪拜,哈萨克斯坦阿拉木图,尼日利亚拉各斯,孟加拉国达卡,乌干达恩德培,肯尼亚内罗毕和卢森堡等世界各主要航空港。这种中心区位和交通之便,有利于外部了解郑州和打造郑州世界性历史文化名城。

4.天下粮仓优势

河南是我国重要的农副产品产区之一,素有"天下粮仓"之称。农田越亿亩,主要种植的粮食作物有:小麦、稻谷、玉米、大豆、绿豆、红薯等。主要种植的油料作物有:花生、芝麻、菜籽等。粮食产量、小麦、芝麻产量居全国第一位;棉花、油料、烟叶产量居全国第二位。林果资源比较丰富,苹果、大枣、板栗、猕猴桃、西瓜等有较高声誉。中药材也久负盛名。全省植物约 1700 种,经济价值较高的用材树种有泡桐、马尾松、华山松、栓皮栎、杉木、油松、五角枫、水曲柳、杨、榆、槐等。畜牧业比较发达,大牲畜畜栏居全国首位,肉类产量居全国第三位。南阳黄牛、泌阳驴、固始鸡、密县寒羊、周口槐山羊等家家畜,久负盛名。河南的粮食产量常年稳定在 4000 万吨以上,棉花、油料、水果、烟叶、肉类等主要农畜产品产量多年来稳居全国前三位。近年来,河南以建设全国优质专用小麦生产加工基地和畜产品生产加工基地为重点,大力推进农业结构战略性调整,初步形成了区域化布局、规模化种植的格局。蔬菜、瓜类、药材、花卉等经济作物和特色农作物种植面积稳步扩大。畜牧业快速发展,农副产品深加工迅速发展,农业产品供给全国的能力不断增强。民以食为天,作为"农耕文明"的中心地带,这种"粮仓"的地位有利于博得中央的支持和重视,这种依然作为农耕文明中心地带的丰厚的"农耕文明资源"(中国古代文明系典型之农耕文明)对开展历史文化名城建设工作也颇为便利。

(三)郑州建设国际历史文化名城的战略布局

河南独特而丰富的历史文化,是中原经济区建设的软实力和重大优势,应把灿若繁星的众多河南历史文化名人和厚重丰富的历史文化凝缩固化、物化起来,儒、道、释文化也应展现,重现"华夏文明之源",使河南的历史文化俯拾皆是,交相辉映,在街道、广场随处可见,使之成为看得见、摸得着的东西,于润物细无声中陶冶着民众的情操,以强烈的文明张力传承着民族的传统,从而使郑州成为海内外中华儿女向往的地方,成为全球华人寻根、朝觐、拜祖、投资、旅游的热土。战略布局主要有:

1.打造历史文化景区长廊

在郑州市新建广场、街道、地铁站、社区、风景点、河道、湖泊等应以河南的历史文化名人和重要山川河岳命名,使郑州市具有浓郁的历史文化氛围。

设立河南历史文化名人雕塑广场,弘扬河南优秀文化。这些历史文化名人出生于河南或对河南有重大历史影响,如华夏人文始祖黄帝、炎帝,大哲学家老子、庄周、墨子,大科学家张衡、张仲景,民族英雄岳飞、史可法,大法师玄奘,画家吴道子,大政治家范蠡、百里奚、李斯、商鞅、韩非子、张良、晁错、贾谊、桑弘羊,大文学家韩愈、杜甫、李贺、阮籍、庾信、蔡文姬、崔浩、李商隐、元稹、刘禹锡、白居易等等。

设立姓氏文化一条街、建立各姓氏代表性人物雕塑,姓氏来源演变壁画、文字说明等,使姓氏文化发扬光大。

设立文学历史文化一条街、成语典故文化一条街、商业历史文化一条街、农耕历史文化一条街、科技历史文化一条街等。在这些街上,建雕塑、壁画、雕刻、绘画等,彰显历史文明传承。

2.复兴古都文化,发展古都文化产业

借鉴成都"宽巷子、窄巷子"古城建设等,复兴郑州和河南部分著名古都或民俗风貌,依托商都历史,打造古商都历史文化街区,在商城遗址附近做泥街酒巷,作为郑州古都文化的复兴工程,刻录城市历史沉淀;借鉴哈尔滨"中央大街"建设,打造郑州特色街区,展示博大精深的中原文化,并利用独有的文化元素创造经典的文化产品,造就高人气指数、高观赏性、高收益率和强带动功能的优势中原文化产业,从而辐射带动传媒、设计、旅游、公关及教育、体育、娱乐等行业和地区经济快速发展。

3.打造郑州新郑市区黄帝故里朝圣大道和郑州始祖山(具茨山)黄帝寻根拜祖圣地

"具茨绵绵 溱洧洋洋 圣山圣水 蜿蜒荡荡 少典之子 兹诞兹长 号曰轩辕 以德而王"[①]。新郑是中华民族人文始祖黄帝的诞生地和发祥地,有着独一无二的祖始文化的积淀和传承,利用郑州新郑市黄帝文化丰厚的遗存,在新郑市打造黄帝故里朝圣大道,全方

---

① 引自2014年4月2日河南新郑拜祖大典拜祖文

位展现中国上古文化的崇高浩荡,重建世界华人的精神家园,有着重要的意义;利用始祖山(具茨山)独特的黄帝历史文化遗存,对始祖山建筑进行整体规划,仿"中山陵"和故宫皇家建筑风格,把始祖山建设成为炎黄子孙血脉相连的根亲"圣山",并建立根亲文化及华夏名人博物馆,使这里成为海内外中华儿女探亲寻根、朝圣拜祖的东方"麦加"圣地,将产生不可固量的价值和影响。

4.打造郑州的根文化城市精神定位

城市精神定位有两个基本依据:第一,面对竞争的定位往往需要通过差别化战略,突出其独特性,这就要求我们客观分析一个城市的文脉和地方性,以了解它与其他城市之间的差异;其次,定位是人们心理的活动指向性,即区域内民众的心理倾向,这既是城市精神定位起点,又是终点。一般而言,城市精神定位的倾向风格形成取决于自身独特的自然背景和文化景观。郑州的自然背景分布属于在我国寻常可见的温带季风区自然景观,不像桂林、昆明、西双版纳那样风景独具。因此,自然背景不能代表郑州最鲜明、最独特的个性,不是构成郑州景观文脉的决定因素。相比之下,根文化是影响郑州城市精神的主要因素。放眼全球,世界其他古都名城如伦敦、巴黎、莫斯科、东京等只有不到 200 年历史,罗马历史较长,也只能追溯到公元前 7 世纪的几个聚落。而且 郑州作为华夏肇兴地的文明史可追溯到公元前 20 世纪左右的夏商时代;与之相比,埃及、巴比伦、印度等文明古国的文化都曾出现过中断。对比大量世界历史文化名城,都不具有郑州独特的文脉、悠久的历史、浓重的文化景观,中国 100 多个大姓有 70 多个诞生在以郑州为中心的中原河南,郑州几千年来沉淀的文化脉搏伴随着现代城市发展而跳动。华夏盛世京都文化与中原根文化是其文化定位的两个支点。

5.打造郑州为世界级非物质文化遗产中心

联合国教科文组织在《国际文化遗产公约》(以下简称《公约》)中对"非物质文化遗产"的定义是:非物质文化遗产(The Intangible Cultural Heritage)是指被各群体、团体、有时为个人视为其文化遗产的各种实践、表演、表现形式、知识和技能及其有关的工具、实物、工艺品和文化空间。《公约》根据这一定义,指出"非物质文化遗产"包括以下六个方面:

①口头传说和表现形式以及节庆活动,包括作为非物质文化遗产媒介的语言;

②表演艺术;

③社会实践、仪式;

④有关自然界和宇宙的知识和实践;

⑤传统手工艺;

⑥与上述表现形式相关的文化空间。[①] 对于非物质文化遗产除了保护和研究之外,还必须重视继承和弘扬,因为非物质文化遗产与文物的保护不一样,它不是固定的,而是要发展的。对于历史文化名城的文化系统而言,城市和建筑遗产可归为城市物质文化系

---

① 《保护非物质文化遗产公约》于 2003 年 10 月在联合国教科文组织第 32 届大会上通过,旨在保护以传统、口头表述、节庆礼仪、手工技能、音乐、舞蹈等为代表的非物质文化遗产。《公约》于 2006 年 4 月生效。

统。城市物质文化系统体现着一定历史时期的生产力发展水平,反映了人和城市、建筑及其环境的关系。一般的表现形式为:历史街区、钟鼓楼、寺庙祠堂、民居、牌楼等建筑及其环境。而非物质文化遗产可归为城市精神文化系统。城市精神文化系统体现着城市人们心态及其观念上的反映,体现着人们的价值观念。这其中最重要的就是城市中的传统音乐、传统舞蹈、传统戏剧、传统曲艺、传统杂技与竞技、传统美术、雕塑、传统手工技艺、民俗等非物质文化遗产。非物质文化遗产传承着民族的精神,承载着历史的信息,见证着某些重大的历史事件和历史活动,展示着文献记载可视的、具体的时间坐标和空间坐标,丰富和完善了文献资料的记载。郑州作为中原文明的中心地带,非物质文化遗产宏博丰厚,大到城池殿宇,小到剪纸泥狗的玩物工艺,浩繁广博,不胜枚举,打造郑州为世界级非物质文化遗产的一块中心地,应作为郑州历史文化名城建设的重要考量。对于大多数历史文化名城而言,追求可持续发展中的各种物质资源如:城市、建筑、文物、遗迹等都做得较好,而对于其中蕴含的极其丰富的非物质文化遗产却涉及较少。因此,发掘、整理和弘扬历史文化名城中的具有地域特色的非物质文化遗产,是历史文化名城保护的重要方面之一,也是历史文化名城发展战略上更上新台阶的标志。鉴于此,要在郑州建立非物质文化遗产数字博物馆、非物质文化遗产项目数据库、非物质文化传承展示中心、非物质文化遗产研究基地,支持开展具有中原浓郁特色的民俗文化活动,吸引全社会的广泛参与,使非物质文化遗产在当代发扬光大。

总之,利用郑州市古城风貌浓郁、文物遗存丰富、城市格局悠久的优势,把郑州建设成为国际历史文化名城,打造郑州为国家级优秀文化遗产传承展示基地和世界级非物质文化遗产中心,打造历史文化景区长廊,复兴古都文化,发展古都文化产业,打造郑州黄帝故里朝圣大道和始祖山(具茨山)黄帝寻根拜祖圣地,打造郑州的根文化城市精神定位,大力推进河南博物院、郑州市及所属市县博物馆建设,并充分利用现代科技手段,通过文物景观展示、历史场景再现、时空角色体验等使文化遗产从抽象到具象、从平面到立体,从静态到动态,让历史走向现实人间,调动人们的观赏兴趣,激发对历史文明的向往和热爱,大力扶持文化产业发展,打造更多更优秀的中原文化品牌,使郑州古今文明交相辉映,商都古韵个性鲜明,成为蜚声中外的华夏历史文明传承区、朝拜圣城和旅游胜地,将对中原经济区的建设、河南的繁荣发展产生重大影响。

二、打造洛阳国际文化旅游名城

(一)历史机遇——提出建设国际文化旅游名城

1.河南省第十次党代会的胜利召开

2016 年 10 月 31 日至 11 月 4 日,中国共产党河南省第十次代表大会胜利召开。大会审议通过了谢伏瞻同志在中国共产党河南省第十次代表大会上作的题为《深入贯彻党中央治国理政新理念新思想新战略,为决胜全面小康、让中原更加出彩而努力奋斗》的报告。报告立意高远、主题鲜明,系统全面、重点突出,结构严谨、文风朴实,对未来五年我省的发展提出了明确的目标,在多个方面有着明确的表述,值得我们字斟句酌地认真学习。

2.报告中关于旅游业发展的具体表述及意义

报告明确提出要"突出发展旅游业,推进全域旅游,打造一批旅游名城和精品旅游带,建设国际知名旅游目的地和全国重要的旅游集散中心"。虽然短短 50 个字,但很振奋人心,以前所未有的篇幅、前所未有的高度对未来五年全省旅游业的发展指明了方向,提出了具体要求。这说明新一届省委高度重视旅游业的发展。具体到洛阳,我们这个历史文化名城,省党代会报告明确提出:"巩固提升洛阳中原城市群副中心城市地位,建设全国重要的现代装备制造业基地和国际文化旅游名城,推动豫西北各市与洛阳联动发展,形成带动全省经济发展新的增长极。"首次提出要将洛阳打造成为"国际文化旅游名城",这表明我市提出的"国际文化旅游名城"得到了省委的肯定和认可,不仅仅是洛阳自身的发展目标,更是省委从全省大局出发对洛阳的定位,是作为带动全省经济发展新的增长极的定位。这是省委明确洛阳发展新的战略定位,是省委对洛阳寄予的厚望,是洛阳广大干部群众的期盼,也是洛阳旅游发展新的重大机遇。

3.国际文化旅游名城的内涵

据不完全统计,近年来我国已有北京、上海、西安、深圳、三亚、桂林等 50 多个不同量级和类型的城市相继以不同的名称和方式提出建设国际旅游城市、世界旅游城市、国际旅游目的地等战略构想,但什么是国际旅游城市,什么是国际文化旅游名城,目前并没有一个统一的标准和概念。

要回答什么是国际文化旅游名城,首先要对国际城市和国际旅游城市的功能进行区分,国际文化旅游名城是国际旅游城市的范畴,国际旅游城市是国际城市的一个重要分类。

国际城市根据其主要功能的多少可以分为综合型国际城市和专业型国际城市,前者的国际性功能全面,在国际政治、经济、科技、文化等多个领域都具有控制功能和中心地位,比如巴黎、东京、中国香港。以巴黎为例,巴黎不但是法国首都,具有政治功能,同时还是法国的经济中心,还是国际时尚之都、时装之都,最重要的是巴黎还是顶尖的国际旅游城市。这是综合性的意义。

专业性国际城市只在某一方面或某几方面功能突出,在国际相关领域具有控制功能和中心地位,比如新加坡、罗马、火奴鲁鲁、维也纳。提到罗马,我们不由自主就想到大斗兽场,提到火奴鲁鲁就是海滩、游轮和旅游风情,这些都是专业型旅游城市。不论是综合型还是专业型国际城市,都是知名的国际旅游城市。

因此,国际文化旅游名城,首先是一个具有旅游功能的国际城市,同时又要具有文化功能。

厘清了上述关系后,我们首先回答什么是国际旅游城市,国内周玲强教授给出了目前较为有影响的概念:"国际旅游城市是经济、社会发达,旅游资源丰富,资源品位高,具有超国界吸引力,城市综合环境优美,旅游设施完善配套,旅游产业发达并成为城市主要支柱产业,国际国内游客数量众多,在国际上具有较高知名度的国际性城市。"

回答了什么是国际旅游城市,我们再来看到底应该怎么定义国际文化旅游名城。综合上述国际城市功能区分和国际旅游城市的概念,以城市功能学为理论基础,我们对国际文化旅游名城进行如下解读和定义:

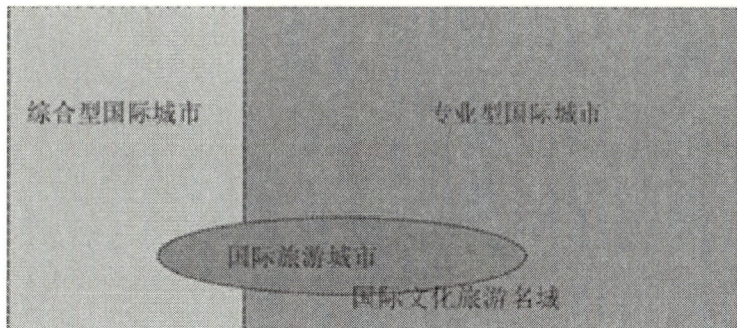

图1 国际文化旅游名城和国际旅游城市、国际化城市的关系图

①"国际"是对城市能级的定位,国际城市即具有国际影响力的城市。

②"文化"是对城市底蕴的表述,文化城市即具有历史文化底蕴的城市。

③"旅游"是对城市能性的确定,旅游城市即旅游功能突出的城市。

④"名城"是对城市影响的描述,知名城市即在国内外具备一定知名度的城市。

综上,我们将国际文化旅游名城定义为:文化底蕴厚重且具有国际知名度,旅游功能显著、体系完备、符合国际标准且在城市功能中占据主导地位,同时这种功能辐射范围波及许多国家和地区的城市。

(二)辉煌起点——为何建设国际文化旅游名城

习近平总书记强调,旅游业是综合性产业,是拉动经济发展的重要动力。博鳌亚洲论坛 2016 年年会开幕式上,李克强总理指出"旅游业形成了融合一二三产业的综合产业,已不同于传统旅游业"。在 2016 年的《政府工作报告》中,李克强总理指出"迎接正在兴起的大众旅游时代"。旅游业越来越受到党和国家领导人的重视,旅游业到底发展得怎么样?国际上(全球和亚太地区)发展态势是什么样的?中国和洛阳又是什么样的发展状况?

回答上面的问题、回答为何建设国际文化旅游名城,其本质是回答建设国际文化旅游名城的驱动力是什么。

1.驱动力之一:国际、国内旅游发展大势所趋

(1)1995—2015 国际旅游接待人次逐年递增

自 1995 年有统计的数据来看,国际旅游人次 20 年来总体呈现逐年递增的态势,只发生在"非典"和"金融危机"等不可抗力事件时出现增速下滑情形,而后迅速攀升。近些年旅游呈高速增长态势,尤其是 2010 年以来,国际旅游人次呈高速增长,连续第六年以每年 4％以上的速度出现增长,20 年来国际旅游人次逐年增长趋势如下图 2 所示。

(2)1995—2015 亚太地区旅游接待人次及收入逐年递增

自 1995 年有统计的数据来看,亚太地区旅游接待人次呈持续递增态势,2010 年以来增速加快,尤其是旅游收入增速强劲,如下图 3 所示 20 年来增长趋势。联合国世界旅游组织最新预测,2016 年,亚太地区仍将保持强劲增长,估计增速将达 4％～5％,从长期来看,亚太地区将会是世界上国际旅游接待人数增长最快的地区,预计到 2030 年,亚太地区国际旅游接待将达到 5.35 亿人次,年均增速在 4.9％以上。

World: Inbound Tourism
International Tourist Arrivals   (million)

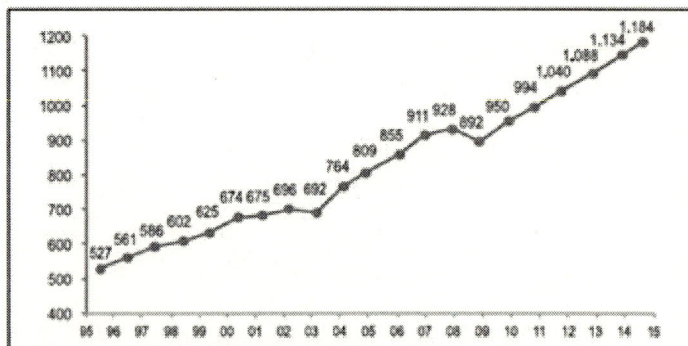

Source: World Tourism Organization (UNWTO) ©

Figure 2¹ International Tourist Arrivals in about twenty years

(3)2009—2015 年中国国内游接待人次两位数增长

中国国内游游客数量呈逐年递增发展态势,2008 年金融危机之后,中国国内游人次数自 2009 年的 19.02 亿人次增加到 2015 年的 40 亿人次,2009—2015 年间,中国国内游年均增长约 3.5 亿人次,国内游增长率始终保持两位数增长,年均增长率达 11.2%,如表1、图 4。

年份	国内游（亿人次）	增长额（亿人次）	增长率
2009	19.02		11.10%
2010	21.03	2.01	10.60%
2011	26.41	5.38	13.20%
2012	29.57	3.16	12.00%
2013	32.62	3.05	10.30%
2014	36.11	3.49	10.70%
2015	40.00	3.89	10.50%
平均值		3.50	11.20%

表 1 2009-2015年我国国内游人次和增长率

图 4 2009-2015 我国国内游客数量增长态势图

2.驱动力之二:"数说"洛阳旅游发展辉煌十年

最新统计数据(不完全)显示,2016 年,全市共接待游客 1.142 亿人次,同比增长 9.5%。其中,接待入境游客 115 万人次,同比增长 14.5%;旅游总收入达 905 亿元,同比增长 16%。

第一个词叫作辉煌起点。洛阳旅游十年来发展情况到底怎么样? 我们用 6 组数据来"数说"洛阳旅游十年辉煌历程。

(1)2005—2015 年洛阳旅游接待人次快速增长

洛阳旅游接待总人次在 2005—2015 年间呈逐年递增态势,洛阳旅游接待总人次自 2005 年的 2144.67 万人次增长到 1.043 亿人次,2005—2015 年间,洛阳旅游接待总人次年均增长率为 17.73%,年均增长 153.21 万人次。

我们与国际情况做一对比,同时期世界旅游接待人次增长率平均约在 4.2%,亚太地区旅游接待人次增长率平均约在 8.58%,洛阳旅游接待人次增长率平均约为 17.73%。

图 5 2005-2015 洛阳旅游接待总人次增长态势图

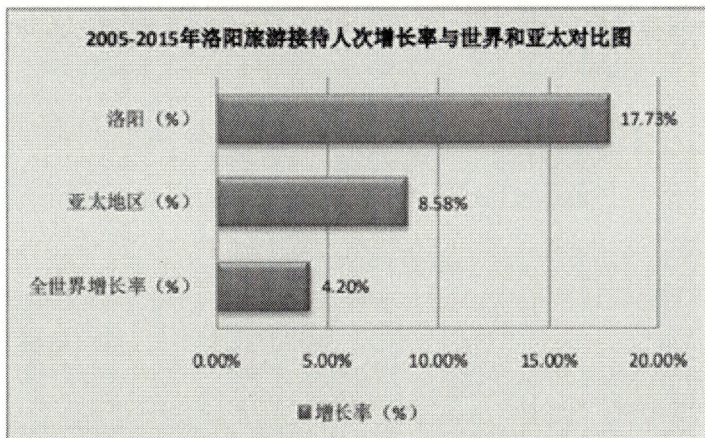

图 6 2005-2015 洛阳旅游接待增长率与全世界和亚太地区对比图

下面我们结构层面做一分析,分别看一下国内和国外的接待游客人次,2005—2015年洛阳接待国内游客总人次由2130.84万人次增长到1.329亿人次,年均增长率为17.85％,年均增长745.34万人次。2005—2015年洛阳接待入境游客总人数由2005年的13.83万人次增长到2015年的100.42万人次,年均增长率为24.99％,年均增长7.87万人次,具体如下图7、图8。

图7 2005-2015洛阳接待国内游客总人次增长态势图

图8 2005-2015洛阳接待入境游客总人次增长态势图

(2)2005—2015年洛阳旅游收入增长强劲

洛阳国内旅游总收入在2005—2015年间呈逐年递增态势,洛阳旅游总收入自2005年的104.77亿元增长到2015年的780亿元,2005—2015年间,洛阳旅游总收入年均增长率为23.03％,年均增长61.4亿元。

2005—2015年间洛阳国内游总收入从101.32亿元增加到761.34亿元,年均增长率为23.04％,年均增长约60亿元,如下图10。

2005—2015年间洛阳旅游外汇收入从4204.32万美元增加到30900万美元,年平均增长率为26.04％,年均增长约2426.88万美元,如下图11。

图 9　2005-2015 洛阳旅游总收入增长态势图

图 10　2005-2015 洛阳国内游总收入增长态势图

图 11　2005-2015 洛阳旅游外汇收入增长态势图

3.驱动力之三：旅游投资的驱动

2016 厦门国际投资洽谈会上谈到旅游是最好的投资,并给出了五个理由：

①旅游投资是国家的产业方向

②旅游是最长寿的投资

③旅游是最环保的投资

④旅游是能发财的投资

⑤旅游是最富民的投资

在谈到旅游是一个能发财的投资时,王健林以澳大利亚黄金海岸为例,黄金海岸拥有 53 公里长的细沙,五十多年前黄金海岸的价值被发现后,就有人开始投资了,后来慢慢形成一个城市,成为一个纯粹因为旅游投资而拔地而起的新兴城市。2015 年,黄金海岸的过夜人次是 2160 万,人均 8.3 夜,稳居近十年来"世界十大旅游目的地"之列,也带旺了一个州。

(1)全球旅游和旅行吸引的资本投入逐年递增

2015 年全球旅游和旅行吸引的资本投入为 7746 亿美元,占国民总投资的 4.4%;预计 2016 年涨幅为 4.7%,预计到 2026 年年均增幅 4.5%,达到 12542 亿美元,占国民总投资的 4.7% 左右,如下图 12 所示。

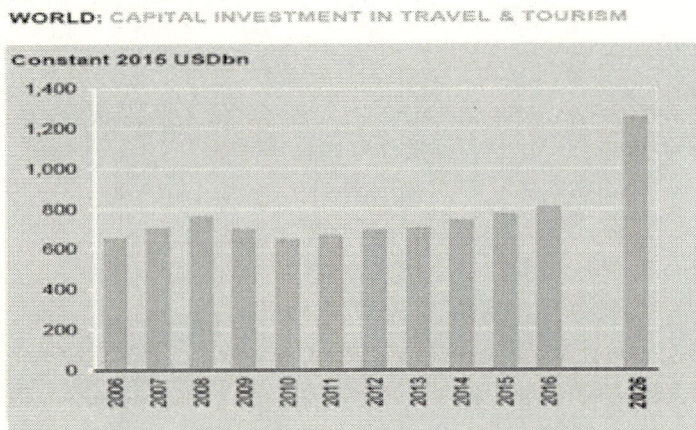

Figure12 ® WORLD: CAPITAL INVESTMENT IN TRAVEL & TOURISM

(2)中国旅游投资步入爆发式增长期

虽然经济下行压力加大,然而旅游业发展却处在黄金期,旅游投资的洼地效应开始显现,我国旅游投资自 2011 年的 2064 亿元增长到 2015 年的 10 072 亿元,预计 2016 年完成旅游投资 12 500 亿元,预计到 2020 年全国旅游投资将达 20 000 亿元。

2015 年旅游投资同比增速达 42%,根据全国旅游业投资报告,全国旅游业完成投资增速和房地产投资增速相比,2014 年高出 21 个百分点,2015 年高出 41 个百分点。

纵观洛阳,旅游投资持续火热,中华洛书苑国际文化旅游度假区、偃师玄奘之路、宜阳河洛水乡、平乐观文化旅游综合体、太阳城养生养老度假区项目等一批旅游项目签约落地,签约亿元以上旅游项目 22 个,其中 10 亿元以上项目 8 个,总投资额约 239 亿元。

(3)旅游投资潜力巨大

看了上面的数据我们不禁要问,为什么旅游投资会出现爆发式增长的情况?原因有哪些?

图13 2005-2015 洛阳旅游外汇收入增长态势图

原因 1.旅游需求刺激旅游投资增长

据测算,当一国的人均 GDP 达到 5000 美元时,这个国家将步入休闲时代,而根据国际货币基金组织发布的数据显示,2015 年中国人均 GDP 为 7990 美元,现在的中国已经进入休闲社会。

这一时期的旅游需求将会呈现爆发式增长,这一点从中国出境游人次可以看出。我国公民出境旅游人数自 2009 的 4765.63 万人次增长到 2015 年的 1.17 亿人次,年均增长 14.45％,如下图 14 所示。根据文化和旅游部发布的报告显示,2016 年上半年有 5900 多万中国游客出境旅游。

图14 2009-2015 年我国出境旅游人次及增长率

习近平主席 2016 年 12 月份在亚太经合组织(APEC)工商领导人峰会上发表主旨演讲时指出,预计未来 5 年,中国出境旅游将达到 7 亿人次。尤其是"中国人境外消费达千亿!""中国游客境外血拼"等等字眼其实都是在对社会资本的刺激。

上面的数据和内容,都在指向一个事实:中国游客有着巨大的旅游需求! 投资旅游大有可为!

原因 2.中国游客的旅游支出潜力巨大

中国人均收入是美国的六分之一,但中国人的旅游支出只是美国的十五分之一,欧洲的二十分之一,相比之下旅游方面的支出还太少,欧美国家的现在就是中国发展的未来,中国旅游人均支出会逐步向着欧美国家靠近,从旅游支出的角度来看,旅游投资空间、增长空间巨大。

4.驱动力之四:旅游资源、产品和产业优势驱动

(1)资源优势

说到优势的时候,几乎人人都会说洛阳旅游资源丰富,但洛阳到底都有哪些资源?按照文化和旅游部《旅游资源分系统及其基本类型特征项目研究》中新拟定的分类系统的标准,洛阳旅游景观类型齐全,在自然景系、人文景系 8 大类 87 种类型中,洛阳共有 81 类,如下表所示。

(2)产品与产业优势

洛阳旅游产业经过近年来的快速发展,已经具备了相当规模,在全省乃至整个中部地区都位居前列。

目前,全市共有 A 级旅游景区 41 家(其中 5A 级 5 家,4A 级 18 家,3A 级 13 家,2A 级 5 家),其中 5A 和 4A 级景区数量在全国地级城市中位居前列。

旅游集团 5 家,旅行设 87 家,各类住宿设施 5000 余家,其中星级饭店 63 家,总床位 24 万余个。

市县旅游融为一体,全域旅游蓬勃发展。栾川、嵩县、孟津和洛龙区成功创建国家全域旅游示范区。全市 9 个县区 220 个村入选全国乡村旅游扶贫重点村,有 3 个全国休闲农业与乡村旅游示范县,2 个全国休闲农业与乡村旅游示范点,4 个中国乡村旅游模范村、40 个全国"金牌农家乐",乡村旅游经营单位 2400 多家,休闲农业园区和休闲农庄 400 多个。

全市旅游商品生产(销售)企业达 301 家,形成了 39 大类、2000 多个品种的旅游商品体系。

全市旅游直接从业人员 10 万人,间接从业人员 50 万人。

5.驱动力之五:品牌、市场、环境和体制机制优势驱动

(1)品牌优势

"千年帝都、牡丹花城、丝路起点、山水洛阳"等旅游主形象已经深入人心。

我市先后入选中国旅游城市国际影响力 20 强、国际知名休闲旅游胜地、全国旅游标准化示范城市、全国"厕所革命"先进市、"最美中国榜"文化魅力特色魅力旅游胜地、"90后最爱目的地"、中国旅游商品大赛银奖、全国休闲农业乡村旅游示范市、全省旅游系统先进集体、全省旅游项目建设及招商引资工作先进单位、全省旅游厕所建设管理工作先进单位、全省旅游宣传推广工作先进单位、"美丽中国"十佳智慧旅游城市、河南智慧旅游创新城市、"一带一路"旅游推广城市 TOP10 等荣誉,初步形成了四季有节会、四季看牡丹、四季能滑雪、四季泡温泉的旅游产品格局。

历史文化游、生态休闲游、牡丹文化游等九大旅游品牌在国内外具有了较高的美誉度、知名度。

(2)市场优势

经过多年的宣传经费投入,洛阳作为知名旅游城市在国内市场已初步具有较高的知

类型	旅游资源
古城遗址	二里头遗址、东周王城遗址、汉魏故城、隋唐东都城、滑国故城、新安函谷关遗址、尸乡沟商城遗址、韩都宜阳故城。
石窟	龙门石窟、水泉石窟、西沃石窟、万佛山石窟、铺沟石窟。
博物馆	洛阳博物馆、洛阳关林管理处、洛阳古代艺术博物馆、洛阳周王城天子驾六博物馆、洛阳民俗博物馆、洛阳周公庙博物馆、八路军驻洛办事处博物馆、洛阳匾额博物馆、洛阳博物馆新馆。
人类活动遗址	王湾文化遗址、孙旗屯文化遗址、矬李文化遗址、北窑旧石器遗址、东马沟遗址、尤家湾遗址、丝路起点。
碑碣石刻	千唐志斋、西晋辟雍碑、关林石刻艺术、祝山圆柏石刻、升仙太子碑、偃师碑林、平等寺造像碑、大宋新修会圣宫碑、大唐三藏圣教序碑、虎头寺石窟、牛心山石牌坊、孔子入周问礼碑、洛出书处碑、福王府石狮。
宗教祭祀	僧寺、香山寺、灵隐寺、吕祖庵、上清官、下清官、观音寺、灵山寺、白马寺、大觉寺、祖师庙、周公庙、关林、河南府文庙、邵雍祠、吕祖庙、伊尹祠、庆安禅寺。
古建筑	山陕会馆、二程故里、五花寺塔、潞真观、洛阳安国寺、奉国寺大殿、城隍庙、洛阳文峰塔、颜家坡民居、玄奘故里、伊川书院、张氏节孝坊。
古墓葬	邙山古墓群、太子冢墓、范仲淹墓、二程墓、汤墓、汉光武帝陵、原梦陵、杜康墓、白居易墓、邵雍墓、壁画墓、元叉墓、魏明帝高平陵、皇陵南兆域、姚崇墓、苏秦墓。
近现代重要史迹及代表性建筑	八路军驻洛阳办事处旧址、吴佩孚司令部旧址、洛阳博物馆主楼楼、张钫宅院、抱犊寨、靳家楼。
康体休闲度假（村）区	银杏山庄、凤阳山庄、梦桃源温泉村。
体育健身场馆	洛阳市体育馆、西工体育场、各厂矿企业所属体育场馆。
名人故里	玄奘故里、李贺故里、二程故里、鬼谷子故里、王铎故里、邵雍故里。
特色街区	老城历史文化街区、涧西工业遗产历史街区。
城市公园	洛浦公园、王城公园、西苑公园、南关公园、牡丹公园。
旅游节	牡丹花会、小浪底观瀑节、河洛文化旅游节、伏牛山滑雪节、西泰山杜鹃花节。
庙会	洛阳关林朝圣大典、宜阳灵山庙会、玄奘信俗、牛心山信俗、福昌庙会、老君山庙会、姜公庙会。
知名企业	中国一拖集团公司、洛阳LYC轴承股份有限公司、洛阳铜加工集团有限责任公司、中信重机洛阳实业有限公司、洛阳市工艺美术陶瓷工业总公司、洛玻集团、洛阳栾川钼业集团、洛阳单晶硅有限公司、杜康酒厂。
特色餐饮	洛阳水席、新安县烧饼角、洛阳小街锅贴、豆腐汤、牛羊肉汤。
文娱	河洛大鼓、硪旗铰子舞、南庄木偶戏、洛阳小调曲、寒山唢、洛阳海神乐、大里王狮舞、高跷、铁路桥遵嘉年华、隋唐马戏城、功夫讲九卷。
水工建筑	小浪底水利枢纽工程、西霞院水库、陆浑水库、故县水库、林庄水库、寺河水库、段家沟水库。
山脉山体	小秦岭、崤山、熊耳山、外方山和伏牛山。
河流	黄河、伊河、洛河、白河、汝河、漭河、洞河。
森林公园	白云山国家森林公园、龙峪湾国家森林公园、花果山国家森林公园、及龙山森林公园、青要山国家森林公园、神灵森林公园、天池山森林公园、郁山森林公园、周山森林公园、龙门森林公园、花果山国家森林公园。
自然保护区	洛阳熊耳山自然保护区、老君山自然保护区、黄河湿地水禽自然保护区、伊洛河湿地保护区、青要山自然保护区。
牡丹园类	中国国花园、隋唐遗址植物园、国际牡丹园、国家牡丹园、国神州牡丹园、洛阳牡丹园、洛阳国花园、白云山高山牡丹园、鸡冠洞牡丹园。
地质类	伏牛山地质公园、黛眉山地质公园、神灵寨地质公园、汝阳恐龙化石群地质公园、栾川恐龙化石群遗址、鸡冠洞。
自然标志地	黄河中下游分界线。

表2 洛阳旅游资源门类表

名度。尤其是每年投入巨资在央视做广告，推进了洛阳城市知名度的稳步提升，在国内初步形成了周边城市圈、京津唐、珠三角、长三角、中南地区等持续增长的客源群体。

加强国际宣传营销，打造国际品牌。

2016年2月17日至19日，2016年亚太旅游协会（PATA）探险旅行与尽责旅游大会暨交易会在泰国清莱举行,洛阳作为 2017 年亚太旅游协会(PATA)探险旅行与尽责旅游大会暨交易会承办方,获 PATA 独家邀请出席会展并举办旅游推介活动。

2016 年 3 月,旅游部门到瑞典、芬兰、德国等欧洲国家开展洛阳旅游专题推介,在北欧地区掀起了洛阳风。

2016 年 7 月,赴长三角地区推介旅游,考察旅游项目。

2016 年 9 月,举行 2016 年河洛文化旅游节新闻发布会暨秋季旅游推介会,走访省内17 地市以及北京、上海、广州、杭州、长沙、成都、南京等主要客源地。

2016 年 11 月,在泰国乌隆等地开展洛阳旅游推介,在东南亚、北欧地区等主要旅游客源地掀起了洛阳热。

系列活动提升旅游形象,成功举办了具有较高影响的活动。

①2016 洛阳首届端午节龙舟大赛

②2016 中原旅游商品博览会暨"老家礼物"旅游商品大赛

③全国旅游标准化高峰论坛

④丝绸之路经济带发展合作大会旅游发展合作对接会

⑤"全媒体寻乡村大咖,洛阳游找民间高手"

⑥洛阳旅游大数据解读暨智慧旅游网络营销培训会

⑦大美洛阳全国征文大赛

⑧洛阳旅游宣传语征集等活动

通过与具有一定影响力的宣传媒介合作开展境外宣传,来洛阳国际游客保持持续增长。初步形成了日韩、欧美、东南亚、中国港澳台等成熟稳定的客源市场。

(3)环境优势

城市旅游环境不断优化。近年来,市委、市政府始终围绕把洛阳建设成国际文化旅游名城这一目标,着力打造成中原经济区旅游目的地和旅游集散地,强力推进旅游标准化建设和智慧旅游建设,我市旅游业"软、硬"件进一步完善。

旅游信息化提供更加便利的服务。初步实现了智慧旅游"三个服务"(即为游客提供便利化服务,为企业提供高效服务,为政府提供决策支持服务)和"看得见、联得上、呼得应、管得住"。

城市环境更加整洁、亮丽。我市先后投入巨资进行城市基础设施建设、景区建设和旅游道路交通网络建设,城市面貌日新月异,国家卫生城市、全国文明城市的创建成功,营造了良好的观光游览氛围,为"旅游城市"向"城市旅游"的转变打下了良好的基础。

(4)体制机制优势

成立了旅游发展委员会,不断优化旅游管理体制机制。目前全国已有 19 个省份成立旅游发展委员会,包括海南、北京、云南、广西、西藏、湖北、河北等,此外,我省也在酝酿成立旅游发展委员会。

创新管理机制,推动服务提升。

2016 年 1 月 12 日,全国首个县级旅游警察大队在河南省栾川挂牌成立。

2016 年 8 月 25 日,河南省首家工商旅游市场监管大队在洛阳挂牌成立。

通过建立旅游产业发展目标考核机制等多种措施,强化了项目推进,2015 年实施了

52 个全市重大旅游建设项目,完成投资 133.17 亿元,引进签约亿元以上旅游项目 24 个,总投资额约 710 亿元,位居全省前列。

高标准编制《洛阳市"十三五"旅游产业发展规划》《构建现 代产业体系促进旅游产业发展实施方案》和文化旅游产业发展重大专项行动计划。确定了 2016 年重点旅游项目 53 个,总投资额 863.48 亿元。截至目前,累计完成投资 114.2 亿元。

6.驱动力之六:劣势与问题的反向推动

发展中的优势对于国际文化旅游名城固然具有较强的推进作用,但是劣势与问题的存在又在从反向鞭策着我们将国际文化旅游名城快速推进。洛阳市建设国际文化旅游名城的劣势和问题列举如下:

国际化程度不高,国内游客多、国外游客少。2015 年我市每百名游客中境外游客还不到 1 人次,成都、厦门、杭州等城市分别是洛阳的 1.2 倍、5 倍、2.7 倍。

国内游客类型中商务型、度假型等高端游客较少,与国际旅游城市差距明显。

旅游基础设施不健全。旅游标识体系不健全,缺少中英文对照的旅游标识系统,外语环境不够完善,难以满足入境游客需求。

国际航空通达性较差。与国际知名旅游目的地和国内旅游发达城市相比,我市航空国际通达性较差,入境游客需异地周转、进出不便。

游客人数多、综合收入少,效益不高,游客停留时间短,过夜游客少,人均消费低。

2015 年我市旅游总收入仅相当于青岛的 66%、西安的 72.6%、杭州的 35.4%。

洛阳市游客人均停留天数 2.25 天,而西安是 3.38 天,杭州是 3.2 天 。

洛阳市接待游客人均消费不足 800 元,仅为成都的 70%、杭州的 41.9%、青岛的 44.9%。

传统的观光产品多,而商务类、文化类、休闲度假类等新的综合性、高附加值旅游产品少,不能适应新的市场需求,与国际文化旅游名城要求不符。

景区产业链短、增值服务少。景区发展仍多囿于门票经济,景区延伸服务较少,游客"有观光、无消费"。

景区(点)开发同质化严重,没有形成独一无二的吸引力,景区的竞争力和盈利能力低。

文化文物资源开发不够。"千年帝都"难寻"古都风貌",厚重的历史只停留在书里,游客有听头、无看头。

景区资本运营能力不足,发展缓慢、现金流低,难以成长为带动力强的"集团型"企业。

旅游商品开发力度不够,特色化、便携化程度不高,旅游购物占比较低。故宫文创产品 2015 年达到 8700 多种,营业额超过 10 亿元,一样是卖"历史文化","一座城"卖不过"一个宫",不得不令人反思。

游客服务中心、集散中心、自驾车营地、房车营地等国际文化旅游名城的"配套建设"建设不足。

(三)使命之路——如何建设国际文化旅游名城

洛阳"上承"厚重历史、"下启"美好未来,建成国际文化旅游名城,既是副中心城市建设的点睛之笔,也是发展洛阳全域旅游的有力支撑点,更是穿越时空的里程碑工程,对此,我们重任在肩,干系重大,只能建成,唯有建成!

李亚书记在龙门石窟世界文化遗产园区专题调研时指出:我们要抢抓机遇、深挖潜力,努力走出一条具有洛阳特色的文化旅游产业发展道路,致力把洛阳打造成国际文化旅游名城。

根据李书记指示精神,我们确定了建设洛阳国际文化旅游名城重大专项的建设目标,即:深入挖掘洛阳特色文化旅游资源,以国际化理念为遵循,按照"聚焦关键、挖掘潜力、放大优势,提升理念、提升定位、提升建设、提升融合、提升品牌"的总体要求,加快洛阳旅游国际化步伐,提升洛阳国际知名度、美誉度,把洛阳建成特色彰显、华夏气派、国际水准的国际文化旅游名城。同时,我市未来的目标也已经确定:

2017 年:全年接待游客 1.23 亿人次,同比增长 8% 左右。其中,接待入境游客 132 万人次,同比增长 15% 左右;接待国内游客 1.22 亿人次,同比增长 8% 左右。旅游总收入 1038 亿元,同比增长 15% 左右;其中,国内旅游收入 1012 亿元,同比增长 15% 左右,旅游创汇 4 亿美元,同比增长 15% 左右。2018 年,文化产业增加值占 GDP 比重达到 4%,旅游产业增加值占全市 GDP 总量的 8%,全年接待游客达到 1.33 亿人次,旅游总收入达到 1194 亿元。2020 年,力争文化产业增加值占 GDP 比重达到 5%,旅游产业增加值占全市 GDP 总量的 10%,全年接待游客达到 1.5 亿人次,旅游总收入达到 1500 亿元。

洛阳国际文化旅游名城的建设和发展应坚持走具有鲜明洛阳文化特色的发展路径:立足于洛阳资源特色和文化禀赋,遵循符合洛阳旅游发展、符合当代文化创意产业发展趋势的发展路径,实现从"外延型快速增长"向"内涵型巧增长"的模式转换。探索文化与旅游、经济、社会、生态、科技深度融合的旅游发展新模式,实现文化引领、旅游带动、经济转型、生态改善、共享共富、体制创新的全域旅游发展格局。

那么,如何建成国际文化旅游名城,其本质就是洛阳建设国际文化旅游名城的路径问题,下面我们来谈一谈洛阳建设国际文化旅游名城的八大路径。

1.国际化发展路径

国际化发展路径就是以国际化的服务标准整合国际级的旅游要素,构建国际化的旅游产品,以国际游客为重要目标市场,营造个性鲜明、特色突出的魅力城市,最终成为在世界上享有盛名的国际化休闲旅游目的地。国际化主要体现在:

①品牌国际化

②设施国际化

③环境国际化

④营销国际化

⑤服务国际化

"国际"就是高度、就是标准。比如,桂林有名震中外的大型山水实景演出《印象·刘三姐》,登封有重量级的旅游吸引物《禅宗少林·音乐大典》,杭州西湖对全球游客免费开放,对旅游车辆大开绿灯,而大理城内的外国游客,仅凭外文导游图和外文标志,就能游遍全城。

洛阳向国际拿出什么呢?而且从目前看,洛阳国际化程度还比较低,这也是阻碍建

成国际文化旅游名城的重要因素。因此,针对存在的问题,我们应重点在以下几方面下功夫:

　　①建设理念和运作模式要和国际接轨、立意高远

　　②各部门要有走向国际化的责任感和使命感

　　③齐聚力、共聚首打造新的文化旅游国际交流平台

　　首先,我们要树立国际理念,运用国际思维,分析国际游客的消费习惯和行为模式,打造具有国际竞争力的重大文化旅游项目,"把国际友人喜欢的、认可的好东西呈现出来",让国内外游客"一见倾心","来了不想走,走了还想来"。

　　其次,我们要打通国际路径,争取开通直达主要客源国(地区)的航线,争取洛阳机场早日对国外航空公司开放;实施航线航班倍增计划、完善优惠政策、培育国际航线,增加和加密国际、国内航线,形成便捷的航空交通体系,缩短洛阳和世界的距离,让中外游客来去自如。

　　最后,我们要借助"大媒体、大节会、大事件","打出软广告、亮出硬实力",确保洛阳旅游"在国内有形象、在业界有 地位、让世界看得懂",通过打造"千年帝都、牡丹花城、丝路起点、山水洛阳"城市品牌,亮响"国际名片",在国际上叫响"洛阳"这个名字,实现"品牌走出去,客人请进来"。

2.升级化发展路径

　　旅游产业结构调整是洛阳面临的一个重要形势,"今天不调整产业结构,明天就会被产业结构调整"!"长江后浪推前浪,前浪拍在沙滩上",被拍在沙滩上的都是不知道调整的人!

　　从产业发展来看,洛阳面临着"有文化、没体验""有资源、没休闲""有游客、留不住""有人气、没消费"的严峻现实,我们屡屡为游客仅仅"到此一游"而心存苦涩。从全年状况来看,牡丹文化节"一节独大",对洛阳旅游的贡献率几近四成,然而旺季的"门庭若市"背后却是淡季的"门可罗雀",让我们为旅游的冷热不均而饱尝苦楚。

　　在这个大众化旅游需求时代,休闲度假、自驾游已成为社会主流,洛阳旅游必须瞄准发展大方向,重新编排大资源,重构跌宕多姿的大旅游。"人之所以爱旅行,不是为了抵达目的地,而是为了享受旅途中的种种乐趣。"歌德之言,一语道破了旅游的真谛。在旅游界,谁让游客"养眼""养生"更"养心",谁就能受到垂青!

　　当今社会,游客的旅游期望是什么? 游客期望"用目光追寻未知、用亲历感触自然、用脚步丈量历史、用心灵体验世界"! 游客对旅游核心产品的要求是什么? 游客要求旅游产品"体验化、情景化、参与化、互动化"! 一些知名旅游城市和项目已慢慢领会到了这本质,比如丽江,既塑造了一种异域情调,还为游客开启了一种崭新的生活方式,塑造情景化模式,满足游客心灵体验需求;再如桂林,不仅山水甲天下,还高举资源牌、环境牌、休闲牌,通过演艺项目让游客在桂林停下了脚步;再比如迪士尼,通过一个园子满足了游客的期望和要求,"俘获"了全世界! 洛阳现在急需要做什么? 一是要变"资源导向"为"需求导向",要由"我这里有什么"向"游客需要什么"转变,对来洛阳的客源进行层级分类,在产品设计中融入"体验的元素、互动的因子",用"创新的旅游"引领市场,用"多元的产品"满足需求。二是要牢固树立"产品升级、休闲为王"的理念,强化城市休 闲平台建

设,大力推进"观光旅游"向"观光、休闲、度假""复合型旅游"转变。

3.品牌化发展路径

旅游营销,通俗地讲就是品牌营销、就是城市营销,就是"将洛阳旅游的独一无二告诉世界"。没有对外宣传营销,洛阳旅游就如同在夜色中向情人暗送秋波,自然也就引不来游客这个"心仪对象"。只有成功营销,才能将洛阳知名度兑换成旅游美誉度的"积分",才能将旅游产品兑现为"真金白银"。比如,当年延安旅游抢滩纽约时代广场,三亚"阳光使团"敲开欧洲大门,张家界在台北设立旅游形象店等都是宣传营销的成功案例。最成功的营销,就是创建品牌。美国广告研究专家莱利·莱特有一句名言:"拥有市场的唯一办法是拥有占市场主导地位的品牌"。

旅游营销的真谛是"如何让游客喜欢上你的东西!",产品线可以更新,景区很难推翻重来,只有让别人喜欢你这一条路!"魅力香港,万象之都""无限的新加坡,无限的旅游业",还有那个被大虾"闪了腰"的"好客山东"……这些朗朗上口的旅游品牌,无一不代表着旅游的精粹,无一不提升了产品的价值,无一不闪耀着营销的智慧。

"只有想不到,没有做不到。"打量其他城市的大手笔,洛阳有理由重温这一励志语,2009年,澳大利亚昆士兰旅游局网上全球招聘大堡礁看护员,短短几天吸引近百万次网络访问,使大堡礁一举成为全球旅游热点。比尔·盖茨说过:"创意具有裂变效应,一盎司创意能够带来无以数计的商业奇迹。""大堡礁"营销正是这样的奇迹,这是事件营销的经典案例,洛阳旅游营销,也最需要这种创意。

"台上一分钟,台下十年功",洛阳旅游的品牌营销,不能沉溺幻想、好高骛远,只有厚积薄发、励精图治才可破茧成蝶、蜕变升华。全民、全力、全方位"大营销",我们有信心,洛阳必将"擦亮"旅游品牌,叫响"国际名城"。品牌是培养竞争优势的基础,创造强势品牌对于国际文化旅游名城的创建是一件意义深远的事情,品牌化发展可以从以下几个方面来明确发展方向:

广开思路、多角度融合。打造饮食洛阳、会展洛阳、影视洛阳、学术洛阳、出版洛阳、舞蹈洛阳、诗歌洛阳、美术洛阳、音乐洛阳、书法洛阳、服饰洛阳、数字洛阳等。龙头引领、打造国际品牌。以龙门等知名景区为依托,精巧组合,打造成国际知名旅游品牌。将牡丹文化节、河洛文化旅游节等节会精巧包装设计,打造成国际知名旅游节会品牌。

4.全域化发展路径

文化和旅游部副部长李金早在今年4月份提出全域旅游概念,全域旅游是指在一定区域内,以旅游业为优势产业,通过对区域内经济社会资源尤其是旅游资源、相关产业、生态环境、公共服务、体制机制、政策法规、文明素质等进行全方位、系统化的优化提升,实现区域资源有机整合、产业融合发展、社会共建共享,以旅游业带动和促进经济社会协调发展的一种新的区域协调发展理念和模式。

全域旅游即为"打破独立景点"发展思路,将原有的独立的景点建设变更成为全域性的、多角度的旅游开发,将城市、乡村、街道、基础设施的建设与发展与旅游业发展结合起来,一方面满足游客的多元化旅游需求,另一方面提升本地居民的居住体验,提升旅游地的整体形象,使旅游业发展与地域建设紧密结合起来。并追求"跨区域、多主题"的产业合作,实现"由区域到全域,由全域到无域的理想状态"。

全域旅游建设,洛阳优势得天独厚,旅游资源类型丰富,互补性强,非常有利于通过城乡空间融合、产业一体、功能协调和文化融合,形成空间全覆盖、产业大融合、受众全民化的洛阳全域旅游发展新格局。

在工具上,应借助"互联网＋""大数据"等,依据"旅游＋"的理念,积极引导旅游与文化、体育、生态等产业跨界融合,加快"景点旅游"向"全域旅游"的转变,提升洛阳文化旅游业的国际影响力。

(1)游以文而兴、文以游而荣、城以文化旅游而名

文化旅游名城就是文化与旅游的深度融合过程。在发展特色旅游产品基础上进一步拓展旅游产业的外延,实现丰富的文化文物资源向旅游产品的转变。通过各行业通力协作,推进产业融合发展,构建综合产业集群,提升旅游综合竞争力,这是洛阳打造国际文化旅游名城的必由之路。

(2)架构大旅游发展格局

以"城乡一体,全域统筹"策略,以新型城镇化为政策依据,深度挖掘洛阳丰富的旅游资源,通过产业规模化、项目立体式开发,打造洛阳旅游的新增长极,建立以"文化旅游都市－特色旅游县区－旅游风情小镇－旅游特色乡村"为框架结构的大洛阳旅游发展格局。

(3)旅游受众全民化

在服务游客的基础上更加注重本地市民对旅游业发展的诉求,响应市民对旅游休闲、公共服务、旅游就业等方面的需求,建设主客共享的国际文化旅游名城。

5.融合化发展路径

洛阳旅游有一手好牌,打好可惊艳世界,这手牌就是历史文化,千年帝都、华夏圣城、丝路起点、河洛文明……洛阳,万千宠爱集于一身。其他城市拿到这手牌,睡梦中也会笑醒,然而洛阳却笑不出来,"历史在地下、文化在书里"!打好文化这张好牌,打漂亮这张牌,需要走"文旅融合"发展道路。主要从以下几大 方面入手:

①产品融合

②产业融合

③科技融合

④创意融合

文化旅游如何融合?

融合的首要是附体。文化为魂,旅游为体,"魂要附体",只有让文化之魂紧紧附上旅游之体,洛阳旅游产品才能释放"核能",洛阳旅游产业才能产生"裂变"。比如,西安大唐芙蓉园斥资 10 多亿元重建,大手笔打造出新的旅游亮点,书写"无中生有"的传奇;再如,无锡灵山景区建造 88 米高灵山大佛,一跃成为无锡旅游的标志,创造"借题发挥"的经典;常州环球动漫嬉戏谷变动漫游戏为现实体验,开园半年收入 2 亿多元,成就"化虚为实"的童话。

融合的关键是创新。资源终有限,创新却无限。有学者说,洛阳旅游没能真正"火"起来,不是古人留下的历史文化遗产不够多、不够好,而是我们没有在此基础上创造出新的精彩。此言一针见血。创新,是洛阳旅游最稀缺的"资源"。历史文化,要传承,更要创

新。唯有创新,历史文化才能真正弘扬,文化旅游才能真正融合。文旅融合,我们要创新展示方式,让历史从地下走出来,让文化从书里走下来。

融合的实现要靠演绎。通过创新演绎手法,让历史"活"起来,让文化"动"起来——借鉴"禅宗大典""宋城千古情"等成功经验,打造精品文化演艺节目,融入旅游景区、线路,把历史故事、经典传说"穿越"好;结合文化旅游产业发展动漫、游戏产业,把河洛风云、人文风情演绎好;提升牡丹文化节、河洛文化旅游节等节会品牌,举办国际高端华夏文明及河洛文化论坛,把"中华文化圣城"品牌推广好。推广真不同水席、牡丹饼等成功做法,将历史文化注入"吃、住、行、游、购、娱"六大旅游要素中,全方位提高旅游产品设计、包装的水平,摒弃填鸭式的说教,增加体验互动,让历史文化时尚化、娱乐化,吸引不同层次的消费人群。

融合的保障要靠机制。破除行政藩篱,打破行业壁垒,深化旅游相关行业政企分开、企事分离改革,探索所有权与经营权分离模式,破除"旅游是旅游部门的事"的片面观念,整合旅游文化资源,将各种文化资源、要素有机结合,发展"全域旅游",形成"旅游大合唱"。

6.学术化发展路径

旅游与文化的融合,学术化路径必不可少,可以说,这是创建国际文化旅游名城的基础。再复杂的思想都可以用语言表述清楚,表述不清、别人不明的根本原因在于思想上没有弄清楚,许多问题没有研究透,或者尚未着手研究!

洛阳为什么旅游消费上不去?症结在哪里?旅游消费是旅游经济的范畴,旅游经济有几个人认真研究过?洛阳文化很深厚,有没有传世的大型文库面世?有没有中华书局等顶级古籍出版社出过有重要影响力的文化类书籍?这些都是我们下一步要努力的方向,学术化发展路径,其本质是"高手操刀""专业的人做专业的事"!洛阳旅游学术化路径主要应做好以下几个方面:

①组建洛阳旅游研究院

②组建世界级河洛文化研究中心

③组织编撰《洛阳文库》《洛阳文化史》等大型系列文库

新技术相结合,发扬河洛大鼓、唐三彩烧制技艺、洛阳宫灯、河图洛书传说、关公信俗、洛阳水席等非遗项目。进一步完善宏观和微观相结合的洛阳文化研究体系,创新洛阳文化的多元传承手段,打造真正的学术之城,并使之转换成巨大的生产力。

7.精品项目发展路径

建成国际文化旅游名城,需要有精品项目做支撑,为洛阳旅游画龙点睛,精品项目是旅游的"新亮点、新卖点、新看点"。

"顶层设计"是精品项目建设之本。以"国际洛阳、文化洛阳、旅游洛阳、名城洛阳"的视野,高标准设计、高标准开发、高标准建设、高标准配套,打造出"风华正茂"的精品项目。

融资是精品项目建设之源。千难万难,难在没钱,钱从哪里来?从市场化运作中来。西安大雁塔北广场投资5亿元,大唐芙蓉园投资13亿元,大明宫国家遗址公园投资120亿元……一个个巨无霸项目茁壮成长,精品项目建设与融资高招是什么?引入"平台战略"，先一次把"城市"做足，再让产业进来，资本进来。西安之"经"，我们应学会"拿来"，先一次将"城市"做足，而后挑选项目、招商引资，用别人的钱办洛阳的事。

引入"众筹机制"，吸引国内外资本参与精品项目建设，引导社会资本、闲置资本进入旅游业，或者采用债券、信托等多种融资方式，用全社会的钱办洛阳的事。盘活土地资源。土地是精品项目建设之基，没有土地资源，项目建设捉襟见肘，旅游发展就"伸不开手脚"。我们的新型农村社区建设已经破题，集约、节约出来的土地越来越多。盘活存量，优化配置，将"生地"变"熟地"，"闲地"变"宝地"，我们完全有条件"集中地块干大事"。

资源整合，以强带弱，发挥联动聚合效应。比如，整合龙门大道沿线的历史文化遗存，让优势资源集中起来、凸显出来、提升起来；再如，整合博物馆资源，把洛阳博物馆、民俗博物馆、古代艺术博物馆、匾额博物馆等资源集纳起来，打造具有竞争力的核心产品。

8.环境再造发展路径

环境比金钱更珍贵。当旅游"游入"品质游和体验经济时代，旅游环境的优劣决定着游客的满意度、品质感和重游率。然而，休说放眼国际，就是环顾国内，光环之下，我们还有不少的短板；成绩之外，我们有不少的软肋。

洛阳旅游硬环境还不够"硬"，景点设施老化，国际交通条件不便利，标志系统有待完善。洛阳旅游软环境还比较"软"，旅游软环境，正成为制约洛阳旅游业发展的瓶颈，旅游从业人员不具备国际化标准要求。凡是游客能够抵达的地方，都存在着旅游环境。打造国际文化旅游名城，城市就是环境，环境就是品牌。提升环境，洛阳现状需要从以下几个方面下功夫：

建立健全国际化旅游服务体系。形成覆盖"吃、住、行、娱、购、游"全过程及城市服务功能的国际化标准和规范；加快旅游服务设施的升级，加强旅游交通、商业网点和旅游信息化建设，完善城市旅游服务功能，让国际游客到洛阳游玩，不用担心问事"无门"，无须考虑迷失"方向"。

精益求精提升环境品质，提高城市的"舒适度、方便度和满意度"。为游客开通"绿色通道"，规划建设自驾车营地，在交通干线沿途布设中英文旅游导引牌、导引图、标志牌、解说牌，推进休闲度假、特色餐饮、休闲演艺等产品的打造。

打造出城市的特色魅力。把打造精品、绝品、极品作为第一追求，以特色为第一标签，"只是因为在人群中多看了你一眼，再也没能忘掉你的容颜"——这就是特色的魅力。法国戛纳何以四海皆知？与其说亚洲论坛捧红了博鳌，世界经济论坛成就了达沃斯，国际电影节奠定了戛纳，不如说三个小镇闪烁着品质的光芒，吸引着三大盛会"托付终身"。

（四）新的征途——保障建成国际文化旅游名城

1.管理体制革新

"问渠那得清如许，为有源头活水来。"高效的体制机制，正是洛阳建设国际文化旅游名城、重返世界舞台的活力之源。然而，在洛阳旅游亟待腾空而起之际，我们却遇到了"成长的烦恼"，承受着一个个不能承受之"重"。

因为体制问题，我们既缺乏统筹协调资源的机制与手段，又缺乏全市一盘棋的旅游产业政策与措施，"各吹各的号、各唱各的调"，难以汇集强大的发展合力，难以形成统一的品牌形象,不得不承受羁绊洛阳旅游发展之"重"。

"宁可容忍一亿元的投资损失,也不容忍机制的弱化和衰退。"美的集团董事局主席何享健语出惊人,一语点中了"机制活力"之要。鲁迅说:"不革新,是生存也为难的。"洛阳须以大刀阔斧的魄力、高瞻远瞩的视野、超凡脱俗的智慧,突破条条框框,打破坛坛罐罐,重塑活力无限新体制。

2012年7月,唐山整合行政资源,成立唐山湾国际旅游岛管委会,一改过去海岛无序开发的混乱,短短数月,近百家知名规划设计单位云集,完成30余项规划,投资近80亿元,而这完全依靠市场化运作,没花政府一分钱!

宽窄巷子、平乐古镇、西岭雪山……作为这些成都旅游新名片的"幕后推手",成都文旅集团按照"发展大旅游、形成大产业、组建大集团"的思路,走出一条爆发式的腾飞之路,仅3年多资产从1亿元增长到80亿元。是什么让传说变成传奇,又是什么让神话变成佳话?探寻唐山湾与成都文旅集团的发展模式背后不难发现,这些令人眼热的辉煌,正是源于他们对旅游体制机制大刀阔斧的革新。体制理顺了,我们也能创造"旅游神话"!

体制机制在哪里扭曲,就要在哪里理顺。体制革新,绝不是简单的政府序列变化,也不是简单的部门扩权,而是站在建设国际文化旅游名城的高度,按照标准化和"智慧城市"要求,形成一种全面、有力、便捷、高效的统筹协调"大一统"机制。

科学配置行政资源,赋予这个"大机制"统筹、协调、整合、管理全市旅游资源的职能,破解条块分割、职能分散、权责脱节等问题,实现从单一部门推动向多部门综合联动、发展旅游事业向开拓旅游产业、社会发展配角向战略产业主角转变。建立协商互动、信息互通、市场互惠的机制,开创"统一策划、统一规划、统一开发、统一运营、统一营销"旅游发展大格局,形成全市共推旅游发展的强大合力。

我们要紧握"方向盘"。牢牢把握旅游体制改革的总方向,善于探索、勇于创新、敢于变革,切实转变政府职能,向着"适度放权"的方向发展。要通过创新管理方式,完善公共服务平台,建立起精简、务实、高效的政府旅游管理新体制,实现由管理向服务转变,逐步构建功能齐全的旅游公共服务体系。赶在最激烈的竞争到来之前,通过革新体制丰满羽翼,洛阳旅游才能翱翔九天,体验"会当凌绝顶,一览众山小"的境界。

2.人才资源保障

人才之困,是当今中国旅游业"共同的烦恼","三个臭皮匠,顶不了一个诸葛亮。"旅游是跨行业发展、跨学科应用的产业,又有自身极强的专业性,因而急需复合型的高级人才。正如张艺谋之于桂林《印象·刘三姐》、张贤亮之于银川西部影视城、段先念之于西安大唐芙蓉园……在这个"用旅游亮剑"的时代,"人才资源是第一资源"!

看全国,实际需要的旅游专业人才总数在800万以上,高素质、高能力的人才缺口达200万,仅北京旅游专业人才的缺口就超过30万。观洛阳"外地人才引不来,本地人才留不住",人才匮乏在规划、开发、管理、营销、服务等各个领域更为凸显,已经成为旅游产业发展的最大障碍,究其原因,人才流失率高为首要,目前,洛阳4所高校均开设有旅游相关专业,但90%以上的毕业生却流向了其他城市。

痛定思痛,何以止痛!长期以来,杭州把旅游人才的培养作为旅游业的重要组成部分,积累下很多宝贵经验,我们不妨拿来"解剖麻雀",对于我市,人才保障措施,核心在于"增内力、借外力"!

吸引人才还需"增内力"。洛阳地处中部,与一线城市和东部城市相比,在区位、产业、经济等方面相对处于弱势,缺少对高端人才的吸引力,要充分利用高端紧缺人才引进政策,把"外脑"请进来为我所用,进一步建立健全人才激励机制。让"内行"更多更快地进入管理层、领导层、决策层,让内行"操刀",实现"舞大刀烹小鲜",打破长期以来"旅游业内人士很多不是旅游专业人士"的困局。通过旅游高端人才落实住房保障、子女教育等优惠政策,打消外来人才的后顾之忧。

吸引人才还需"借外力"。一是"名校充电",比如,选送旅游人才到知名高校进修学习,实现旅游人才"专业化",给人才队伍充充电,推荐旅游企业高管参加短期培训,给高管充充电。二是"人才培训",按照国际化的标准,针对旅游市场所需,结合洛阳旅游特色,利用知名高校资源,建立多渠道、多层次、开放型的培养模式,培育特色专业人才。

3.构建国际旅游服务体系

"吃住行游购娱商学养闲情奇"是旅游的十二大要素,旅游接待能力和服务水平反映着一个地区的旅游业发展总体水平。要打好建设国际文化旅游名城攻坚战,就要依照国际化标准,加快构建国际旅游服务体系。

(1)改善城市大环境

城市公共服务配套设施的完善程度,直接关系到外地游客对城市的认知度和满意度。着力加强城市交通、环境卫生,继续推进厕所革命等方面的工作,进一步改善城市形象,提升旅游整体服务水平。

(2)完善旅游配套设施

按照国际文化旅游名城的建设要求,建设集信息咨询、观光交通、客源分流等旅游服务功能于一体的大型旅游集散综合服务中心,建设一批国际化旅游信息咨询服务网点,筹备建立一支精悍的旅游专业化队伍,解决国际化中的"硬骨头"。

(3)提升星级饭店服务水平

进一步提升四星、五星级酒店的国际化素养,为不断增多的游客提供高档次的国际化标准服务;巩固提升三星级饭店接待服务水平,确保服务的标准化接待;对于二星级和一星级饭店严格控制,凡达不到星级标准的坚决予以取缔;对快捷酒店实施规范化管理,纳入标准化管理体系,并作为星级饭店的有益补充和大众型接待服务酒店鼓励其健康有序发展。

(4)创新服务手段,增强服务效果

借鉴旅游发达城市经验,不断创建管理模式和服务手段,提升游客满意度。

4.做好东道主

做好自己,才能赢得世界!文化的本质是特定地理范围内人活动的总和,人是文化中最基本的元素、最外在的文化,说一千道一万洛阳还是洛阳人自己的洛阳,建设、发展都离不开每个洛阳人。生在洛阳、长在洛阳,提升洛阳文化的国际影响力是每个洛阳人的自豪。

新加坡的发展可以给我们一个启示:没有矿产、没有历史、没有地大物博,但是新加坡却吸引了世界的目光和投资,很重要的一个原因就是新加坡人和他们创造的环境,就是严刑重典重塑了国民形象,励精图治建设了花园城市、依法治国打造了高效廉洁政府。

有文化、有秩序、有诚信、有胸襟、有眼界,讲传统、讲道德的社会不论什么时候都是人间最美的风景、最显著的文化。传承好"崇高唯美、包容开放、向善守正"的洛阳文化精神,展示一个文明、诚信、和善、热情的现时洛阳,是做好东道主的核心所在,也是洛阳展示给世界的最美的一面。

(五)规划与设想

前面从国际、国内、洛阳和产业链四个视角、多个层次分析了建设国际文化旅游名城的驱动因素,涵盖了"背景分析""数据开口""产业链分析(产品与业务)"三个分析维度。

总结起来就是旅游发展"热不热",旅游投资"火不火",洛阳旅游"好不好",通过劣势与问题分析我们距离国际文化名城"远不远"。

1.顶天立地

顶天立地是什么意思?这里有两层意思,先看第一层,"顶天"指的是目标和要求要顶到天,要国际最先进、第一流,目标的达成是有时间区间的,在过了一定时间,目标达成的时候,顶天的目标已退下神坛,成了时下的"潮流",只有这样才叫"立地",否则,目标定的中等,建设完成了,但也落后了,这样的情形怎么能叫立地?《帝范》中"法乎其上,得乎其中;法乎其中,仅得其下"说的就是这个意思。

有人说国际文化旅游名城目标是不是太大了、距离我们太远了,我说:国际文化旅游名城目标只有"高大"、只有"顶天",才能更好地"立地"!

顶天立地的第二层意思是指要求,"顶天立地"一词其实很好地说明了省委提出"建设国际文化旅游名城"的要求。"顶天"是指我们要按照真正的国际一流、国际最先进的运营模式和方法理念来建设国际文化旅游名城,"立地"是指我们要脚踏实地,立足洛阳实际,建设具有洛阳特色的国际文化旅游名城,走出一条属于自己的路子。

2.发扬光大

国际文化旅游名城,核心词是文化和旅游,核心意思是做"文化和旅游",打造"国际名城",这就要求一个是"文化国际化",即文化的"发扬光大";另一个是"旅游国际化",即旅游的"发扬光大",做好了文化的国际化和旅游的国际化,洛阳自然也就成了国际名城,合起来就是国际文化旅游名城的最终含义。

洛阳文化厚重,可是面临着被"文化贬值"的风险,有人会说:听说过货币贬值,文化又怎么会贬值?这里指的是文化影响力的逐渐弱化,文化如果一直处于"束之高阁"的状态,就会如同温水煮青蛙一样,慢慢失去其活力,文化传承甚至面临断绝的风险,文化只有传播开来才有生命力,文化不被传播、不为人知,实际上是在不断地失去其根基和土壤,最终当所有人都不再关注这个文化的时候,这个文化便不再是文化了,因为它已经没有了任何意义!

省委提出建设国际文化旅游名城,其实就是要求我们要发扬光大洛阳文化,就是在挽救这座千年古城的文化,使其不再"贬值",并进一步的"保值和升值"

文化怎么才能保值和升值?最好的方式便是与旅游相结合,很多文化文物开发旅游时候,总是先持有"旅游破坏文化文物"的思想,实质上这是一种偏见,比起不开发的破坏,旅游开发其实是最好的保护,没有人关注的文化会成为"死文化"、没有人关心的文物遭受破坏的概率其实更大！被"强拆""偷盗""毁损"的几乎都是没有与旅游相结合的,其实其经济学原理很简单,单纯保护的其实是无主的文化文物,经济学上讲,无主的物品一定是被最多破坏的物品！

基于旅游流的全新模式或许是洛阳旅游"发扬光大"的最好时机。洛阳旅游资源丰富,可是竞争力不强,要想从内部打破、改变格局困难重重,旅游的国际化,一个是国际化的人流、物流流进来,另一个是我们的人流、物流流出去,这种不断地碰撞,就像鱼贩子在奄奄一息的鱼群中放入鲶鱼一样,鱼群因为担心被吃掉而不得不活动起来,鱼群反而成活率很高。

将旅游与文化"发扬光大",也正是国际文化旅游名城提出的主旨之所在！

三、打造鄂豫皖红色文化区

(一)聚力影视大势,借力媒介宣传

1.影视媒介之传播规律及其他媒介难以企及之传播功能的理论分析

以影视为媒介传扬地方名迹者,全球多见。其成功之典范亦属不菲。从理论上看,影视作品以其强大的直观逼真之视觉冲击、跌宕生动之情节呈现和直接充沛之情感刺激,给观众以深刻印象。它契合了人类的一种思维特征——即人类对直观、生动、动态、逼真、过程类信息的深刻"捕获"能力。这种能力远强于其对逻辑信息的"捕获"能力。因为人脑思维"图式"的懵懂初开就是在"实践"中不断地接受外界直观信息刺激而发展起来的。我们常常发现我们对曾目击其过程的事件、结构或关系之记忆力远超于抽象文字的描写,我对于亲历过的地方的名称、风土、韵质、民情的印象要远胜于书文之见。其本质原因便在于人脑在"实践"中形成的特殊的思维"图式"。影视媒介是把抽象信息转化的直观、生动、动态、逼真、过程类信息的典型手段,它对人的印象刺激效果和兴奋激发效应远卓于其他任何广告媒体。

现实中,影视作品成功地给"地方名迹"(主要包括作品取材地、剧中人物活动地、外景拍摄地等地方名迹)带来了知名度和关注度的先例层出不穷,以致"影视旅游"日渐勃兴为新兴的专项旅游项目。它凭借影视作品给观众留下的印象和兴奋冲动,吸引观众到作品取材地、剧中人物活动地、外景拍摄地等地方名迹游览,回忆和体验故事中的文化、行为、风景、经历等,印证故事片断的发生地。这种对旅游目的地的感知和印象将会深远地影响着旅游者的消费决策行为。影视片在展示地方名迹美丽自然风光的同时,更挖掘出其内在的文化魅力和游历价值。例如,以"100%纯净"为口号的新西兰,虽然风景如画,但知名度并不高,可自从《指环王》三部曲问世以来,新西兰美丽的风景变得家喻户晓,在顷刻之间将新西兰的美好形象传播到全世界的每一个角落,从而创造了一个以影视宣传旅游的成功范例。又如,土耳其是一个文化旅游产业发展较为成熟的旅游目的地,尤其受到欧洲游客的青睐。但是由于种种原因,土耳其对中国游客的影响却与其拥有的丰富的自然和人文景观不相称。然而,借着好莱坞大片《特洛伊》在我国各地的热映,造就了土耳其旅游界对中国人最大规模的宣传攻势和游客猎获。国内一些反应迅速的旅行社迅速推出以"特洛伊之旅"为主题的土耳其一地游产品,如康辉的"特洛伊古城8日探秘之旅""特洛伊古城之旅"等,游客数量增长近26倍。再如电影《红高粱》引爆宁夏拍摄地旅游热、影片《秦俑》在国内和港澳台掀起了参观秦始皇兵马俑的热潮;影片《末代皇帝》在国际上掀起了北京紫禁城旅游热、影片《红河谷》以其独特的高原风光和神秘色彩引起了西藏旅游热、影片《地道战》掀起拍摄地保定冉庄地道战遗址旅游热(区区一庄之地自1965年影片问世以来,平均日接待游客4000余人)、影视剧《沂蒙》《斗牛》《沂蒙六姐妹》等使沂蒙革命根据地成为中国炙手可热的独具特色的红色影视拍摄基地和旅游热城。影视作品之所以能成为旅游营销的有效手段,是因为影视作品引发的旅游吸引力是其他营销方式所不能达到的。与广告相比,影视片对旅游地有更长时间的展现;故事情节使人有身临其境的感觉从而刺激了旅游者赴身一游的愿望和冲动;特技效果的应用、明星效应和最佳的拍摄角度使当地的形象得到了强化。一部成功影视作品所带来的长盛不衰的魅力是任何旅游宣传品望尘莫及的。甚至一些没有外景拍摄的卡通片,如《美女与野兽》《狮子王》《巴黎圣母院》等也吸引很多游客到动画片的拍摄现场进行参观。大量的实证研究证明,影视片对地方文化旅游产业的宣传力是无出其右的。但许多地方还没有意识到影视剧的拉动力,从而错过当地旅游发展和经济提升的机会。

2.拍摄《红二十五军军魂——吴焕先》的现实基础、前瞻价值及战略构想

综合上述的探讨,新县借重影视媒介塑造独特的目的地印象,不断刺激观众前往,把一地宣扬出去,带动当地旅游和经济的发展,不失为当前最高瞻睿智的战略选择。

以目前现实来看,拍摄《红二十五军军魂——吴焕先》(作者民革郑州大学主委孙俊杰教授,郑州大学出版社2011年9月版)的现实基础最为成熟。《红二十五军军魂——吴焕先》乃一部集学术性、政治性、思想性、革命性、艺术性、教育性、宣传性于一体的革命历史人物长篇著述。在郑州大学党委和省委统战部门及有关方面的帮助和支持下,由民革郑州大学主委孙俊杰同志执笔创作,作为郑州大学与新县红色历史文化合作研究重点项目成果,反映新县重要革命历史人物吴焕先烈士的革命事迹。吴焕先是一位对中国革命有大功的人,河南四大烈士之一、鄂豫皖革命根据地创始人与主要领导人之一、红二十五军主要领导人、红军长征路上的先锋和功臣、中国革命史上的一座丰碑,2009年当选为——为新中国成立做出突出贡献的100位英雄模范人物。吴焕先在坚持鄂豫皖根据地斗争和领导红二十五军长征中做出卓越的贡献,是公认的红二十五军的"军魂",但不幸血沃陇原,牺牲在长征路上。他的英名,他的一生,他的丰功伟绩,早已载入史册,被誉为伟大的无产阶级革命家、政治家、军事家。毛泽东同志曾深情地说:"红25军远征为中国革命立了大功,吴焕先功不可没!"(见中央电视台视频:"人民英模31:骁将英名留陕甘——吴焕先")1985年,吴焕先同志牺牲50周年之际,邓小平同志亲自为之题写"吴焕先烈士纪念碑"碑名,李先念同志题词"功勋卓著",徐向前题词"赤胆忠心、英勇善战"。因其功高如山、心照日月又英年早逝,无数同时代的老将军、老革命、老朋友提及吴焕先时无不悲从中来,老泪纵横。马克思有言,伟大的人就是"面对他的骨灰,高尚的人们将洒下热泪",吴焕先就是这样伟大的人!

《红二十五军军魂——吴焕先》既是一部严肃的学术专著,又是一部风格独异,生动形象、感人至深、跌宕曲折的电视剧作品。该书不仅详尽叙述了吴焕先短暂一生坎坷曲折的人生道路,壮丽辉煌的革命生涯,也较全面地反映了鄂豫皖革命根据地和红二十五军长征那惊天地、泣鬼神的革命斗争历程。本书开创性的特点,是采取以人带史的写作手法,以吴焕先的活动为主线,牵出了数以百计的历史人物,著名革命家、政治家、军事家即达数十人,如鄂豫皖革命根据地早期重要革命家许世友、王志仁、潘忠汝、吴光浩、戴克敏、戴季伦、著名政治家郑位三、程子华、沈泽民,军旅名将徐向前元帅、徐海东大将、韩先楚上将、刘震上将、刘华清上将、陈先瑞中将、程坦少将、钱信忠少将,重要历史人物张国焘、陈昌浩等等。通过反映纵横交叉的人物活动和中国革命史上重大的历史事件,向着历史的纵深和横广铺展开来,构成了一幅丰富多彩而又波澜壮阔的革命斗争画面,真实地再现了 20 世纪二三十年代那风云变幻的战争岁月及独特的社会生活画面,残酷的敌我搏斗场面,情节曲折,高潮迭起,规模宏大,立体感极强。作品注重学术性、政治性、思想性、艺术性的统一,尊重史实,崇仰先烈,力求使历史人物、历史事件与史实完全吻合,治学严谨,论从史出,史论统一,读后使人折服。该著作以新县(吴焕先出生和主要革命活动地)为主要场景地域,对新县的宣传从自然景观到红色文明、从地文风貌到人文标识、从风化民情到物产特色、从大河山川到湖泽汤池、从地理区位到气候天象都进行了持久生动的展现。

3.影视宣传与现代传媒相结合,晒热鄂豫皖红色文明

随着互联网络技术、现代信息传导技术和现代媒体传播技术的不断发展,我国的"网络时代"赫然来临。据中国互联网络信息中心(CNNIC)在京发布《第 30 次中国互联网络发展状况统计报告》显示,截至 2017 年 12 月,中国网民规模达到 9.38 亿人(台式电脑网,并呈逐年上升趋势。另据中国工信部统计数据,截至 2018 年 3 月底,中国共有手机用户 11.86 亿,占全国人口 84.9%。在这种由现代互联网系统、现代信息传导系统和现代媒体传播系统交叉合成的综合型网络化信息传递时代,信息传递散播借重于网络载体,呈裂变式疾速扩展,突破了传统书、报、影视、广播的地域局限和速度局限,其信息传播效率提高。借力现代网络媒介宣传地方名迹、地方资源和地方形象,已成为各大旅游资源开发区域竞相采用的宣传手段。网络宣传完全不同于其他传统媒体的宣传,由于网络的特殊以及信息资源的庞大,只要按照宣传计划将用户的产品、服务、人物、事件相关信息按网民的搜索习惯和按客户的兴趣供给广泛人群,定能够提前一步展示当地旅游资源和产品的优越性和卖点,赢得良好声誉,创造独特品牌,抢占市场先机,迅速提高关注度与知名度! 网络宣传将紧抓您产品的特性及卖点,尤其是有针对性的策划案,在网络上进行一系列的运作及对产品的炒作,进而达到对产品宣传的目的,让您的产品信息在最短的时间内遍布互联网,走进老百姓生活,达到广而告之,家喻户晓的宣传目的。网络宣传方法有很多种,包括搜索引擎、交换链接、群发邮件(含手机短信)、BBS 信息发布、网络广告、博客营销(含手机微博)、网络知识性营销等。

(二)整合资源布局,开发精品路线

1.横合比邻

独零散布、远立孤挺、阡分陌隔乃旅游资源开发之大忌;整合布局、横合比邻、麇集规模乃旅游项目发展之上策。新县红色遗迹300余处,然"支离破碎"于连亘群山之间,游历极为不便。以箭厂河吴焕先及红二十五军遗址为例,几十个景观彼此隔离于数公里甚至十数公里的地方,游客颠簸一两小时,仅看两三旧屋、一孤祠堂耳。甚至同一地点的遗址都相互隔离不成体系,如箭厂河"吴焕先故居""吴家祠堂""红田"三处遗址虽比邻乡居,近在咫尺,却彼此孤立,既无廊道相通,亦难一目通视。如此零散而居之红色据点,实难博游者之心,更难尽游者之兴,让人似有登泰山图望云海却只见数朵孤云之感。相近比邻资源的整合,不仅可以形成规模效应,而且可以极大地节约旅游过程的无效耗费(包括游客的精力、时间、颠簸等)和放大旅游者的猎获之感。

整合资源,横合比邻,主要是以关键性红色景观为主题,集结邻近景观和较为次要的景观为一处,甚至对较远距离的非关键景观向关键景观进行迁移配置。从总量上减少红色景观的孤零散布、从形式上放大关键性主题景观的规模、从内容上扩大关键性主题景观的蕴含边界。以箭厂河为例,可以分别以"吴焕先故居""红二十五军军部""红二十五军首次大捷地"为主题整合箭厂河数十处相关红色景观,形成三处主题鲜明、景观集中、内涵宏大的红色景观据点。如此一来,游者只需行止三处,便可将箭厂河数十款红色景观尽收眼底。在这方面,不乏成功的先例,如东北辽沈战役红色景观以锦州为核心,向北宁线的南北两侧延伸形成了多处横合比邻而成的红色景观据点。北宁线就是今天的京沈铁路和京沈高速公路大动脉,在它附近的沿线上有"山海关阻击战"(天下第一关城楼)、"攻克兴城"(古城魁星楼)、"蒋介石葫芦岛军事指挥所"(葫芦岛锌厂招待所)、"塔山阻击战遗址"(葫芦岛天桥镇)、"辽沈战役前线指挥所"(凌海市 牛屯)、"配水池战斗遗址""攻克锦州突破口""白老虎屯战斗遗址""梁士英炸碉堡遗址""范汉杰锦州指挥所""国民党省公署""黑山101高地遗址""廖耀湘胡家窝棚指挥所"(黑山境内)等十几处著名战斗遗址。把这些遗址及其各自附近的红色景观横向整合,组成了十多个主题战争遗址景观据点,由于整合后的红色资源布局集中,便于游历,多年来游客云集、络绎不绝。当地所获之经济收益更是令人垂涎,仅2006年以来,只锦州一地之红色旅游年门票收入就达上千万之多(不计餐饮、商业、酒店等间接受益)。

2.纵成线带

除了在横向上整合布局、横合比邻,集中化配置红色景观之外,新县红色旅游开发还要在纵向上"纵成线带",开发精品化红色旅游线路。由于新县红色景观丰厚繁多,虽然可以在横向上局部整合成主题性规模化景观据点,但主题据点的总体数量依然庞大,若任其杂乱陈列,不成贯连,仍然会让游者惶惶不知东西、碌碌不知南北,从而产生对景观印象的混惑之感和对旅游评价的低垂之效。只有把横合比邻而成的主题红色景观据点链接成蕴含革命历史发展轨迹的鲜明线路,才能形成独特而连贯的旅游行程链条,呈献给游者以清晰系统的旅游"产品"。

3.据点殿堂化

以新县目前之红色旅游资源状态来看,其开发称度还处于原始原貌或低度开发状态。由于这些红色遗迹年代久远、长乏修葺,很多已在自然风化中斑驳破败、凋零残敝,又加之彼此隔离、历史耗损、"人为损坏"等,对其加紧保护、进行保护性开发、进行据点殿堂化建设的道路已相当肯定。长期以来红色旅游主要以革命遗址类旅游资源为主,包括革命遗址、旧址和遗物、遗迹为主,旅游产品类型单一,旅游者游览时缺少参与性活动,在景点的停留时间较短。有些景点虽然开展了一些参与性活动,但多数还只停留在化装拍照、观赏节目等浅层次上,缺乏对革命精神、军事文化和战争艺术的深层挖掘。这既无法适应现代旅游发展的需要,也无法满足游客多种旅游需求。

据点殿堂化主要是把围绕特色主题的关键景观据点(前文已提到),例如"吴焕先故居""红二十五军军部""红二十五军首次大捷地""红二十五军遭遇重大挫折地""红二十五军长征出发地"等,以博物馆、纪念馆和纪念塔的载体形式呈现,规划建设集文物博览、知识传播、艺术鉴赏、文化娱乐、旅游购物和现代园林为一体的殿堂化景区塔庙殿阁,室内展览建设也要进一步丰富,如增添浮雕、壁画、塑像、影音、陈设、书、图等,并开发建设具有游览性和参与性的军博园,复原战场遗址,包括碉堡、堑壕、阻击阵地、射击点等真实景物,同时征集现代国防兵器,满足游人的求知欲,达到延伸室内陈列,丰富游览内容的目的。在这一方面,县城小潢河畔的"鄂豫皖首府博物馆"堪称其代表性杰作,但遗憾的是笔者所见仅此一处,别无分号,可谓憾事! 在景观实体的立场上看,殿堂化景区、塔庙殿阁应为新县未来红色旅游资源开发的主要载体打造模式。在这块曾经光辉伟大的红色大地上,只有四处红色塔庙林立、大小红色殿阁棋布,才能招来鼎盛的膜拜"香火"和不绝的芸芸之众。在这方面延安做得比较典型,它建设众多革命历史博物馆,把宝塔山、七里坪、凤凰岭、杨家岭、七大会场、清凉山、南泥湾、洛川会议旧址、瓦子街战役旧址、王家湾旧址、青化砭战役旧址等重要革命旧址景区景点殿阁殿堂化,并在其内采用最先进的技术再现历史场景,增加可看性、趣味性和历史真实感。利用现代声光电技术、三维立体成像技术、虚拟成像技术、蜡像技术、仿真模型技术等,给游客以印象深刻、耳目一新的体验。它让游客游一博物馆,如同赴身一段历史,亲历一场旧事、详读一本史书、感受震撼几度。

4.内涵宽拓化

依靠红色旅游带动一方经济发展,这是发展红色旅游的出发点也是最终的归宿。旅游讲的是食、住、行、游、购、娱,既然要发展红色旅游,就应遵循文化旅游产业的发展规律,完善交通、住宿、饮水、就餐、如厕、休息、纪念品(纪念币、模型等)销售等服务设施,而红色旅游是一类新型的主题旅游产品,既具有传统旅游产品的特点,又具有新产品的特质,是有形与无形相结合的特色产品。因此,发展红色旅游既要尊重史实,也要谋求创新。旅游产品的多样性是旅游项目设计的重要原则,应用多样性原则的主要途径有:

①观赏角度的新颖性和多重性

②浏览形式的多样性与组合方式的灵活性

③模拟旅游环境的建立与模拟的逼真性

④多层次旅游项目的设置与选择的方便性

⑤求新求异,突出特色和创造全新体验性

各红色景区、景点在开发规划时要充分认识到,红色资源还不是旅游产品,要把红色资源变成旅游产品,必须注重从旅游的角度进行产品创新。红色旅游开发,必须采取跨越式发展。在产品开发中,用"新思路""新创意""新理念"重新整合旅游资源、旅游产品和旅游市场,要挖掘旅游"新产品",整合营销"新形象",全面拓展"新渠道、新地域、新市场"。在红色旅游开发中跨越单一的观光模式,把"红色旅游"汇入一个新的旅游产业体系之中。产品创新,要深度挖掘红色文化、红色精神,不挖掘文化是没有感染力的。要政府主导和市场运作有机结合,探索新内容,开发新模式;在开发中,"红色旅游"要加强规范管理,避免庸俗化。从而形成一种多层次的、适应旅游市场需求和现代革命教育需要,且有时尚感的产品网络,构筑观念创新、体制创新、文化理念创新、营销创新、产品创新、管理创新、技术创新、服务创新于一体的"红色旅游创新体系"。要注意解决好"单一化和雷同化"问题。各红色旅游景区、景点在开发规划时就要高度重视"特色打造"问题。要去掉"红色即特色"的初级认识,要在红色中再挖特色、再创特色。红色旅游开发要特别注意重视环境和文物的保护。从红色旅游自身发展看,要把文物景点与非文物景点结合起来,把革命传统教育与促进旅游产业发展结合起来,形成旅游区、旅游线、旅游点有机结合的发展格局。地区形成革命文化、战争文化、地域文化、物产文化、宗教文化等于一体的综合旅游文化新格局。为增强红色旅游的吸引力,在传统的参观活动的基础上,努力体现红色旅游的特色和旅游接待的专业水平,通过多种旅游形式相结合,扩大"红色旅游"的活动内容,增加"红色旅游"的趣味性和参与性,开设一些体验式、参与式的旅游活动内容,逐步改善和提高展馆的档次,改变单纯的图片和橱窗式的文物陈列,使表现更加现代化、科学化。可以在历史街区、城市雕塑、主题公园等方面也围绕红色做文章,极大地彰显红色文化,突出新县区别于其他红色城市的特色。在新县也可建设一个以纪念红二十五军长征的主题公园,把红二十五军长征沿途的景点浓缩为一体,让游客在新县就可以感受到红军长征途中的所有风光和曲折艰难。在纪念园内,模拟红军当年长征过程中越山渡河、风餐露宿的艰苦局面,模拟战场,让游客参与进来,感受红军当年艰苦生活,再现红军当年的英雄场面。

(三)延及周边区域,红色绿色并举

1.下看红色文明,上看连亘群山

新县不仅红色文化标识显著,而且地处大别山区,水光潋滟、鸥鸟翔集、群山环视、峰峦连亘,其自然景观亦属独特,素有"山中之花""山中奇葩"之誉。大别山连绵千里,覆压二十余县,山群地域之广袤中部罕见。春来万山苍翠、盛夏临水避暑,秋到天高野阔,冬来冰雪风情。北方山峦的风情姿韵被大别山完美演绎。新县有国家级生态示范区、香山湖国家水利风景区、金兰山国家森林公园、连康山国家级自然保护区等"豫南之最"式中国优秀旅游目的地。且山峦之间时有金钱豹、大鲵、穿山甲、白冠长尾雉等400余种动物现身,亦有珙桐、水松、银杏等野生植物2100多种分布,可谓景美物丰也。下看红色文明,上看连亘群山,实现文化旅游产业的红绿互动、全面发展,应为新县开发旅游产业的主要着力方向。纵观目前我国文化旅游产业之布局,自然风景游依然历久弥新,从其行业产值结构来看,自然风景游之产值,其他种类旅游项目仍旧望尘莫及。如浙江温州雁荡山景区2012年旅游创收26.82亿之巨。

在资源分布上,新县恰恰具有"红色"和"绿色"(绿色还包括绿色山林中的人文景观等)的二元旅游资源,如若红绿并举,"以红带绿""红绿相促"地发挥比较优势,必然能相得益彰推动新县文化旅游产业的发展于博远深邃。如处于新县境内的金兰山国家森林

公园,为 AAA 级景区,总面积 33.4 平方公里,由金兰山—连康山—西大山—九龙潭三山一溪相连而成,主峰金兰山 768 米。与湖北木兰山并称姊妹山,是淮南鄂北著名的道教圣地,主要景观 100 余处。域内森林覆盖率达 98.1%,原始生态保存完好。区内山峰有 300 来座,最高峰大风尖达 817 米,区内物种繁多,自然资源十分丰富,属典型亚热带向暖温带过渡地带,是中国华东与华中、华北三大植物区系交汇处及我国动植物南迁北移的缓冲带,具有丰富生物多样性特点,有野生动植物基因库之称,公园内野生动物 248 种,其中鸟类有 173 种,兽类有 37 种,两栖爬行动物有 38 种,国家重点保护动物有金钱豹和白鹳、白冠长尾雉等 34 种,公园内植物有 235 科 954 属 2435 种,国家重点保护植物原生银杏和红豆杉等 19 种,其珍稀植物群落及北亚热带森林生态系统比较显著,漫步公园时常看到国家二级保护动物白冠长尾雉倩影。所以,公园既是科学考察和野营探险、教学实习重要场所,又是旅游休闲和健身娱乐、避暑度假的理想胜地,集雄、奇、幽、秀、灵于一体,兼峰、石、潭、瀑、林于一身。并以幽幽道观群、玄妙圣人谷闻名于世界。修竹茂林间有一座历史悠久的古刹普济寺,终年香火不断。主要景观有香炉峰、大坝雄关、普济寺、灵猫石、观音望湖石、天梯、疗养院、别有洞天、佛缘石等 40 多个。每年正月十六和二月二、三月三、九月九为传统庙会,远近香客达十多万人。进金兰山途经圣人谷,老子传道、关尹子问道、庄子解道三尊巨石自然逼真,好像道家始祖云游四海,相聚在此,玄妙莫测。金兰山山陡崖峭,三峰刺天,道观凌空,太清宫、真武宫、灵官殿、娘娘殿、玉皇阁、财神殿、文昌宫,朝拜者络绎不绝,是淮南著名道教圣地之一,是体道、悟道的神往之地。(金兰山国家森林公园风景图)

金兰山国家森林公园风景图

　　如此人间美妙景致,新县还有十多处,大力开发它们,把新县主题红色景观和丰厚绿色景观打包推出,以适应游客的多元选择,让新来者应接不暇、乐不思返,让离去者所获不菲、留恋不已,让闻之者垂涎欲滴、不至不休,应为新县旅游规划的原则性考量。

　　除自然景点(包括山林中的人文景观)外,新县还有韩山千年古树紫藤林,千亩生态

金兰山国家森林公园风景图

金兰山国家森林公园风景图

茶园等。盛产林果、茶叶、中药材,其中,板栗、银杏、茶叶、野生猕猴桃品质产量均居河南之冠,被国家林业局誉为全国名特优经济林"板栗之乡""银杏之乡"。以"香山翠峰"为代表的绿茶更是享誉中外,多次获得大奖。另有"珍珠花""蕨菜"等十多种山野菜。并且物产在某种意义上也暗含着当地历史文化的痕迹,如茶文化、特产文化等。这些地区特产也可以作为旅游项目的重要辅助资源,因为旅游不仅是在旅游地的现场消费,还常常要带回旅游地的特别物产,旅游购物已成当今旅游之一大核心内涵,也成为吸引游客的一大力量源泉。如湖北神农架,各种野生动物出没于山涧、密林,各种野生植物遍布幽谷、峻峰之中,而山珍、草药更是不计其数。神农架物产绿色而无污染、健康而源于天然的独特品质,使得神农架出产的各种山林物产无不成为南北游客的抢购物品。新县发展"红绿相促"的旅游产业时,地区特产也应介入进来,不断延伸旅游项目的容量与内涵,进一步实现旅游产业发展格局上的"红与绿""红与史""红与茶""红与特产"的结合。

新县特产"银杏"

新县特产"猕猴桃"

2.打破边界藩篱,突出首府之显

新县红色旅游开发,在视域定位上应打破边界藩篱,要在鄂豫皖苏区的宏观背景下寻找自己的历史定位。笔者认为,新县要凸显其红色革命史地位,必先要和周边区县一同推崇和宣传鄂豫皖苏区的伟大地位,所谓林兴则树茂也。历史上,由于革命史发展、鄂豫皖领导人(主要是张国焘)之局限及共和国"大佬"们发迹地分布的差异,鄂豫皖在新中国成立后的若干长时间内一度匿声隐迹、地位低垂,史书(历史教科书)只言片语,影视少涉其功。然而,历史之特质便在于秉承历史真相。鄂豫皖苏区位于湖北、河南、安徽三省

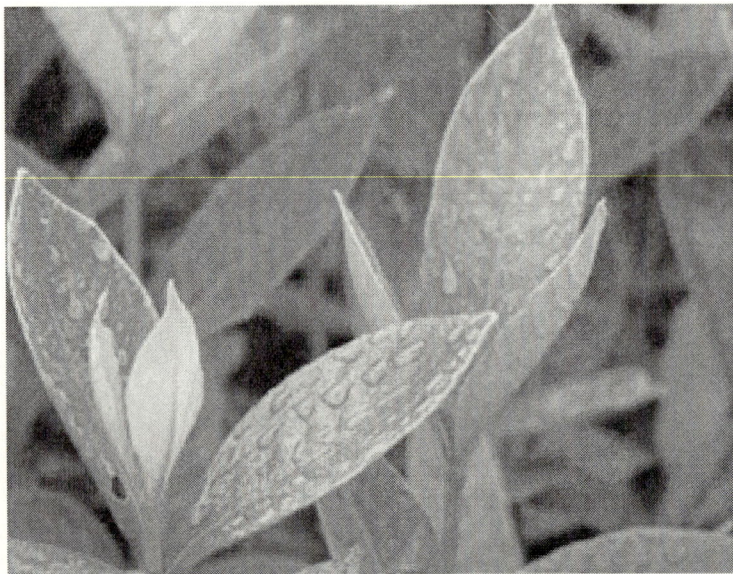

新县名茶"豫毛峰"

交界处,主要为大别山地区,南临武汉,东视南京,于国民党核心地区擎树红旗,在土地革命战争时期和第二次国内革命战争时期,都是中国共产党的重要阵地,还曾一度成为仅次于中央苏区的一块较大的革命根据地。此地区诞生过上百位位开国战将和革命元勋,为中华民族的解放事业做出了不可磨灭的贡献。且在土地革命战争时期和第二次国内革命战争时期,鄂豫皖苏区为我神州之地上唯一"原生性"主要革命根据地。众所周知,井冈山苏区乃秋收、南昌起义之义兵所辟,延安苏区主要为各路红军长征所致,而唯独鄂豫皖苏区乃原生革命者守原生之土,可谓是于敌门阙立马稳,于虎狼地摇枪棍也。其处境之危险性、局面之艰难性和斗争之卓绝性都是足可称道的。鄂豫皖故地各区县联合发力,匡正鄂豫皖苏区历史地位,乃扩大各自地域影响力的重要前提。红色旅游资源以其特殊性和跨区域性,决定红色旅游开发必须走区域合作之路。新县红色旅游要得到更好的发展,就要走开发型旅游发展的路子,加强与其他旅游区的合作,实行资源共享、线路对接、市场互动、客源互送、效益共赢、共谋发展。加强区域合作,把红色旅游资源整合成具有震撼力的旅游产品,全方位地提升鄂豫皖红色旅游产品的品牌形象。

新县在鄂豫皖苏区有着特殊的贡献和地位,其最为出众之特色在于它的鄂豫皖苏区"首府"地位,打破边界藩篱,突出首府之显,打造新县红色旅游"旗舰店"当属新县红色旅游品牌打造的主要努力方向。新县在鄂豫皖苏区的特殊地位主要可以从四个方面得到体现:

(1)新县是鄂豫皖边区革命根据地发源地

早在1926年秋,吴焕先、王树声、桂步蟾等一大批革命青年,在新县箭厂河乡四角曹门(吴焕先故居)建立了鄂豫皖边区第一个党支部,创办了鄂豫皖边区最早的农民革命武装——三堂革命红学,策动了著名的黄麻起义。1928年6月,鄂豫皖边区第一块革命根据地在新县柴山保建立,同年7月建立了鄂豫皖革命根据地第一支红军——中国工农红军第十一军三十一师,这是河南省第一支红军正规部队,也是中国工农红军第四方面军最早的一支队伍。1929 年 8 月,光山县苏维埃政府在柴山保宣告成立。柴山保革命根据地是鄂豫皖边区最早诞生的一块红色区域,由此发展形成鄂豫边、豫东南、皖西三块革命根据地。1930 年春,根据中央指示,在箭厂河乡成立了中共鄂豫皖边区特委和红一军,统一了三块根据地党和红军的领导,标志着鄂豫皖边区革命根据地的正式形成。

箭厂河乡四角曹门内吴焕先像

(2)新县是鄂豫皖苏区"首府"所在地

1930 年 2 月,周恩来在上海听取鄂豫皖边区工作情况汇报,中共中央决定建立中共鄂豫皖边特委,统一领导鄂豫皖边区革命斗争。1930 年 3 月 20 日,鄂豫皖边区党代表大会在箭厂河乡召开,正式宣布成立中共鄂豫皖边区特委。

(新县)鄂豫皖苏区首府革命博物馆

1930 年 6 月,鄂豫皖边区第一次苏维埃代表大会从柴山保王家湾迁到箭厂河乡,红

(新县)鄂豫皖苏区首府烈士陵园

(新县)中共中央鄂豫皖分局旧址

军造枪局、红军后方总医院等相继在箭厂河成立,箭厂河成为鄂豫皖革命根据地的中心区。1931 年 2 月,红军攻克新集(今新县县城),同年 5 月至次年 1 月,中共中央鄂豫皖分局、省委、省苏维埃政府在新集成立,分局、省委、省苏维埃政府、军委、红四方面军总部、航空局等党政军机关都设在新集,新集成为苏区首府和根据地政治、经济、文化、军事指挥中心。鄂豫皖革命根据地是当时全国地方武装割据建制最为健全的根据地。鼎盛时期,根据地发展到 27 个县,人口 350 多万,主力红军发展到 4.5 万多人,是仅次于中央革命根据地的全国第二大革命根据地。

(3)新县是坚持大别山红旗不倒的中心地

1932 年 10 月,红四方面军西征后到新县彻底解放,新县人民始终不屈不挠,坚持革命红旗不倒。1934 年 11 月,红二十五军北上抗日后,鄂东北道委遵照省委指示,以鄂东北独立团为基础,重建红二十八军,鄂豫皖根据地斗争进入极其艰苦的三年游击战争时期,卡房乡是军民坚持游击战争的核心根据地。在抗日战争中,新县人民作出巨大牺牲,当时,不到 10 万人的新县,为革命牺牲了 5.5 万多人,正式在册革命烈士 1.2 万人,有些村庄家家有红军，户户有烈士，为中国革命做出巨大牺牲和贡献。

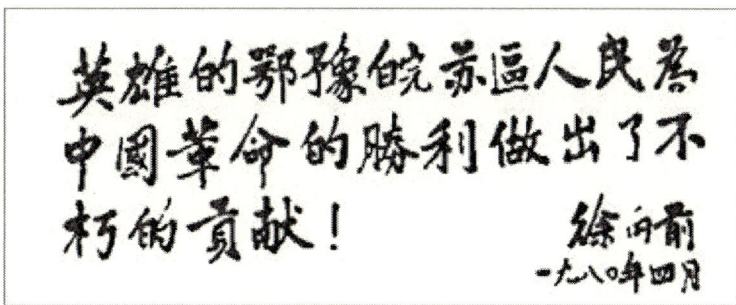

英雄的鄂豫皖苏区人民为中国革命的胜利做出了不朽的贡献！
徐向前
一九八〇年四月

鄂豫皖苏区反围剿地图

（4）新县是刘邓大军跃进大别山的落脚地

1947年8月，刘伯承、邓小平率晋冀鲁豫野战军千里跃进大别山到达新县，把新县作为刘邓大军在大别山的第一块立足地，并将司令部设在新县箭厂河乡箭厂河村大湾村，在新县八里畈宋畈村发布了刘邓大军挺进大别山后的第一个作战命令，使新县全境获得解放。刘伯承、邓小平亲切接见了电影《五更寒》的主人公原型刘名榜同志，对他坚持大别山红旗不倒的革命斗争精神给予了高度评价。新县是块红色的土地，红色资源遍布全县。（下图为刘邓挺进大别山后在大别山上）

刘邓在大别山上

（四）力推核心人物，再塑革命典范

新县红色革命历史人物不胜枚举，而最具影响力的核心人文乃扩大地区影响力的关键。新县在过去的革命史宣传中，精英人物的突出数量和力度还很不够。力推核心人物，再塑革命典范，是新县开发红色旅游资源的关键战略。其中吴焕先应为当下需要力推的核心人物。其一军百将、金戈铁马之熠熠功勋和长征先锋、毁家纾难之革命情怀，足以感召日月、气壮河山！（下图为甘肃泾川吴焕先烈士纪念碑文）

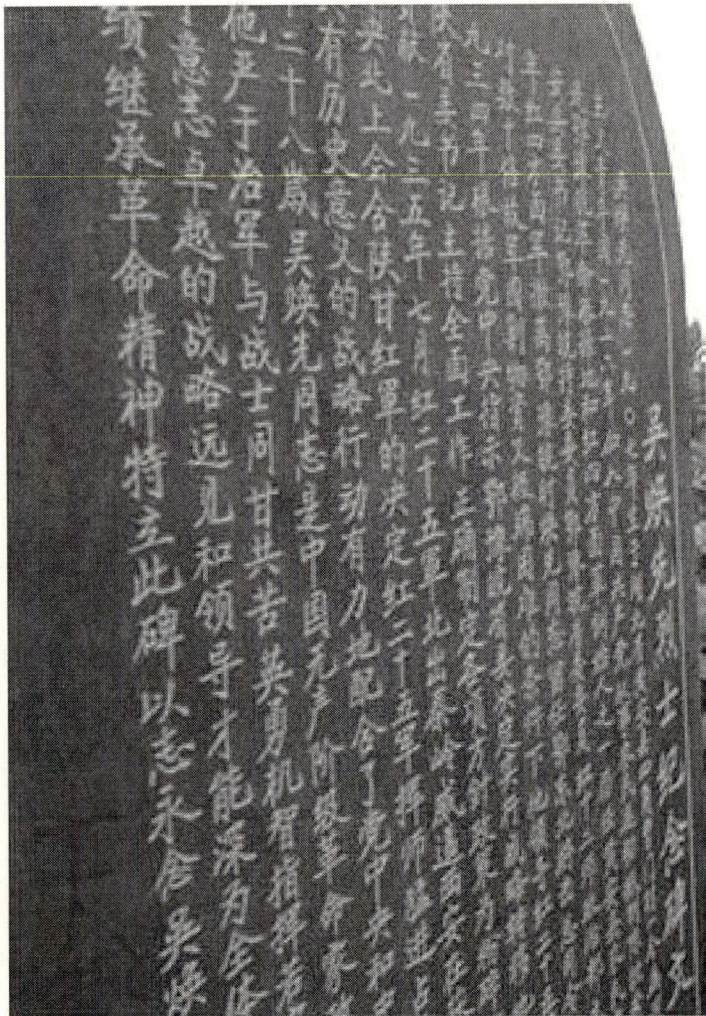

甘肃吴焕先烈士纪念碑文

红二十五军之所以能够在艰苦的环境中百折不挠并发展壮大,这与领导这支英雄军队的吴焕先、徐海东等同志高尚的革命品质,坚强的斗争意志,卓越的战略远见和领导才能是密不可分的。正是由于他们实事求是,英勇机智,无私无畏,严于治军,胸怀全局,才使所率的部队在多次恶仗中转危为安,转败为胜。而国民党军虽有数十倍的优势兵力也不能够取得胜利。红二十五军军魂不是这支军队赋予吴焕先的荣誉,而是吴焕先赋予这支英雄军队的灵魂。

红二十五军在吴焕先的带领下,在其忠于党、忠于人民、英勇机智、百折不挠、严于治军等高尚革命品质的感染下,培养出了一大批优秀的军事人才,如徐海东大将、刘华清上将、韩先楚上将、刘震上将、陈先瑞中将等。此外著名的《三大纪律八项注意》军歌的原创作者程坦和歌曲也出自红二十五军。红二十五军之所以能够将星云集兼政治素质高,与它的领导者吴焕先有着密切联系。吴焕先自身有着很高的政治素养,兼备卓越的军事指挥才能,为军队的发展起到了模范带头作用,为众多将士做出了表率。古人云"强将手下无弱兵",正是有吴焕先这样优秀的德才兼备的领导者的带领,才有了后来开国之初授予这支军队"一军百将"的辉煌成果。

吴焕先的生命短暂而永恒,他用短暂的生命诠释了时代所赋予的使命,并刻画在历史长河中永不湮灭。吴焕先同志生于旧中国的封建地主家庭,有着先天下之忧而忧的广阔胸怀,他接受马克思主义的洗礼,从一个进步青年成长为一个信仰坚定的共产主义者。当时的中国内忧外患,三座大山的压迫使民族几近危亡,国家复兴看不到希望。吴焕先毁家闹革命,舍家报国,舍生取义。革命的道路曲折而漫长,在经历黄麻暴动后的军事失败,肃反扩大化的政治斗争以及第四次反"围剿"的失利等挫折中,吴焕先迅速成长为文武兼备的杰出领导者。

在鄂豫皖苏区经历了第四次反"围剿"斗争的失利后,苏区和红军已到生死存亡的危急关头,他将分散的红军集中起来,重建红二十五军,及时改变斗争策略,由单纯消极防御转变为积极的攻势防御;同时对军内的肃反政策以及对待白军俘虏的错误政策等进行了改正,不仅取得了军事斗争上的胜利,而且对瓦解敌人取得了良好的成效。1934 年 11 月,为保存和发展革命力量,他率领红二十五军在河南省罗山县出发长征,于中途建立了鄂豫陕革命根据地,牵制了敌军大量兵力,对其他主力红军是一个有力的配合。1935 年 7 月,他和鄂豫陕省委决策并带领红二十五军西征北上,率先到达陕北,不仅解除了陕甘苏区的危局,并有力地策应了正在北上的中央红军。为革命大本营奠基西北做出了特殊贡献,在生死存亡的时局转换中发挥了无可估量的作用,获得毛泽东"为革命立了大功"的赞誉。《共产国际》1936 年第 7 卷第 3 期刊载《中国红军第二十五军的远征》一文也指出:他们"就好像做毛泽东部队的先锋一样,帮助毛泽东部队打开前往陕的途径"。

红二十五军长征是一部以少胜多、以弱胜强、勇往直前、慷慨激昂的人类英雄史诗。吴焕先无疑发挥了领导核心和最为关键的作用。长征途中由于军长程子华、副军长徐海东均负伤,军政委吴焕先不得不独挑大梁,特别是独树镇之战、庾家河之战,红二十五军面临生死存亡,吴焕先力挽狂澜,于战斗危亡之际带领将士走出困局,于革命低潮、斗志低沉之际给将士以希望,这或许就是吴焕先能成为红二十五军军魂的关键。1935 年 8 月21 日,在长征胜利的前夕,他为掩护部队突围而壮烈牺牲,这一天,被称为红二十五军历史上"最黑暗的一天"!

吴焕先不仅在战斗中英勇顽强,而且极其注重灵活的斗争策略,在通过豫西地区的途中,由于那里土顽横行,围寨林立,而且后有追兵军情紧急,想要通过相当困难。吴焕先有效利用北上抗日先遣队的名义与地方武装谈判,互不侵犯,由于政策运用灵活,使部队又一次转危为安;1935 年 8 月,他率领红二十五军路过甘肃回民区兴隆镇时,制定了"三大禁令四大注意",并亲自拜访清真寺,深受当地群众拥护,同时扩大了红军的影响。这些都是吴焕先"在执行党的政策上……总是那样高瞻远瞩,深谋远虑,既有坚定的原则性,也有一定的灵活性和创造性"的充分体现。

书中最令人伤怀处莫过于吴焕先妻子曹干先的离世。1931 年 4 月 15 日曹干先与吴焕先结为夫妻,到 1933 年 6 月初曹干先因病饿死于逃荒途中,不足两年零两个月。然而这短暂的婚姻却足以让后人为之感慨落泪,悲伤不已。吴焕先由于革命需要与妻子聚少离多,曹干先在家中操持家务侍候婆婆,尽心竭力,即便是困难到出门讨饭也不曾给丈夫添麻烦。这份真正的体贴之情,非有真爱与大爱是无法做到的。曹干先怀孕之际,为把这喜讯告诉丈夫并送上讨饭省下的百家饭不辞辛苦跑去阵地,无奈正值部队鏖战,却连一面也未得见。然而,曹干先失望离去后,因病痛与饥饿不幸逝于逃荒的陌路。每每读至这些场面,便忍不住心酸落泪。人世间这片真挚的爱情结局使人伤感心碎。耳边又回荡起人们常常吟诵的小诗:"生命诚可贵,爱情价更高。若为自由故,两者皆可抛。"前两句对于吴焕先的妻子曹干先而言再也贴切不过了。

而吴焕先的一生却更加让人倍感凄惨,先是一家六口被恶霸方天鹰残害致死,而后母亲常常四处乞讨维持生计而且不忘为路过的红军尽量支援,最终却活活被逼死在自己家中,而后随着已有身孕却连最后一面也没见上的妻子曹干先的离世,吴焕先失去了所有的亲人。我的耳边再次回荡起书中反复吟唱的那首悲壮而鼓舞心扉的革命之声:

"恨别离,盼团聚,革命征途万里,万万里。才迈出一步,已是多么艰辛,还只是开始,代价就这么昂贵。血的洗礼,火的搏刺,倒下了多少同志,有情人也心常碎!忍看骨肉拆散,同胞死难,挽紧臂膀,更要向前,向前。忍痛分离,泪洒尽,再多牺牲也不惜,含冤忍屈,都只为,穷苦人求解放能胜利,胜利!"

百越赤子举家纾难,抗日伟功。琼崖孤军战旗不倒,星火不灭。东江纵队坚持敌后,艰苦卓绝。"江南一叶"纵横秦淮,英雄喋血。"八桂三杰"运筹帷幄,连战皆捷。

四、打造"根文化"核心区

《国务院关于支持河南省加快建设中原经济区的指导意见》指出,中原地处我国中心地带,是中华民族和华夏文明的重要发源地,"要传承弘扬中原文化,充分保护和科学利用全球华人根亲文化资源;培育具有中原风貌、中国特色、时代特征和国际影响力的文化品牌,提升文化软实力,增强中华民族凝聚力,打造文化创新发展区。"如何发掘包括根文化在内的中原文化内涵,使华夏文明在传承中不断创新发展,成为摆在中原经济区建设面前的一道战略命题。

河南省位于古代中国的中部平原,又被称为中原。近代所说的中原一般专指今河南省行政区划所属之地。优越的地貌和丰富的自然资源孕育了古老的中原文明。中原文化是在中原大地上形成的物质文化、制度文化、思想观念、生活方式的总称。根文化是中原文化的重要组成部分。近年来,中原根文化已成为河南省历史文化资源开发的重点,在国内外产生了很大反响,为河南文化强省战略增添了新的支点。目前,学界关于中原根文化开发中存在的问题及其对策的研究多侧重于某一方面,缺乏综合性与全面性。本文将在借鉴已有相关研究成果的基础上,对中原根文化的开发内涵和意义、根文化开发过程中存在的问题及其对策进行全面考察,以期有助于促进中原经济区的建设。

(一)中原根文化资源的内涵

中原根文化是以姓氏之根、文物之根、先哲思想之根等为主要内涵的文化形态,核心是以儒、释、道三教合一并以追求仁爱、统一、和谐为主的文化,具有地缘上的原创性、情感上的正统性、发展上的开放性与传承性、内涵上的和谐性等显著特点。中国传统文化以群体为本位,以家为中心,强调的是家、族、宗、国,人际关系注重伦理与乡土情谊,由此形成华夏历史文明传承的血脉之根、精神之根。

1.中华姓氏之根

姓氏寻根寻的是血缘之根,中原地区是中华民族姓氏的主要发祥地。中华姓氏大约起源于炎黄时代,文献记载的三皇五帝时期有迹可循的 12 位人文始祖大多出自河南或以河南为主要活动地。许顺湛先生考证:炎帝族后代曾占据 15 个属地,有 107 个氏;黄帝族后代占据 101 个属地,有 510 个氏;舜族后代占据 7 个属地,有 61 个氏;禹族后代占据 12 个属地,有 33 个氏;契族后代占据 12 个属地,有 124 个氏。这 835 个氏主要分布在中原地区,后演化为华夏民族的姓氏。谢钧祥在《河洛文化与中华姓氏起源》一文指出,起源于河南的古今姓氏有 1834 个,在以人口数量排列的 120 个大姓中,全部起源于河南的有 52 个,部分源头在河南的有 45 个,共计 97 个。《中华姓氏大典》记载的 4820 个汉族姓氏中,起源于河南的有 1834 个,占 38%;在当今的 300 个大姓中,根在河南的有 171 个,占 57%;依人口数量多少排列的 100 大姓中,有 78 个姓氏的源头与部分源头在河南。可见,中华民族是以中原地区的华夏族为主体发展起来的,华夏儿女从中原出发,走向全国,走向世界。多数客家人寻根的起点在闽南、终点在河南,大多数台湾同胞的祖根 500 年前在福建、1300 年前在中原。万姓同根,根在中原,海内外华人的祖先多半在中原,河南省是中国姓氏资源第一大省。

2.人文始祖之根

中原有很多人文始祖。中华民族的九大始祖——伏羲、炎帝、黄帝、颛顼、帝喾、少昊、尧、舜、禹,他们有的生于河南、有的建都于河南,其大部分的活动空间在中原地区,中原地区可以找到很多人文始祖的遗存遗迹,如新郑的黄帝故里、始祖山,新密的黄帝宫,内黄的颛顼、帝喾二帝陵,沁阳的神农祭天处等,都是人文始祖们曾经活动过的地方。又比如伏羲居于陈地(今河南淮阳),死后葬于陈地,所以在淮阳有座太昊陵,即伏羲墓。

3.历史名人之根

在中国 5 000 年的文明史中,中原涌现出许多著名的哲学家、思想家、政治家、军事家、科学家、文学家,载于史籍的有千余人,他们对推动中国社会历史发展做出了卓越贡献。丁文江对《二十四史》中列有纪传的历史名人籍贯进行考证,5700 多人中河南籍的 912 人,占总数的 158%——其中西汉时 39 人,占总数的 19%;东汉时 170 人,占总数的 37%;唐代 219 人,占总数的 17%;北宋 324 人,占总数的 22%;王天兴主编的《河南历代名人辞典》收录自传说时代至清代的河南历史名人 3057 人。姚泽清的《古代河南历史名人》一文,收录了在中国历史上最有影响的河南历史名人 198 人,其中东周时有老子、庄子等 18 人,秦汉时有李斯、贾谊等 54 人,魏晋南北朝时有司马懿、范缜等 39 人,隋唐五代时有杜甫、韩愈等 44 人,宋元明清时有程颢、程颐、岳飞等 43 人,不胜枚举。他们对中华文明的发展做出了重要贡献,是今天各个姓氏的骄傲和寻根祭祖的对象。

4.先哲思想之根

文化寻根是寻精神之根。中华文化的儒、释、道、法四大思想渊源规定了中原文化和中华文化的基本走向,促进了中原文化的发展与繁荣。道家的老子故里在河南鹿邑,庄子故里在河南商丘附近,列子故里在河南新郑,儒家见用于中原,佛教首先落脚于中原,法家商鞅、韩非、李斯等都是中原人。

以哲学为核心的人文精神体系诞生于中原。文王"拘而演"的《周易》被誉为"中华第一经",对几千年来的中国历史有重大影响;老子创立的道教对中国思想文化的发展影响深远;程颐、程颢是儒学的集大成者,他们创立的理学是中国思想史上的又一座丰碑,后成为中国封建社会后期的主流意识形态。

5.文物之根

河南省地下地上文物、历史文化名城、全国重点文物保护单位数量均居全国前列。全省地上文物的保有量居全国第二,地下文物的保有量和馆藏文物均居全国第一,河南省共有文物遗产 28168 处。

河南省史前文化极为丰富,如旧石器时代的新郑裴李岗遗址,母系氏族时期的河南渑池仰韶村文化遗址,父系氏族时期的河南龙山文化遗址;又如,商代考古的发源地在河南,甲骨文的故乡在安阳,道教第一宫——太清宫在鹿邑,佛教第一寺——白马寺在洛阳,禅宗祖庭——少林寺在登封。此外,淅川下寺出土的王孙诰编钟,在中国冶金史上具有划时代的意义。

在古城遗址方面,河南省有六朝古都安阳、九朝古都洛阳、七朝古都开封等。在古墓葬方面,有淮阳太昊陵,东汉、曹魏、西晋及北宋皇陵,历史名人墓葬则不计其数,河南省出土的碑刻墓志数量为全国之冠。地上文物古迹有洛阳龙门石窟,开封的龙亭与大相国寺,登封的观星台与嵩岳寺塔等。这些都是中华文明的瑰宝,充分展示了中原文化的悠久与辉煌。

6.制度礼仪之根

夏、周曾定都于洛阳,商朝定都于安阳,所创立的各种典章制度和礼仪规范,对后世具有奠基意义。

7.文字科技之根

最早的成熟汉字商代甲骨文开启了中华文学艺术之门,张仲景的《伤寒杂病论》和张衡的浑天仪在中国历史上都占有重要地位,中国的四大发明都孕育于中原、发明于中原。这些都表明中原文化乃是中国的文字科技之根。

8.农耕文明之根

中原地区是重要的农耕文明发源地,我国农作物的很多品种都发源于河南,中原地区还发展出了较为完整的农业思想。中原的农耕文明智慧使古代中国从野蛮进入文明时代,如伏羲氏教人们"作网",开启了渔猎经济时代;神农氏尝百草,教人们播种收获,开创了农业时代;黄帝教人养蚕、织帛等,开创了织衣时代。

9.宗教之根

中国的佛教文化始于河南。白马寺是印度佛教自东汉传入中原后在洛阳修建的第一座印度式佛教寺院,少林寺的出现在一定程度上标志着佛教中国化的完成,相国寺的出现则进一步推动了佛教世俗化。河南还是道教理论的主要源头,河南鹿邑人老子被道教奉为教主,其著作《道德经》被奉为道教经典。

中原地区的人文始祖及其族群创造的丰富多彩的文化,在与同时代其他文化的交融中壮大,孕育了中华文明。中原根文化作为华人共同认可的文化符号,奠定了中华民族共有精神家园的主要基础。

(二)开发中原根文化的意义

《国务院关于支持河南省加快建设中原经济区的指导意见》指出,"中原地处我国中心地带,是中华民族和华夏文明的重要发源地",应把中原打造成"华夏历史文明传承创新区"。河南也提出要由文化大省变成文化强省。中原经济区建设离不开中原文化的强力支撑,开发根文化是河南经济社会发展的时代诉求。中原根文化研究与开发,是个学术问题,更是个经济问题和政治问题,开发根文化就是解放和发展生产力,在推动中原经济区建设的过程中具有独特作用。

1.根文化是建设中原经济区、实现中原崛起的助推器

(1)根文化是中原经济区经济社会发展的潜在动力

中原经济区虽有很大的发展优势,但与发达省份相比则是典型的后发区域,地域狭小、人口众多、经济社会发展相对落后是其现实境况。借鉴国内外的发展经验,大力发展文化软实力,是中原经济区实现快速发展并赶超发达地区的必然选择。而开发传统历史文化资源,尤其是根文化资源,有助于文化软实力建设。

中原根文化是河南加快建成小康社会、实现中原崛起的助推器。河南省的根文化内涵丰富,是推动河南经济社会发展的一个重要载体。在经济社会的发展过程中,各民族和国家都希望从自己历史文化传统中寻求文化之根与国家强盛的基因,这也是世界范围内寻根热的深层原因。共同的语言、相同的文化、一脉相承的血统和共同的心理愿望,使华人之间更易交往、交流,从而使根文化这一宝贵的历史文化遗产成为人们的精神财富和推动经济社会发展的强大动力。充分利用根文化优势,以根为纽带,吸引更多的海外华人到河南发展经济、社会、文化事业,将使文化优势转变为经济社会发展的优势,为实现中原崛起奠定基础。

(2)根文化所展现的历史和精神是中原经济区文化软实力建设的厚重基石

中原文化是中华民族历史的缩影,这里历经物种的起源、人类的诞生、思想的起源、社会的演变而具有多样性,这里历经中国政治、经济、社会、文化发展进程中标志性的重要事件而具有丰富性,这里历经朝代更替及其每个历史发展阶段而具有完整性。河南起步、发展、辉煌、衰落、复兴的历史发展轨迹与中国历史的发展轨迹极其相似。中原根文化的厚重历史和所体现的精神对中华民族的精神塑造发挥了重要作用,为中原经济区文化软实力建设提供了丰厚的人文资源。物质贫乏不是社会主义,精神空虚也不是社会主义。愚公移山的奋发向上精神,"民为贵,社稷次之,君为轻"的治国思想,"上兵伐谋,其次伐交,其次伐兵,其下攻城"的军事思想……这些在中原地区诞生的包含着智慧光芒的思想在中原经济区建设中同样会成为促进中原崛起的精神动力。中原根文化已成为人们寻找中华民族强大基因的精神之根、文明之根。

(3)根文化旅游是建设华夏历史文明传承创新区的重要内容

河南的寻根旅游资源得天独厚,从 20 世纪 80 年代开始,海外华人在河南寻根取得了很大进展,有 30 个姓氏先后组团到中原进行寻根和联谊,形成了中华姓氏文化节,并多次举办祭祀祖先的活动,如新郑黄帝祭祖大典等;旅游部门还精心打造了旅游线路,如炎黄子孙拜祖线等,形成了根文化旅游品牌。根文化旅游满足了海外华人华侨的寻根愿望,使他们体验到了厚重的中原文化,丰富了河南的旅游种类,展示了中原根文化的优势,提高了河南旅游综合竞争力,成为中原华夏历史文明传承创新区建设的抓手。

(4)根文化开发促进了中原寻根经济的发展

河南以寻根为主题,挖掘经济效益,产生了寻根经济效应,带动了河南由文化资源大省向文化产业强省转变。自20世纪80年代末以来,中原寻根经济依次经历了起步阶段、发展阶段和成熟阶段,以姓氏寻根、客家人寻根、人文始祖拜祭为抓手全面推动了河南寻根经济的发展。在世界范围寻根谒祖活动中,河南是华人寻祖的重点地区。伴随着人们到河南寻根联谊、观光旅游、投资建厂,在了解、认识河南的过程中拓宽了合作交流范围,推动了中原经济区建设的快速发展。据统计,30多年来,有30多个国家30多万人的寻根团队来到河南,旅游市场逐年扩大,推动了河南的经济增长。河南文化产业呈现出快速增长的良好态势,文化产业增加值由2005年的339.64亿元增加到2010年的600多亿元,年均增速达到17%以上。2011年,全省旅游系统坚持"走出去""引进来"相结合的原则,充分利用各类节会,广泛开展"大招商、招大商"活动,取得了显著成效,旅游转型升级迈出了新步伐,全省完成旅游招商项目67个,引资356.01亿元。

2.根文化是增强中华民族凝聚力和促进祖国统一的重要纽带

同根同源的文化内涵所形成的根情结与根意识,能把海内外中华儿女和中华民族密切联系在一起。

(1)根文化是增强中华民族凝聚力的重要纽带

中原根文化作为传承中华文明的主流文化,长期以来就是海内外华人的精神寄托,无论身居何方,都有想回家看看的心理诉求。热爱祖国、团结统一、爱好和平、勤劳勇敢、自强不息的伟大民族精神千百年来广泛而深刻地影响着海内外华人,报效祖国、眷恋故土的情怀是全球华人共同的民族意识和价值追求。中华民族文化同源、姓氏同根,形成了强大的民族凝聚力。开发根文化,弘扬中华民族优秀传统文化,有利于增强民族自信心、自豪感,增强中华民族的向心力和凝聚力,共同构建中华民族共有的精神家园。

(2)根文化是完成祖国统一大业的重要纽带

文化寻根是寻精神之根。中华民族都是炎黄子孙,文化同源使我们心灵相通,具有思乡、统一等共同需求;姓氏同根使我们血脉相连,具有血亲渊源,这是中华民族团结统一的纽带。深受儒家文化影响的中华民族具有热恋故土、敬祖尊亲的传统,海外华人与中原有着地缘、血缘、史缘关系,无论在何地,对祖籍地都有一份强烈的亲近之情,这成为海外华人寻根拜祖的动力。在祖国和平统一的进程中,发挥根文化的独特功能有利于增强海内外华人华侨的文化认同、民族认同和国家认同,促进中华民族的团结和祖国的统一。

3.根文化是传承中原文化,塑造河南新形象,建设社会主义先进文化的重要载体

河南历史文化厚重,充分发掘根文化,有利于塑造河南新形象、推进社会主义先进文化建设。

(1)根文化是传承中原文化、塑造河南新形象的重要载体

中原文化在中华文明形成中具有源头之根的地位,作为东方文明轴心时代标志的儒、道、墨、法等先哲思想形成于中原,其精神层面的文明成果已成为全人类共同的精神

财富,对人类社会发展起着先导作用。中原根文化对思想道德的建设、民族素质的提升,对河南走不以牺牲农业和粮食、生态和环境为代价的新型城镇化、新型工业化、新型农业现代化的发展之路,推进中原经济区建设具有现实意义。河南省近年来把开发根文化作为传承民族文化、推动经济社会发展的重大工程来开展,促使海内外华人到河南祭祖认宗,从而使河南的根文化精神得到弘扬,厚重河南的形象在华人心中得以强化,让更多的人认识河南、了解河南,为河南走向世界提供平台,显示了中原根文化优势,提升了河南的形象和影响力。

(2)根文化是建设社会主义先进文化的重要思想资源之一

恩格斯曾指出:"每一个时代的哲学作为分工的一个特定的领域,都是由它的先驱者传给它而它便由此出发的特定的思想资料作为前提。"中原根文化中的思想精华为社会主义精神文明建设提供了丰富的思想资源。中原根文化的许多精辟思想,具有重要的世界观和方法论意义,透过中原根文化可以从总体上认识中国社会和中原发展,总结出社会发展的一般规律。如中原先哲著作《易经》中的"八卦说"、《老子》中的"阴阳观"、"自然观"、二程哲学中的"格物论"等整体思维和系统方法,都是认识和管理社会的重要思想资源。中原根文化中蕴含的"天人和谐"观为我们正确处理人与自然之间的关系提供了方法论借鉴,对坚持科学发展观、促进生态社会建设有深刻启示。中原根文化中的明"人伦"、讲"持中"、求"致和"的儒家思想,为我们提供了协调人际关系、讲究心态平衡的合理思想,其合理内核有利于建立和谐的社会主义新型人际关系。格物致知、有无相生等朴素精辟的思想,仍是我们今天认识自然和社会的重要方法指导。这些都有益于我们建设中国特色社会主义先进文化。

4.根文化开发推动了河南根文化资源的研究,形成了河南寻根开发模式

自改革开放以来,在经济社会的发展过程中,人们越来越重视文化建设对物质文明、精神文明、生态文明建设的重要意义,河南根文化资源的开发也越来越成熟。根文化的开发以根文化的研究为基础,根文化的研究又推动了根文化的开发,并形成了政府主导型的河南根文化开发模式。

(1)改革开放以来,国内外华人已有三次以河南为目的地的寻根资源开发高潮

河南省社会科学院的张新斌在《河南寻根文化资源开发的战略思考》一文中对此做了较为详细的论述。

20世纪80年代末到90年代初是寻根开发的第一次高潮,主要以华夏民族根文化的精神传承为特征。海内外华人在中原的寻根活动由自发零散到初具规模,如海外谢氏寻根活动、荥阳成立的郑氏研究会、对黄帝故里在新郑的论证等。

20世纪90年代末到21世纪初是中原根文化开发的第二次高潮,主要以根文化的群体覆盖性和空间广布性为特征。海外的李、张、刘、郑、陈、杨等姓氏先后多次组团到河南进行寻根谒祖活动。

2004年至今是寻根开发的第三次高潮,主要以根文化的类型多样性和稳定开放性为特征。地方研究机构与河南省社会科学院加强合作,根文化研究成果丰硕,推出了河南根文化系列丛书等。

(2)根文化开发促进了中原根文化资源的研究

为适应海外华人寻根的需求,河南积极开展了根文化研究。在2世纪90年代,河南

各地相继成立了姓氏研究机构、根文化研究机构等。1991年河南省成立了研究姓氏寻根的第一个综合性学术团体——中原族史学术委员会。1994年出版的《中原寻根:源于河南千家姓》对河南姓氏资源进行了全面整理。1995年河南省成立了中原姓氏历史文化研究会。2004年河南省社会科学院的《寻根文化与寻根战略》课题成果摸清了河南根文化的基本情况。姓氏文化研究相关的名人研究也纷纷展开。1991年河南人才学会出版了收录3700多个历史名人的《河南历代名人辞典》。此后,各地也开始了单个名人的研究,如对鹿邑与灵宝的老子的研究,对南阳的诸葛亮的研究等。

(3)形成了河南寻根开发模式

河南地方政府和社会各界团体很早就意识到河南寻根文化在经济社会发展中的价值与地位,政府主导根文化开发,并在政策出台、投资环境营造、组织开发强度上都强力推行,为寻根文化营造了一个适宜的发展环境。河南省寻根产业的发展朝气蓬勃,表明这种政府主导、社会团体辅助、民众广泛参与的开发模式是成功的。

(三)中原根文化开发存在的问题

近年来,河南省在传承中原根文化、繁荣文化事业和文化产业的文化强省建设中取得了有目共睹的成就,但在弘扬根文化的实践中也出现了一些问题,使中原经济区建设中根文化开发的价值与功能受到制约。

1.缺乏与时俱进的根文化开发理念

这主要是指在根文化的开发理念上还显得落后,未能有效整合各种根文化资源并进行科学合理的开发。思想是行动的先导。开发根文化,发挥其应有的经济社会效益,必须解放思想,与时俱进。在中原根文化开发过程中,人们对根文化开发价值认识不足,没有把根文化的价值功能放到经济社会发展的大局中统筹考量,开发根文化的体制不健全,根文化开发的软硬件建设跟不上时代的发展要求;一些地方和部门认为文化可抓可不抓,还停留在计划经济体制下的观念层面,以所有制身份论贵贱,有"恐私""拒私"的思想;部分人应用高科技开发文化资源的意识很薄弱,一些文化企事业单位"等、靠、要"思想比较严重,缺乏市场意识、竞争意识和经济意识,导致文化资源闲置;有些地方注重文化的政治功能、强调文化的意识形态作用而忽视其经济功能和社会功能,强调文化产品的公益性而忽视其商品属性;有些地方对根文化的开发经济挂帅,急功近利,导致根文化资源粗放开发,造成根文化价值的浪费;有些地方对已有的根文化品牌不注意保护,如少林品牌在国内外被抢注,河南少林形象受损。一些彰显中华文明史的根文化品牌在外省开发,如中华文化标志城被山东济宁建造,中华始祖园被甘肃天水建造,中华孝道园被江苏常州建造。河南省在这方面的工作整体滞后,与发达省份相比还有很大差距。

2.缺乏有力的文物之根保护策略

在中原根文化的开发过程中,虽然源远流长的中原文化留下了极为丰富的历史文物,但缺乏有力的文物之根保护策略,再加上经济利益的驱动,不少承载着巨大历史文化价值的文化遗产因保护不力或多头管理而毁于一旦,一些靠口授和实践传承的文化遗产也在流失。

3.缺乏明晰的根文化战略与产业规划

根文化开发必须以产业做支撑,用项目来带动,由科技创新来引领。但目前中原根文化在开发过程中还缺乏相应的根文化战略与产业规划,导致中原根文化资源优势不能转化为产业优势。河南省文化产业明显滞后于现代工业的发展。濮阳的东北庄和石家庄的吴桥都是国家命名的杂技之乡,但吴桥国际艺术节现为中国对外文化交流的品牌,而濮阳东北庄则发展较慢。河南温县的太极拳、开封的汴绣、洛阳的唐三彩都是具有较高经济价值的文化资源,但规模小、产业不集中、多头开发,都未能很好地转化为文化产业。缺乏开发战略与规划,又不善于利用科技进行创新开发,使得中原经济区内的汴绣不如苏绣名气大,钧瓷、汝瓷产业落后于景德镇。

此外,在中原根文化开发过程中,一些名人资源存在重复开发、无序开发和市场定位不准确的问题,难以形成品牌效应。如荥阳、新郑、新密争抢郑姓的祖源地,浪费了大量人力物力财力。湖北与河南的诸葛亮之争、河南与安徽的老子之争等也影响了品牌形象和根文化开发的可持续发展。有些地方对根文化开发认识模糊,为争名人而内耗严重,影响了河南的形象和投资人的积极性;个别人利用寻根联谊搞宗族迷信活动,损害了根文化的声誉。

4.对根文化开发盲目投资或投资不足

目前,中原根文化资源的总体开发缺少宏观思路,经费投入过少或投资大收益小,投入与产出失调,不能创造出最大的经济效益;没有把寻根活动的开展与招商引资、发展旅游业紧密结合,没有发挥根文化在中原经济区建设中的应有作用。如历史名人资源主要以政府主导经营管理为主,名人资源的经营者和管理者缺乏主动参与市场的意识。河南省是文化大省,但对文化事业投入相对不足,文化产业仅占全省国内生产总值的不到4％,与发达省份相比有很大差距。在政府与民间资本对接问题上,存在体制性障碍。

5.名人之根的开发力度不够

历史名人只有与具体的物质载体相结合才能形成强大的吸引力。在中原经济区建设中,对名人之根的开发力度不够,无法形成强大的吸引力。

一是名人开发少。河南名人名胜数量多、种类全,名人故里、故居、墓地、纪念地等应有尽有。截至2011年底,全球已有104个国家和地区建立了350余所孔子学院,孔子学说已传播到了全球各地。周公、孔子、老子都是中华文明史上的重量级"名人",但老子、周公在世界范围的知名度和影响力还不尽如人意,开发力度还不够。

中原名人资源丰富,但由于开发力度不够,历史名人在旅游资源开发中的纽带作用没有得到充分发挥,已开发的内容与名人文化内涵的深度不相符合。河南已出版了《河南历史名人传奇》《河南历史名人地图》《洛阳历代名人》等,但这与其丰富的名人资源相比,类似研究及个案研究仍有待加强。一些地方开发了以名人文化为主的旅游景点,如郑州的轩辕黄帝故里、洛阳的关林庙等,但并没有形成相应的文化软实力,类似少林武术节、黄帝故里拜祖大典的开发活动并不多。如何挖掘传播名人文化,加强其开发力度,把展现名人精神风范与传承优秀传统文化相结合,让历史名人在实现河南从文化资源大省向文化产业强省转变过程中"有所作为"是中原根文化资源开发的一项重要任务。

6.缺乏知名的根文化品牌

中原根文化品牌总体上品种少、品位低,缺乏现代气息,创意不足,文化发展的整体实力不强,市场竞争力弱。当前,中原根文化整体上缺乏姓氏之根、历史名人之根等项目品牌和建设基地,缺乏更多知名的根文化品牌,一定程度上制约了河南华夏历史文明传承创新区的建设。如何变"文化制造"为"文化创造",努力打造与中原经济区相适应的根文化品牌体系,是一个重大挑战。

7.缺乏发展根文化产业的领军人才

文化产业是高科技与文化资源相结合的产业,是先进生产力和先进文化相统一的体现,需要高素质的人才来发展。目前河南省文化人才相对匮乏,尤其缺少高素质的管理人才、文化领军人才和国内外有影响的大家。这种状况造成河南根文化资源没有得到有效开发,文化产业规模小、创意不足。

8.缺乏根文化开发的创新政策

与文化产业发达地区相比,中原的文化产业除了文化资源优势外,缺少资本、人才、体制等优势。河南如果不能在根文化开发的政策创新上有所突破,中原根文化的文化产业就难以实现跨越式发展,难以成为新的经济增长点。

9.缺乏有效的根文化对外宣传策略

宣传也是生产力,在资讯传递快捷的"眼球经济"时代,有效的宣传对开发根文化具有重要意义,只有宣传好,才能被人所认知、所接受。在中原根文化开发过程中,由于缺乏有效的对外宣传手段,宣传推介渠道单一,宣传力度不够,很多根文化资源没有被外界所认知和熟悉。河南省的根文化资源之所以沉寂,既有资源本身含蓄不张扬的品质因素,也有认识没有到位、宣传没有跟上的原因。如濮阳市开发张姓文化,至今已投入了大量人力物力财力,却因对外宣传力度不够,其直接经济回报很少;而河北省清河县近年却加大了张姓文化的研究和开发,投入上亿元搞硬件建设,同时注重加大对外宣传的力度,结果名扬在外。

(四)中原根文化开发的对策分析

开发中原根文化是实现华夏历史文明传承创新的重要举措。如何开发根文化,让资源优势转化为产业优势、发展优势、经济优势,保持文化持续快速健康发展,这一问题值得我们深思。我们要积极采取措施,重点解决中原文化传承创新发展中的问题,转变旧的观念,拓展融资渠道,建设人才队伍,完善相关体系,在借鉴成功经验的基础上打造华夏历史文明传承创新区。

1.强化根文化发展意识,以思想观念转变引领文化发展方式转变

(1)要有中原根文化的发展理念

传统观念不清楚文化建设与经济发展之间的共生互动关系,对文化开发价值认识不足。恩格斯曾指出:"政治、法律、哲学、宗教、文化、艺术等的发展是以经济发展为基础的。但是,它们又都互相影响并对经济基础发生影响。并不是只有经济状况才是原因,才是积极的,而其余一切都不过是消极的结果。这是在归根到底不断为自己开辟道路的经济必然性的基础上的互相作用。"我们要牢固树立与中原经济区建设和科学发展观相适应的根文化发展观,树立文化是根、文化是魂、文化是力、文化是效的新理念。各级党委和政府要从战略高度充分认识根文化的地位和作用,把文化改革发展纳入经济社会发展总体规划,纳入科学发展考核评价体系,一手抓繁荣,一手抓管理,牢牢把握文化改革发展的主动权。

政府是根文化建设的主要推动者,要通过领导方式转变加快工作方式转变。政府要服务带动,不能搞"政绩工程";应强化公共服务职能,通过完善统一高效的领导体制和运行保障机制,明确政府在根文化建设中的权力和职责;科学制定中原根文化战略规划;加大扶持力度,创造条件,使更多的社会力量加入根文化开发的行列,使中原根文化成为华夏历史文明传承创新区建设的文化支柱。

(2)要有中原根文化发展的创新理念

文化的生命力在于继承与发展的统一,厚重的中原根文化是我们祖先创新的结晶和中原文化得以传承的重要原因,农耕文化从"刀耕火种"到"精耕细作",医药文化从神农"尝百草"到《伤寒杂病论》《千金方》都是继承前代文化基础上的创新。创新是文化产业发展的动力。河南不少地方有"聚宝盆"却拿不出"金饭碗",关键在于开发盲目、缺乏创新精神,科技含量不足、复制能力大、原创能力低,造成文化资源闲置、市场竞争力弱。我们要树立科学发展的文化发展创新观,整合挖掘各地的文化资源,发挥中原根文化资源的整体效益,促进文化产业发展。

要注重根文化的科技创新。现代科技是文化资源向文化产品转化的关键因素。美国大片《阿凡达》正是充分利用了高科技才"唱响"全球。河南文化产品总体上科技含量偏低,要改变这一状况,必须把现代科技植入根文化产品生产、服务的各个环节,以高科技手段推动文化内容创新、形式创新,注重对根文化进行开发包装,推动文化产业的发展,如此,才能真正实现根文化的传承与创新,使中原根文化在创新创意中取得大发展,提升中原根文化的软实力。

2.建立全方位的根文化资源研究保护体系

根文化不可再生,要有根文化保护意识,正确处理保护研究与开发利用的关系。"2011年,国家加大对河南文物保护经费投入力度,下达河南省文物保护专项经费6.55亿元,支持河南打造华夏历史文明传承创新区。主要用于世界文化遗产申报管理、大遗址保护展示、全国重点文物保护单位维修、博物馆免费开放等华夏历史文明保护传承工作。"这对有效保护根文化起了重要作用。

一是注重建立完善的根文化研究体系。要对历史文献资料进行整理、研究,这样既可保存、开发根文化,又可在保护与开发过程中展现中华民族的生产生活方式和精神风貌。根文化表现形式多样,对根文化的研究也要多管齐下。制订河南寻根文化资源研究可行的战略规划,围绕根文化的族源特征,分门别类研究、登记现有姓氏非物质文化遗产资源;研究要由分散转向集中、由被动转向主动、由原发性转向对策性;用学术来提升中原根文化的影响力,支持高校、科研机构建设以根文化为重点的姓氏文化、寻祖文化等相关研究机构,设立根文化研究基金,创建根文化高层论坛,推出与之配套的中原根文化系列图书,对根文化进行普及,使之走向大众。

二是建立和完善根文化保护体系。加大根文化物质文化遗产和非物质文化遗产的保护力度,提高保护级别,由一般保护转向重点保护;加强微观保护,由宏观保护转向特定的根文化保护;改变保护目的,由单纯的为保护而保护转向为了发展而保护。

3.建立具有中原特色的根文化产业开发体系

在中原经济区建设中,要立足中原根文化优势,建立根文化开发产业体系,做好产业规划,将中原根文化优势转变为经济社会发展优势,充分发挥其社会教化功能和经济效益功能。

一是大力开发根文化资源。要对中原根文化的开发准确定位,挖掘其市场价值,拉长产业链,建设旅游品牌项目,开发具有核心竞争力的根文化产品,加大根文化对外交流和贸易的力度,形成河南根文化科学开发和中原经济区建设的特色,提升中原根文化的市场竞争力。

二是大力发展根文化旅游产业。统筹规划、总体部署,将河南纳入全国根文化旅游开发的大范畴,建立以根文化为主导的文化产业体系。开发特色的根文化旅游线路及系列根文化配套产品,依托文化经贸交流和各类根文化论坛或研讨会活动来提高中原根文化的知名度。在做好产业规划的基础上推进文化产业结构调整和资产重组,形成具有竞争力的根文化产业集团。

4.拓展融资渠道,增强对根文化资源的开发投资力度

文化产业投资面广,不同的投资主体有不同的利益诉求。政府要统筹兼顾,避免盲目投资,促成一个比较合理的投资结构。

(1)深化国有资本和民营资本的根文化投融资渠道

要强化资本对根文化产业发展的支持力度,确定国有资本对文化事业、文化产业的投资范围,推动国有资本投资机制的改革和转变;要设法拓宽根文化投融资渠道,实行根文化投资主体多元化、社会化,降低投资准入门槛,积极培育上市根文化企业,组建根文化产业基金和创业投资基金。

(2)建立根文化投资的激励机制

根据根文化产业对地区经济的拉动作用,给予文化投资者以相应的回报和奖励。如对企业商业文化投资进行减税和补贴。上海市建立了政府公共投资和企业文化投资相结合的激励机制,建成了大批一流的文化设施。这值得中原根文化开发参考借鉴。

5.加大对名人之根的开发力度

开发名人的根文化资源,首先,要组织专家、学者来确定名人研究对象、研究内容、研究重点,在对名人的深度开发中做到社会效益与经济效益的统一;其次,要在研究和宣传上下功夫,加大开发力度,不仅要让教师、学生及研究者等知识群体了解名人,还要使之进入大众视野,家喻户晓;再次,在做好根文化融资的过程中,利用有限资金重点开发一批名人项目和产品,利用科技创新来打造著名品牌;最后,要加大对名人的海外宣传工作的力度,提高名人在海外的知名度。

6.建立特色的根文化品牌体系

国内外成功的文化产业都很重视品牌建设,美国的迪士尼乐园、云南的《云南映象》等都是例证。传统中国人和当代海外华人华侨的中原情结、中原根文化广泛的社会认可度及其丰富多样的类型等,奠定了创建中原根文化品牌的实力和基础。

(1)打造以根文化为中心的中华历史文化体验区

河南省现已查明有价值的不可移动文物 7 万余处,其中世界文化遗产 3 处,国家级非物质文化遗产 88 项,省级非物质文化遗产 200 余项;全国重点文物保护单位 189 处,省级文物保护单位 1047 处;国家历史文化名城 8 个、历史文化名镇(村)8 个,国家考古遗址公园 5 处;博物馆 150 余座,馆藏文物达 140 余万件。应积极整合现有文物资源、国家级及省级非物质文化遗产项目,加大文化创意力度,建设非物质文化遗产保护园区、专题博物馆、展示中心、传承基地,发挥文物的"活化石"功能,打造中华历史根文化体验区。

（2）打造中原根文化品牌体系。要以项目创品牌,以品牌促项目

一是打造中原历史文化名人品牌体系。要把现有历史名人遗迹和兴建名人景观相结合,对历史名人开发要内涵上挖掘、外延上延伸,带动名人、名胜及其他相关资源的开发,形成品牌体系。如结合医圣张仲景来策划医药文化论坛项目,结合卧龙岗文化遗存来策划智圣园旅游项目,结合梁祝文化遗存和桃花扇故事来策划爱情之旅项目。

二是打造系列祖地品牌。通过开发建设名人主题公园、博物馆、纪念馆、雕塑等,完善历史名人旅游的物质载体,建设祖地品牌。如围绕淮阳太昊伏羲陵、新郑黄帝故里来建设中华始祖根文化品牌体系,利用与商代历史文化相关的 67 个姓氏来建立中原根文化姓氏祖地品牌体系,围绕客家人"河洛郎""固始籍"来建设客家祖地品牌体系。

（3）开发与根文化相关的历史故事、神话传说和民间传统文化资源

中原地区有不计其数的体现和传承中华文化底蕴的历史故事和神话传说,如盘古开天辟地、大禹治水、董永与七仙女、嫦娥奔月等。这些传统文化资源是中原根文化的组成部分,包含着哲学、科学、历史及宗教等多重价值。追溯历史故事与神话传说,破译中华民族的精神密码,可以满足人们求真、求是、求美、求善等多种需求,不仅有助于形成中原根文化品牌体系,还可以传承中原悠久的历史文化,促进中原经济区建设可持续发展。

（4）打造寻根之旅,加强区域联动发展

一是发展城市间的区域合作。寻根资源存在很大的关联性。立足中原根文化,发展省内外旅游城市的区域联合,是河南旅游营销的切入点和创新点。要大力发展中原旅游区的城际合作,建设黄金旅游线路,创旅游名牌;要制定合作机构、政策、战略目标和发展规划,合力培育旅游市场环境。河南的新郑是黄帝出生之地,陕西的黄陵县是黄帝的陵墓所在之地,对炎黄子孙来说,黄帝是共同的祖先,把这两地的资源进行整合,打造黄帝从出生到陵墓的完整寻根旅游线路,可形成独一无二的黄帝寻根资源,增加竞争力度。

二是打造中原根文化旅游圈。根据中原根文化的资源分布特征,可形成以河南为主体,包括晋东南、冀南、鲁西北、皖西北、鄂北、苏北等地在内的根文化旅游圈。这个区域与广义的中原地域、中原经济区的区域在时空上有一定的重合度,在文化类型上有较高的大众认可度。可利用根文化纽带作用来整合这一区域内的旅游资源,打造根文化旅游圈。

三是主推根文化精品旅游线路。把上述区域内的景区进行点、线、面组合,形成精品旅游线路,促使根文化旅游持续发展。重点打造中华始祖及姓氏寻根线路,如新郑黄帝故里、淮阳太昊伏羲陵与陕西黄陵县黄帝陵、山西洪桐大槐树的姓氏寻根祭祖线路,河南南阳与湖北襄阳的三国文化寻根游线路等。

四是开展品牌整体营销。发挥中原根文化的品牌优势,必须改变当前中原各地各自为政的根文化营销现状,实现由同质化模式向打造特色品牌转变,把资源与产品、市场进行品牌整合,实现整体营销,将营销传播的力量集中于传播中原根文化的统一形象,塑造中原根文化旅游品牌。

五是实行对外拓展战略。打造中原地区根文化品牌，海外市场是重点，因此必须实行对外拓展战略，在实现中原根文化旅游区域联合的基础上，打通海外旅游通道，提高中原根文化旅游的海外竞争力。根文化旅游的真正含义和目的是文化，厚重的中原根文化使中原地区成为国内外旅游的巨大潜在市场，如闽粤赣是客家人聚居地，台湾、东南亚是中原姓氏寻根的主要客源地，中原佛教对东亚、东南亚有很大吸引力等。这些旅游市场潜力的转化需要有效的市场空间拓展。可根据中原旅游海内外市场潜力的分布特征，实施有效的营销策略，将潜力市场变成现实市场。

7. 建设人才队伍，为中原经济区建设提供有力的人才保障和智力支撑

（1）牢固树立人才资源是第一资源的观念

人才是增强文化竞争力的第一要素，没有人才，发展就缺乏创新。梅帅元等著名创意大师推出的《禅宗少林·音乐大典》《大宋·东京梦华》大型实景演出，以中原文化为底蕴，成为河南著名品牌。河南焦作云台山邀请国内著名高校的 60 多位专家，在山水峡谷间创造了叫响全国的河南旅游品牌。这些是一流的创作团队打造出的一流文化精品，体现了民族精神，赢得了市场，实现了社会效益和经济效益双丰收。

（2）加强根文化人才建设，提升文化从业人员素质

文化市场的竞争最终是人才的竞争，人才是把资源优势转化为经济优势的关键。要建立省级根文化教育培训机构和多层次根文化人才教育培训体系，规范培训机构，强化岗位培训，推行资格认证和持证上岗制度，提高根文化从业人员的整体素质。

（3）完善根文化人才的选人用人机制，培养善于创新的文化领军人物

通过市场引进具有创新能力的文化经营管理人才，聘请国内外相关学科的专家，建立专家库，为根文化发展提供智力支持；完善人才使用机制，把德才兼备、懂经营善管理的人才选拔到领导岗位上；完善人才管理机制，落实国家相关人才政策，完善用人制度，创造才尽其用的舆论环境、工作环境、生活环境、政策法规环境；建立人才激励机制，用事业留人、制度留人、待遇留人、感情留人、环境留人。

8. 创新根文化开发政策

创新根文化开发政策，就是要在法规、教育、宣传、资金等方面有所突破。为此，不仅要继续落实转企改制国有文化单位扶持政策执行期限再延长 5 年的决定，还要健全与根文化相关的法律法规，细化根文化遗产保护法规。要建立根文化的教育评估机制，对相关单位的根文化保护及研究工作进行评估监督。要出台相关政策来鼓励和引导人们的根文化消费，如以政府补贴的形式来向公众提供低价的根文化产品。要制定相关优惠政策来鼓励有条件的根文化单位在境外兴办文化实体，通过办报刊、建网站、合作演出和展览等形式开发根文化资源。要建立根文化资金专项管理制度，吸收社会资本和外资进入根文化产业领域。

9. 建立完善的根文化对外宣传体系

（1）整合根文化宣传资源，制定对外宣传的总体战略

宣传是创建名牌的重要手段。要采用新的创意，开展形式多样的宣传中原根文化的推介活动。针对宣传媒体的多样化，制定根文化宣传的统一主题，突出主流，形成氛围；针对海内外不同的宣传对象，制定根文化宣传的不同题材，突出根脉，增加吸引力。如以

河南名人文化为背景,通过舞台、影视、小说等推介河南根文化;邀请记者、国内外作家、艺术家到根文化景区采风,请他们写河南、画河南、拍河南、唱河南;以嵌入方式开发以根文化为素材的有纪念意义和品位的文化工艺品来传播根文化;有计划地发表系列根文化文章等。

(2)创新海外宣传新模式

海外是文化寻根的主要市场,要采取"走出去"方式,加速中原地区海外根文化交流机构建设;精心策划宣传创意,利用现代传播媒介,在海内外进行以根文化为主题的多渠道宣传。通过寻根问祖、修祠续谱、学术研讨、投资兴业、海内外宗亲联谊活动,将根文化融入艺术作品、网络、文化交流、旅游观光的过程中,使海内外华侨华人及时了解中原的实情,向他们传递华夏文明的向心力、亲和力。组建中原根文化宣讲团、联谊团到中原移民迁入地宣传中原根文化,到国外开办少林、太极武馆,加强文化领域的多边互访和国际文化交流。把民间交流合作与政府推动主导合作相结合,构建多层次、宽领域、外向型的文化发展平台,推动中原根文化走向世界。

(3)建立科学可行的根文化宣传效果评价体系

宣传效果评价体系是衡量根文化宣传工作质量的尺度和提高其工作质量的依据。只有制定合理的评估方案和标准,并进行调研、测评、比较分析,才能对宣传的成效予以准确定位,为决策提供咨询。要从宣传方式、宣传内容、民众认知度等方面制定出切实可行的根文化宣传效果评价体系,把群众评价、专家评价和市场检验相结合,形成科学的评价标准。

10.借鉴其他国家根文化建设的成功经验

寻根问祖是人之本性。世界各地以"寻根"为主题的各种活动越来越多,形成了"寻根经济"。英国人曾一度掀起"成吉思汗基因寻根热",大约有25万个男性愿意花180英镑测测自己是否与成吉思汗有血缘关系。为了方便美国人寻根,英国"祖先"网搜集了从1790年到1930年1300万美国人的人口资料,供美国人查询自己的祖籍。寻根者感兴趣的不只有祖先的基因和家族谱系,而且也有祖先的事迹,曾经的生活经历、生活态度、世界观、人生观、价值观等,这些都会对寻根者产生很大的影响。寻根情结带来了新的商机。美国数十家基因检测公司的"血统分析"业务每年可创收19亿美元,遗传检测工具的销量也不断创新高,寻根网站也应运而生。美国寻根网站"埃利斯岛"在自由女神像所在的埃利斯岛上开通后,整理出了1892—1924年间乘船抵达纽约港的2200万个客人的资料,现在40%的美国人都能找到一个先人是从纽约港上岸并首次踏上美国的。这个寻根网站不断拓展商机,利用先进的交互式计算机技术保留新移民的材料,如扫描全家福、个人资料、录下自己的声音材料保存,为下代的寻根提供证据。美国的寻根旅游也在持续发展,如美国的西维吉尼亚州,注重保护历史遗迹和建筑,让每天从全国各地赶来寻根的游客都能看到自己祖先生活的影像,促进了当地经济的发展。在国内,由姓氏衍生的寻根旅游和寻根商机尚处于起步阶段。据统计,目前我国有关姓氏寻根的中文网站有200多个,近年来编辑出版的姓氏丛书有10多种,寻根游项目大多还只是针对海外华人而开设。事实上,从英美等国的成功经验可知,姓氏家谱、姓氏网站、姓氏寻根基因检测、寻根旅游、文化创作等都蕴藏着丰富的商机。我们可借鉴这些国家的根文化开发的成功经验,关注国内外根文化发展的态势,推进河南根文化开发的深入发展。

《国务院关于支持河南加快中原经济区建设的指导意见》中明确提出:中原经济区的战略定位之一就是建设成为华夏历史文明传承创新区。建设华夏历史文明传承创新区是弘扬中华优秀历史文化、实现中原崛起的重要路径与历史机遇,其基本路径就是通过挖掘中华姓氏、文字沿革、功夫文化、轩辕故里等根亲祖地的文化资源优势,提升具有中原特质的文化内涵,增强对海内外华人的凝聚力和吸引力;其基本目标是将其打造成中华民族精神家园承载地、华夏历史文明展示体验地、海内外华人寻根问祖地、华夏历史文化资源开发地、社会主义先进文化发展新高地、中原文化走出去对外开放地。2010 年 3 月十一届全国人大三次会议期间,胡锦涛参加河南代表团共同审议政府工作报告和全国人大常委会工作报告时指出:"河南是中华民族和华夏文明的重要发祥地,是全国重要的历史文化资源大省,历史底蕴深厚,文化资源丰富,要充分发挥这一优势,推动文化发展繁荣。"我们要充分发挥中原根文化的优势,制定根文化发展的战略目标和总体规划,围绕华夏历史文明传承创新区进行文化体制机制改革,创建文化产业体系、名牌体系、宣传体系等。建设中原经济区,实现中原崛起,就是要建成惠及中原人民的更高水平的小康社会,使人民群众的物质文化生活更加丰富,而包括根文化在内的文化事业的发展是实现中原崛起、提高中原人民物质文化生活水平的应有之义。

五、打造乡村文化旅游示范区

(一) 乡村旅游与文化旅游综合体的发展走向

以文化旅游为产业核心推动城镇化的实践,这种模式并不仅仅是它在推动城镇化方面的独到作用,更关键的是在打造文化旅游综合体的过程中,能够使当地居民的增收致富、使投资者的丰厚回报、让生态环境的优化整合、让周边产业的协同发展、让政府部门的战略意图得到实施,使各方面的需求进行统筹兼顾,实现多方共赢。文化旅游综合体模式下的城镇化是实现"人文环境优秀、自然生态优异、产业发展优良、居民生活优越的全面城镇化"的绝佳途径。

乡村旅游的迅速发展,逐渐呈现出产业的规模化和产品的多样化。国外一些与乡村旅游相关的旅游主要有:Agrotourism(农业旅游)、Farm Tourism(农庄旅游)、Green Tourism(绿色旅游)、Village Tourism(一般指偏远乡村的传统文化和民俗文化旅游)和 Peripheral Area Tourism(外围区域的旅游) 等。

综合国内乡村旅游的现状和其他学者的研究成果,乡村旅游基本类型归纳为以下几类:

①以绿色景观和田园风光为主题的观光型乡村旅游

②以农庄或农场旅游为主,包括休闲农庄,观光果园,茶园、花园,休闲渔场,农业教育园,农业科普示范园等,体现休闲、娱乐和增长见识为主题的乡村旅游

③以乡村民俗、乡村民族风情以及传统文化为主题的民俗文化、民族文化及乡土文化为主题的乡村旅游

④以康体疗养和健身娱乐为主题的康乐型乡村旅游

(二)乡村旅游与文化旅游综合体的发展趋势

大力发展乡村旅游,是社会主义新农村建设的重要组成部分,是加快城乡经济统筹发展、实现产业联动和以城带乡的重要途径,对加快推进新农村建设、统筹城乡发展、增加农民就业机会、拓宽农民增收渠道、促进农村精神文明建设和满足游客旅游文化消费需求都具有十分重要的意义。同时,科学保护和合理开发各类乡村风光,宣传文化和生活吸引,开展乡村观光、休闲、度假和体验性旅游活动,对进一步保护生态环境和弘扬民族文化,丰富和优化我国旅游产品结构、产业结构、区域结构和市场结构都将发挥积极的作用。文化旅游综合体它不沿袭"城市效率优先"的传统原则打造新的"巨无霸",而是秉持一种"愉悦生活"的观念,营造一个生态、人文、经济、生活等各个要素均衡配置,大多数人买得起房子、并能在此享受舒适生活的"轻城市"。

1.发展方向

乡村旅游必须沿着与文化旅游紧密结合的方向发展,明确这一发展方向是使之规范化、健康、高速发展的根本保证。文化因素本来就是乡村旅游得以兴起的根基。乡村旅游开展所依托的资源,不是先人遗留下来的、死气沉沉的、被称作凝固乐章的静景观,不是靠恢复、模仿而再现的历史场景,不是失去原有自然环境的高度浓缩在有限空间中的民俗风情,而是世代伴随人类繁衍、进化,充满生气与兴旺景象的能将游人融于其中的环境、氛围和活动。中国传统的"天人合一"的哲学思想给我们指出了一个深刻的道理,即,只有贴近自然的才是永久属于人类的。生态旅游、文化旅游正是这一传统哲学思想在文化旅游产业发展方向上的体现。

2.发展目标

通过大力发展乡村旅游,形成种类丰富、档次适中的乡村旅游产品体系;把乡村文化旅游产业培育发展成为繁荣和壮大我国农村经济的特色优势产业;把乡村文化旅游产业发展成为文化旅游产业新的主要力量;通过发展乡村文化旅游产业着实启动乡村旅游消费市场,形成社会消费热点。最终,把广大乡村建设发展成为国内旅游的重要目的地和客源输出地,建成统筹城乡的国民旅游消费大市场。推进我国乡村旅游实现消费大众化、产品特色化、发展产业化、服务规范化、效益多元化发展。

3.工作目标

因地制宜,与文化旅游相结合,大力开发体验性、知识性农业旅游项目,挖掘文化内涵。观光农业是一种文化性很强的产业,发展农业旅游不能只以田园风光、农事活动等作为吸引物,必须发掘农村文化中丰富的内涵,做到文化、乡情、景观三者的和谐统一。如果说文化是"根",乡情是"叶",那么景观则是产经视点"花"。有文化内涵的产品将是21世纪旅游产品的基本特色,只有在内容和形式上充分体现出与城市生活不同的文化特色和民族色彩,具有鲜明的地域特色和文化内涵,才能最大限度地激发旅游者需求动机。

(三)乡村旅游与文化旅游综合体的开发模式

1.乡村旅游开发要与其他旅游开发相结合

乡村旅游不能理解为是一种纯粹的农业资源开发,而要与区域内其他旅游资源和旅游景点的开发结合起来,借助已有旅游景点的吸引力,争取客源,以形成资源共享,优势互补,共同发展的格局。

2.与农村扶贫相结合

开发乡村旅游可增加旅游就业机会,可以从一定程度上解决农村剩余劳动力的问题,缓解农村剩余劳动力对城市的压力。

3.乡村旅游开发要与小城镇建设相结合

乡村旅游开发要与小城镇建设相结合,小城镇的建设要按旅游城镇的风貌进行控制,使小城镇本身就成为旅游吸引物之一,也可以依托小城镇发展乡镇企业、旅游商业,如农副产品的深加工、旅游纪念品的生产等。

4.与资源保护和打造生态个性相结合

在乡村旅游开发中要注意资源开发与环境保护协调的问题,防止旅游开发造成环境污染和资源破坏,加强与生态资源的有机结合,坚持在旅游资源开发中"保护第一,开发第二"的原则,走可持续发展的道路。

(四)乡村旅游与文化旅游综合体的项目管理模式

旅游产品的提供要得到当地社区各个部门及政策法律环境的支持,只有政府运用行政手段、法律手段及社会手段,去引导、指导旅游企业健康正常的经营,才能真正实现景区的全面持续发展。因此必须充分利用市场机制,积极探索旅游景区经营管理的新模式。

1.政府直接经营管理

政府直接经营管理模式就是政府集旅游景区的所有者和经营者于一身,景区的管理、保护和开发经费由政府财政承担,景区的门票及其他旅游项目由政府定价(一般定价很低),收入上缴政府。这种模式在市场机制不完善的条件下发挥了积极作用,在保护遗产、体现社会公共利益、资源整合等方面表现得尤为突出。但在同一景区内,建设、文物、

林业、水利等多个部门插手管理,严重阻碍了旅游景区的健康发展。这种模式导致资源得不到有效配置,其经济价值得不到应有的体现,严重阻碍了旅游景区的健康发展。在专业性或公益性强的景区(景点),严格控制旅游的过度开发,保护自然文化遗产。

2.市场化经营管理模式

市场化经营管理模式就是将所有权和经营权分离,真正把风景区作为一项产业来对待,将其作为独立的主体推向市场。存在的市场化方式主要有两种,一种是以项目的形式招商引资,由多个投资主体进入景区行使经营权;另一种方式是垄断经营权,以一家作为投资主体,进行垄断经营。但也要认识到,文化旅游产业是以持续为目标,需要将经济和环境效益结合起来考虑,而企业经营者往往只注重经济效益,而忽视社会、环境效益。

①乡村旅游与文化旅游综合体:传统民俗文化+旅游地产

深入挖掘项目所在地的传统文化内涵,并选取一些代表性的建筑元素和风貌通过传统生活空间的场景再现、历史建筑风格的复原、地方民俗活动的举办、地方传统商铺的引入等手段,使游客具有身临其境的感觉,满足了游客对于传统文化的向往和追求。同时,配套高端住宅、酒店、商业、会所等设施,满足某些高端游客的居住、娱乐和休闲消费的需求,实现项目的开发收益。

②乡村旅游与文化旅游综合体:欧陆风情文化＋旅游地产

以文化旅游为核心切入点,将文化旅游概念融入整个企业的发展基因,使得自己的产品具有了独特的差异化优势,从而成了国内地产界"文化经济"先行者。选取具有较高知名度和优美自然环境的欧陆小镇作为项目的文化旅游元素,在建筑风格和整体风貌上原样复制,深入挖掘所选国外小镇的文化内涵和人文特色,打造出具有独特魅力的文化旅游项目,吸引国内游客的关注,并凭借异域文化特色提升地产的品牌和档次,构筑高端文化地产项目品牌。

③乡村旅游与文化旅游综合体:古村镇旅游

所谓"古村镇",是公众和媒体约定俗称的说法,从法律角度和学术内涵上并没有特别严格的界定,一般所说"古村镇"是指在某个历史时期形成的,具有一定历史意义、文化特色和艺术价值的古村古镇。至于其"古"的程度,"村""镇"尺度和规模的大小,历史建筑和街巷风貌等的保存现状等,都没有明确限定。古村镇是地方经济、文化、生活、习俗的有机整体,不仅有古建民居、历史街区及民间工艺等有形的旅游资源。更有包括民族艺术、空间环境及节事活动等无形的旅游资源。其独特的文化内涵,特别是与现代文明隔离所保留的传统环境迎合了现代游客的求异心理。

古村落旅游的发展必须以当地旅游资源的特色为基础,以旅游客源市场的需求为核心。强化旅游产品的参与性功能,乡村旅游产品应充分发挥其集历史文化、民俗风情和自然资源于一体的优势,创造性地开发丰富多样的旅游项目,最大限度地为旅游者提供体验参与的机会,使旅游活动在游客与旅游项目之间形成一种良性的互动。为了满足旅游者需求必须从真实性、参与性、动态性、高雅性、差异性等方面进行文化提升,全面的历史文化环境是一种背景。

加大旅游资源保护力度。由于古村落旅游资源的古老性和不可恢复性,所以一定要做好资源的保护工作。如果古镇旅游资源遭破坏或消失了,古镇旅游也就丧失了其发展的最根本动力。因此,要发挥古镇旅游资源的作用,首先要保持这些古建筑及其他遗迹的真实存在——不是以复制品、恢复建筑的形式存在。只有真实的,才是最有价值的。

加大人才的引进和培养力度。人才在文化旅游产业发展中具有重要作用,所以对古村落旅游一方面要加大人才的引进力度,把高素质的旅游专业人才吸引到文化旅游产业的发展中来;另一方面要重视现有从业人员的定期培训,从而使古村落旅游从业者的整体素质得到有效提高。

(五)红色乡村旅游与文化旅游综合体的发展模式

红色旅游是文化旅游产业的一枝新芽。在政府政策引导、推动和市场需求的驱动下,近年来红色旅游蓬勃发展。红色旅游,是指以革命纪念地、纪念物为外在形式,以其所具有的革命历史、革命事迹和革命精神为内涵,组织接待旅游者进行参观游览,达到学习革命精神,接受革命传统教育和振奋精神、放松身心、增加阅历的目的旅游活动。与此同时,当前我省红色旅游发展中也存在着一些问题和不足。为了推进我国红色旅游的持续健康发展,应采取以下对策和措施:

1.进一步扩大红色旅游的综合效益,注重整体有效规划

发展红色旅游应当注重综合效益,把政治文明建设、物质文明建设与精神文明建设有机地结合,使红色旅游的政治功能、经济功能、文化功能最大限度地发挥,从而促进红色旅游产业的发展走上一条良性循环的路子。在这一过程中,一定要充分提炼红色旅游景区的红色文化内涵,将在红色旅游景区发展的历史长河中涌现的革命历史人物,以及他们的英雄事迹充分挖掘和展示。各地市应将本地区红色旅游景区的发展置于全省红色旅游发展的整体规划中,注重统筹互补,形成气候。

2.构建红色旅游产业格局

目前,省内很多红色旅游景区多采取展板、实物展示等单一的形式,形式简单,内容缺乏吸引力。不少旅游专家表示,只有将红色旅游内容丰富了才能吸引游客,如果红色旅游线路做不到精耕细作,没有众多游客的参与和整个社会的认同,红色旅游就成了一个空泛的概念,爱国主义教育也相应削弱了效果。

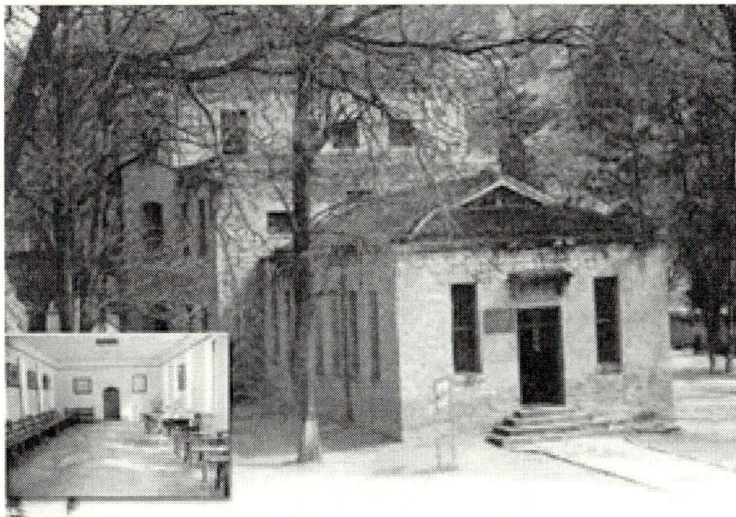

3.丰富红色旅游内涵

省内有许多红色旅游点"孤立"存在,没有与其他旅游项目或景区形成集群效应,再加上红色旅游景区展示形式单一、乏味等原因,造成游客在红色旅游景区逗留时间短,能观赏的有价值的景点较少,无法在红色旅游景区形成中长期的游客群,游客消费有限,"回头率"低,经济效益低下。因此,要改变红色旅游区的现状,丰富红色旅游的内涵,就要变"单色"为"多色",让"孤景"成"群景",促进多元化游客类型的形成,提高景区的消费水平,提高经济效益。

4.加强红色旅游景区的基础设施建设

对红色旅游景区的基础设施建设加大投入,在交通、餐饮、住宿及其他各项配套服务中凸显优势,在方便游客的同时,吸引更多游客的到来,促进红色旅游的发展,也带动革命老区和红色旅游区当地经济的快速发展。

（六）民俗乡村旅游与文化旅游综合体的发展模式

乡村旅游与民俗文化相连,随着时间的推移,旧民俗文化正一步步远离我们,这并不是一个好的现象。对于这些民俗文化的保存也自然成了一个很重要的话题,对于我们来说,首先要对这一类的文化有所了解,但历史留下来的民俗文化我们不能盲目地全盘接受,也不能全盘否定。要进行有批判地继承以及发扬。而对于糟粕,我们要毫不犹豫地抛弃。这样,才能营造一个积极向上的文化环境。民俗文化是以民间文化和民俗风情为主体的民族民间的物质上、精神上和制度上的传统,它包括生产与生活习俗、游艺竞技习俗、岁时岁日习俗、礼仪制度习俗、社会组织习俗、民间文学艺术等。

当前,国际旅游趋势在向文化旅游发展,以弘扬民族民间文化、展现民族地域特色的民俗旅游越来越受到重视。民俗旅游浓郁的文化气息和可观的经济效益是其能够得到大力发展的两大优势。文化旅游产业是在改革开放大潮中应运而生的新兴产业。而民俗游则是其新兴的旅游专项产品。民俗旅游开发为地区经济的发展做出了跨越式的贡献。民俗旅游已成为当今文化旅游产业的一个亮点。

发展民族文化旅游产业应做到:自觉地执行民俗文化的保留和传承原则;旅游开发商应注意保护民俗文化;注重民俗旅游开发的经济效益原则。由此可以看出,注重民俗旅游开发的经济效益已成为当代发展民族文化旅游产业的一项重要原则。民俗旅游资源的开发应该向多元化、综合化方向发展,不能只满足于风土人情的展示和民俗歌舞的表演,还应充分结合独特的自然旅游资源和底蕴深厚的当地文化,将自然风光与民俗风情、历史文化等不同类型的旅游资源有机结合,从而增强旅游资源的吸引功能,提高其观赏价值,丰富和增强民俗旅游的内涵和生命力,以此带动地区的各项经济发展。曾有这样一段话说:"我国具有非常丰富的旅游资源,改革开放以来,文化旅游产业发展得到各级政府的重视,旅游资源优势正在逐步转化为现实生产力。"这段话中的第二句话,"各级政府重视",也得到了旅游为经贸的发展提供了充足的条件的回报。既然旅游搭台,经贸唱戏,是已为实践证明了的较好的活动方式,把民俗风情游尽量纳入其中,也就要风得风,要雨得雨,以它固有的、独特的文化底蕴吸引着越来越多的游客,从而构成了良性的循环体经济。民俗旅游是外界了解我省地方的窗口,也是我省了解世界的通道。

近几年,文化旅游产业出现了以民俗为主的态势。民俗旅游作为一种普遍模式的生活方式,具有很多优点,对文化旅游产业的发展具有重要意义。发展民俗文化旅游产业有利于发挥当地资源优势,促进经济发展。

一般来说,一个地域的民俗,其品格越鲜明,原始风格越浓,历史氛围越重,地方差异越大,就越具有地方资源优势,就越能吸引异域的旅游者。而旅游者的到来,不仅能他们了解这个地方,更重要的是,他们的到来,也给旅游地带来了极大的财富,同时,带动了整个地区的经济发展。一方面,可以直接利用民俗文化旅游资源带来经济效益,如充分利用颇具民俗风情的民间建筑、饮食、游艺等建立民俗村、景区等;另一方面,利用民俗文化旅游资源为地方经济的发展服务。文化旅游产业产出对经济贡献可表现于旅游消费支出所产生的乘数效应上。所谓旅游乘数就是文化旅游产业创造的总效益与其创造的直接效益之比。这一比例越大,乘数效应越大,从而拉动的地区经济效益也就越大。由此可见发展民俗旅游对旅游的经济影响是直接且重要的,对经济的拉动也是不可小视。民俗乡村旅游与文化旅游综合体开发的基本模式,目前我省可以借鉴的有如下几种:

1.集锦荟萃式

将散布于一定地域范围内的典型民俗集中于一个主题公园内表现出来,如深圳中国民俗文化村和美国佛罗里达州锦绣中华、北京中华民族园集中表现了中国的民族民俗文化,云南民族文化村集中表现了云南境内的少数民族的民俗文化。这一模式的优点是可以让游客用很短的时间、走很少的路程就领略到原本需花很长时间、走很长路程才能了解到的民俗文化,其缺点是在复制加工过程中会损失很多原有的民俗文化信息内涵,如果建设态度不够严谨,可能会歪曲民俗文化。

2.复古再现式

它是对现已消失的民俗文化通过信息搜集、整理、建设、再现,让游客了解过去的民俗文化。如美国的"活人博物馆"中,员工作为几百年的抵美"移民"而出现,身着 16、17 世纪美国劳动人民的服饰,向游客表演了用方形的扁担挑水、用原始农具耕作、用独轮车运输等古老的传统习俗以及各种民间舞蹈,吸引了大量国内外游客。杭州和香港的宋城、无锡的唐城、吴文化公园也属此类。这种模式的优点是可以令时光"倒流",满足游客原本不能实现的愿望,但也存在着与集锦荟萃式共同的缺点。

3.原地浓缩式

一些少数民族村落或民俗文化丰富独特的地区由于时代的发展已在建筑、服饰、风俗等方面有所淡化,不再典型,或者民俗文化的一些重要活动(如节庆、婚嫁)原本在特定的时期才会呈现,令游客不能完全领会当地民俗文化的风韵,故当地政府或投资商在当地觅取合适地段建以当地民俗文化为主题的主题园,集中呈现其民俗精华,如海南中部的苗寨和黎寨风情园均属此类,其优点是便利了游客充分了解当地或该民族的民俗文化精髓,其缺点是在真迹旁边造"真迹",令游客自然形成对比,对有些游客不能构成吸引力。

以上三种形式可以归并为一个大类,即博物馆类,以丰富的民俗文化知识为特征,其员工都是专门的文化旅游产业从业人员。

4.原生自然式

它是在一个民俗文化相对丰富的地域中选择一个最为典型、交通也比较便利的村落对旅游者展开宣传,以村民的自然生活生产和村落的自然形态为旅游内容,除了必要的基础设施建设外几乎没有加工改造,如广东连南三排瑶寨、夏威夷毛利人村落等,其优点是投资很少,让游客有真实感,能自然地与当地居民交流,甚至亲身参与劳作,有很大的活动自由度,缺点是难以将旅游开发带来的利益公平地分配给村民,村民的正常生产生活受到干扰后可能产生抵触或不合作,难以保证村民们在接待游客时保持热情、友好、不唯利是图。

5.主题附会式

指将民俗文化主题与某一特定功能的文化旅游产业设施结合起来,形成相得益彰的效果,如苏州名园网师园传统上仅白天对外开放,让游人欣赏江南园林的造园艺术和文化内涵,夜间不对外开放,但近期网师园推出了"古典夜园"活动,利用园内各厅堂分别表现一两段苏州评弹、昆曲等各种类型的地方民俗文化艺术,游客同时可以领略苏州园林在夜景下的意境,很受好评。

6.短期表现式

以上五种模式均为长期存在、旅游者可随时前往欣赏的旅游开发形式。但也有一些特定的民俗文化只存在于很短时间。激发短暂的旅游人流。主要有两种情况,一是出于民族民俗传统的节庆活动,如内蒙古的"那达慕"大会、回族的"古尔邦节"、白族和彝族的"火把节"等,其本意并非为了发展文化旅游产业,故不会长年存在,但在节庆期间会吸引大量的旅游者;二是流动性的民俗文化表演活动,如贵州组织民间表演队到国外演出松桃苗族花鼓、滩堂戏、下火海等,展现了民间文化的艺术风采,每到一处也吸引了不少外国民众远途而来欣赏(这本身即是旅游行为),进而吸引游客前往贵州旅游。

一个地区的民俗文化开发应选择符合当地实际、体现民俗文化特色的适当形式。在民俗乡村若设置宾馆,餐厅,则可考虑采用主题酒店形式,即辅以主题附生式旅游开发模式。

典型案例

朱仙镇国家文化生态旅游示范区

项目名称:

朱仙镇国家文化生态旅游示范区

项目地址:

朱仙镇北侧、开尉路以西、运粮河两侧

项目总投资及建设规模:

计划累计投资120亿元,总建设周期10年,占地面积5000亩,总建筑面积80多万平方米。项目分为古镇风情展示区、环湖风景游览区、温泉休闲度假区、古战场文化体验区、生态农家体验区等8个功能区。一期工程具体情况见附表。

建设背景:

朱仙镇曾是我国四大商埠重镇,文化底蕴丰富,朱仙镇木版年画是中国木版年画之鼻祖,已入选国家非物质遗产名录。近年来,开封市紧紧围绕"北方历史文化古镇"这一定位,努力把朱仙镇打造成一座既有现代气息、又有厚重历史,既有经济引擎、又有文化内涵的全国文化旅游名镇。同时,朱仙镇又是开封文化改革发展试验区"一城两镇"产业格局中的重点试验区。项目将凸显明清民居为主的中原山水风光古镇,再现历史漕运码头河湖山原和青龙背战役及岳飞历史文化背景。

项目意义:

朱仙镇国家文化生态旅游示范区是省、市重点项目和省、市重点旅游项目,该项目将对朱仙镇文化旅游产业发展起到龙头带动、辐射和示范作用,进一步加快千古名镇的复兴步伐。该项目既是传承创新华夏历史文明的重要载体,又是开封市打造国际文化旅游名城的重要平台,更是朱仙镇再造名镇风采的重要抓手。

历史概况:

据史料记载,开封市朱仙镇,始建于战国初期,原名聚仙镇,后因为战国名士朱亥的食邑和封地而得名。唐宋以来,朱仙镇是水际交通要道和商埠重地。明末因贾鲁河开通,使其成为开封唯一的水际转运码头。进入鼎盛时期,与广东的佛山镇、江西的景德镇、湖北汉口镇同为中国四大名镇。作为中国文化名镇,朱仙镇拥有郑桓公、郑庄公、朱亥、关帝等历史名人,木版年画、清真寺、古运粮河等十二种文化元素和资源,都具有鲜明的历史文化特色,在全国具有一定的影响力。目前,朱仙镇历时千年依然保留着基本的古镇格局。朱仙镇先后被中国民协命名为中国民间文艺木版年画艺术乡,入选"中国十大最美村镇",中国优秀建筑魅力名镇。

项目进展:

2012年5月9日举行了开工奠基仪式。目前,玉石牌坊,古马车、石碾、古磨、马槽等历史旧物和民俗用品10000多件已入区。从浙江购进了古民居100多间所用木料和石材。运粮河驳岸景观工程已完成工程量50%,区内的年画博物馆、民俗商贸楼已建成。已开建的一期古镇风情区建设周期2年,2014年5月已竣工开园。

六、打造非物质文化遗产传承保护区

在 2018 年全国两会"部长通道"上,文化部部长表示,全国文化遗产家底已基本摸清,其中非物质文化遗产资源 87 万项。至今,我国已有 39 项非遗列入人类非物质文化遗产代表作名录,位列世界第一。近些年,政府层面也极力加大了非遗的保护和传承力度。

2001 年,中国积极向联合国教科文组织申报第一批人类口头和非物质遗产代表作项目,"非遗"正式进入大众的视野。我国于 2004 年 8 月 28 日批准加入《公约》。中国国务院办公厅 2005 年 3 月发布的《关于加强我国非物质文化遗产保护工作的意见》确定了非物质文化遗产的表述。为了履行《公约》义务,我国立法机关已于 2006 年启动《非物质文化遗产保护法》的立法程序。2006 年 5 月 20 日,国务院批准文化部确定并公布第一批政府级非物质文化遗产名录共 518 项。2008 年 6 月 14 日,国务院又发布了第二批政府级非物质文化遗产名录(共计 510 项)和第一批政府级非物质文化遗产扩展项目名录(共计 147 项)。2011 年 5 月 23 日,国务院批准文化部确定第三批政府级非物质文化遗产名录(共计 191 项)和政府级非物质文化遗产扩展项目名录。

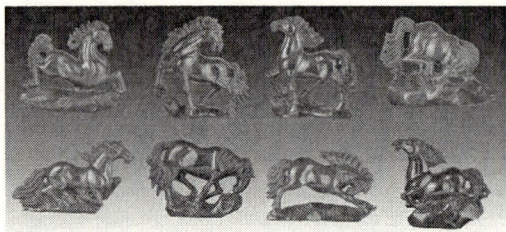

政府自 2008 年起,补助政府级非遗代表性项目代表性传承人每人每年 8000 元,2016 年起提高至每人每年 2 万元;累计支持对 571 位政府级非遗代表性项目代表性传承人开展抢救性记录。2015 年,文化部启动 300 名年满 70 周岁以上及不满 70 周岁但体弱多病的政府级非物质文化遗产代表性传承人记录工作,要求利用视频采集、录音、拍照、文字记录等技术手段,全面系统记录传承人掌握的非遗知识和精湛技艺,为后人留下宝贵资料。体现了政府对于非物质文化遗产的高度重视。

(一)非物质文化遗产的旅游价值

1.审美价值

非物质文化遗产保存较好,且特色鲜明,这是进行非物质文化遗产旅游开发的物质形态基础。

2.历史价值

非物质文化遗产大多历史悠久,它承载着丰富的历史,是以前时代流传下来的历史财富。

3.文化价值

非物质文化遗产是鲜活的文化,具有原生态的文化基因。非物质文化遗产旅游资源的存在价值是以该民族身份的原生状态的文化形态出现。

4.科考价值

非物质文化遗产作为历史的产物,是对历史上不同时期生产力发展状况、科学技术发展程度、人类创造能力和认识水平的原生态保留和反映,是后人获取科技信息的源泉。

5.教育价值

非物质文化遗产中包含了丰富的历史知识、科学知识、艺术精品的资源,是教育的重要知识来源。

6.经济价值

非物质文化遗产由于具有原生态的文化特征,所以蕴涵着巨大的经济价值。旅游地通过对民间艺术真实地展演、对民俗文化的旅游开发,能更好地提高旅游地的知名度。与此同时,对传统工艺品进行重新设计包装成旅游商品,旅游者购买当地的旅游商品,能对当地产生巨大的经济效益,从而拉动经济增长。

(二)非物质文化遗产的基本特征

物质文化遗产指被各群体、团体或有时为个人视为其文化遗产的各种实践、表演、表现形式、知识和技能及有关的工具、实物、工艺品和文化场所。非物质文化遗产是各族人民世代相承、与群众生活密切相关的各种传统文化表现形式和文化空间。非物质文化遗产既是历史发展的见证,又是珍贵的、具有重要价值的文化资源。我国各族人民在长期生产生活实践中创造的丰富多彩的非物质文化遗产,是中华民族智慧与文明的结晶,是联结民族情感的纽带和维系政府统一的基础。保护和利用好我国非物质文化遗产,对落实科学发展观,实现经济社会的全面、协调、可持续发展具有重要意义。

非物质文化遗产是一个民族、族群或者地区人民的精神家园,要充分认识其旅游价值,普查并正确评估其旅游资源,在对非物质文化遗产资源的开发过程中,要科学合理地进行旅游开发,要给予其有效的保护,这也是对其精神家园的守望,从而真正实现非物质文化遗产旅游资源的可持续发展。非物质文化遗产与民族地区乡村旅游结合是一种全新的旅游理论,当前各地区依托原生态的自然和非物质文化旅游资源发展起来的新旅游模式渐成热点,彰显出其越来越重要的推广价值。

联合国教科文组织《保护非物质文化遗产公约》把非物质文化遗产分为表演艺术类、传统技艺类、仪式习俗类、语言和口头文字类、知识实践类等五类。它具备五个基本特征。一是非物质性,即没有物质载体,它的存在形态与物质文化遗产的存在形态完全不同,是非物质的、无形的;二是"活态"性,主要依靠传承人的口传心授和言传身教,是民族个性、民族审美习惯的"活"的显现;三是民众性,产生于民间,也主要在民间流布;四是地域性,是一定自然与文化环境的产物,也只有在适宜的生态环境中才能传衍,带有深深的民族和地域烙印;五是脆弱性,在全球化、现代化及经济一体化的挤压下,非物质文化遗产正面临着一个从来没有过的危险境地。

(三)旅游开发对非物质文化遗产保护的影响

1.旅游开发带动非物质文化遗产保护

近年来,旅游越来越受到国人的青睐。旅游者的关注目光不仅倾注在风景、建筑上,非物质文化遗产在发展文化旅游产业中也得到了保护与传承。伴随着文化旅游产业的发展,散落在广袤大地上的非物质文化遗产被集中到各大旅游景点,充实了旅游市场,丰富了旅游文化生活。这些民俗村的创办和工艺品的制作与出售,一般不是有意识的政府行为,而是市场驱动的直接结果。另外,通过旅游开发,加强对旅游目的地的重视和保护,将为非物质文化遗产创造更好的生存环境和条件,在政府投入资金非常有限的情况下,旅游开发无疑是解决资金问题的最佳途径。

2.对非物质文化遗产的旅游开发不当破坏非物质文化遗产保护

随着各地旅游产业不断升温,人文景观愈受青睐,非物质文化遗产资源不断被开发,被当地人民群众世代传续和长期保留下来的非物质文化遗产,在越来越多的旅游观光活动和人为开发过程中,虽然取得了不错的经济效益,但也遭到了不同程度的破坏、流失和变异。由于缺乏保护意识和措施,加上利益驱动,不少地方出现了雷同和粗制滥造的趋势。这些毫无品位和千篇一律的旅游活动,实在令人感到乏味。所有这些,不仅对旅客产生了文化认识上的误导和扭曲,更对有价值的非物质文化遗产造成了生态平衡的破坏、原生状态的破坏和正常传承的破坏。

(四)目前我省非物质文化遗产保护现状

非物质文化遗产是民族文化的精华,民族智慧的象征和民族精神的结晶。其重要性不言而喻,而现在对非物质文化遗产的保护却存在着诸多的问题,同时如何处理好非物质文化遗产保护与开发的矛盾也是一个亟待解决的问题。

1.保护意识不强,工作进度不大

我省非物质文化遗产的保护是大事,然而因为我省在非物质文化遗产保护方面的制度、教育方面存在一定的盲点。当非物质文化遗产保护单位不作为或者慢作为,或者本地居民主动破坏,游客破坏等现象发生时,没有相应的制度对其进行处罚。 保护为主,合理利用,是文化遗产保护工作的方针和要求。实践证明,文化遗产的保护与合理利用是可以相互依托的,走文化遗产保护与文化旅游相结合发展的道路也是可行的,文化遗产完全可以成为促进经济发展的新亮点。同时,文化旅游使大量的文化遗产直接面对民众,这还有利于普及全社会的文化遗产保护意识。但是,在旅游开发的过程中,也出现了诸如过度的商业炒作和破坏性开发、对文化遗产内涵的歪曲和滥用等一些亟待解决的问题。

文化遗产保护与旅游开发应该是相辅相成的。开发旅游市场的前提首先就是尊重民族文化遗产并力求进一步保护它。在保护的基础上,结合市场需要,利用它开发市场。反过来,紧密结合市场需求,做好民族旅游产业开发,能促进少数民族地区旅游经济的发展和人民生活水平的提高。

2.非物质文化遗产保护功利性严重

近年来,我省各地的非物质文化遗产保护被提上了日程,但是却出现了较强的功利性。首先,各地出现哄抢非物质文化遗产的现象,几个城市或地区纷纷抢夺某一个非物质文化遗产。例如,杜康工艺、鬼谷子故里传说等非物质文化遗产都出现了被抢夺的现象。其次,有些地区对非物质文化遗产的开发过度,使得非物质文化遗产变成了一种卖点,改变了原生态内涵。例如,某些地区特定的生活习俗,如裸浴、裸体拉纤等被滥用成表演,目的是迎合游客口味的需要,这损害了非物质文化遗产的内涵。

3.保护力度不足,缺乏有效支撑

我省非物质文化遗产的保护虽然已经出台了相关法律法规,但是因为各种原因落实力度不佳。例如,针对非物质文化遗产中的建筑类文化遗产规定着谁居住谁保护的原则,但是普通大众的接受程度却不怎么高。一方面,政府缺乏经费来进行有效保护,另一方面也没有出台有力措施进行支持。这样一来,很多非物质文化一边被破坏着,一边又被政府大力地喊着加强保护,这种矛盾严重阻碍了非物质文化遗产的保护工作。

(五)正确处理非物质文化遗产的旅游开发与保护

1.深刻认识人与非物质文化遗产资源的关系

非物质文化旅游者、非物质文化旅游的经营者和管理者,分别构成生态旅游的主体、媒体和调控体系。他们都应克服"以自我为中心"的思想观念,把非物质文化旅游视为可持续旅游,使这种旅游发展的结果,不仅不以牺牲非物质文化环境本身为代价,反而对保护非物质文化环境有利。旅游管理部门、文化管理部门的决策者和管理者,应自觉树立经济建设与文化保护一体化的观念,以科学的发展观为指导,严格规范其思想意识和行为方式,把为他人、为后人而节约资源、美化环境视为极其高尚、无限荣光的事;把为满足自己的需要而滥用和破坏非物质文化遗产资源环境的思想和行为看作可耻和犯罪。

2.科学规划

应对非物质文化遗产资源环境价值、经济社会效益、可持续发展等多种因素综合考虑,把制定科学的非物质文化旅游开发建设和文化资源环境保护规划放在首位。要以市场为导向,按照合理布局、重点开发、开发有据、开发有序的原则,精心设计非物质文化旅游产品。实施项目开发的文化环境影响评估制度,坚持"有效保护,统一管理,合理开发,永续利用"原则,采取切实措施,把文化旅游资源开发对非物质文化环境自身的不良影响限制在最小的范围之内。把旅游资源开发和非物质文化环境保护纳入旅游及其他经济社会政策法规和管理中,使各项政策法规既有利于非物质文化遗产资源的保护,又符合社会需求和经济规律。

3.探索完善具体保护措施

一是要建立旅游产业开发与非物质文化遗产资源保护的协调机制,实行源头控制。明确界定旅游行政管理部门、非物质文化保护部门的职责权限和相互联系。二是要建立并强化旅游资源和非物质文化环境的管理机构。其主要职能是:制定和执行有关旅游资源和非物质文化环境管理的政策法规;组织对旅游资源的调查统计;有偿转让旅游资源使用权,并对旅游资源资产的使用权进行有效管理;调查旅游资源的毁损和非物质文化环境的破坏状况,依法惩罚相关责任人。三是要制定非物质文化旅游产业管理办法,建立良好的旅游景区文化管理秩序。

4.非物质文化遗产,最重要的艺术观念的传承

非物质文化遗产,并不仅仅是非物质文化遗产本身,它背后承载的是一个民族的经历、知识、观念、价值、情感、信仰,一个小小的项目背后引申的是深厚的历史和文化。所以理解非物质文化遗产,一定要从民族的生产生活、生存衍变上来看待,最关键的是要从文化层面来理解。非遗的意义是对人的意义,经济要发展,社会要发展,时代要变迁,最后发展的格局、发展的根本是要把人丰富起来,是要使人的综合属性、人的综合境界、人的情怀、人的品质得到提升。非物质文化遗产的发展使人更聪明,更有智慧,更懂得价值取舍,更有高尚的情操和情感,更有正确的信仰和灵魂,这是非物质文化遗产对人的最终的意义。艺术形式、技艺要非常好,但它的文化观念最重要。

5.加强政府主导作用,提高全社会参与意识

非遗的生长重在激发自身的活力,但其存在形式多是分散的、民间性的,其自我保护的能力十分有限。特别是随着它赖以生存的经济基础的丧失或改变,靠其自身的能力会有自生自灭的危险。因此,实施非遗保护工程必须坚持政府主导,专家与群众参与的原则,三者应相互补充、有机配合,最终形成一种良性发展模式。其中,政府承担着非遗保护与开发的倡导、组织和领导工作,发挥着总揽全局、把握方向和创新体制机制等方面的作用;专家学者主要从事理论研究、教育、宣传等活动;群众则是非遗保护与开发的主体和具体参与者。要注意发挥政府与专家及群众各自不可替代的作用,使他们相得益彰,共同担负起推进非遗工作的职责。

6.合理引入旅游市场机制,扩大非遗保护与开发的空间

旅游市场的文化属性为非遗的保留提供了机会、动力和场所,因此成为全球化时代非遗保护的一种现实选择模式,但同时旅游产业的利润属性又会破坏非遗的自然生态。因此,在引入旅游市场机制时,既要防止盲目无序的,甚至是破坏性的开发,又要防止片面追求经济效益、急功近利、竭泽而渔的做法。应特别注意旅游市场的健康合理发展,着眼长远,合理利用,在扩大非遗保护与开发的空间的同时,保护好非遗资源的文化生态环境,使其走上可持续发展的道路。

7.非物质遗产保护要重视人才保护与培养

非物质文化遗产的研究涉及面广,人才素质要求非常高。重视非物质文化遗产的保护与开发,形成一支与非遗保护制度和机制相适应的研究人才队伍是当务之急。一方面要尊重人才规律,建立科学的非遗研究人才培养与管理体系,另一方面要规范学科建设,实现非遗研究人才的专业化和职业化。非遗保护的关键是确保非遗在当下的生命力,非遗传承人掌握并承载着非遗的核心知识和精湛技艺,也肩负着传承技艺、培养后继人才的重要使命。随着社会发展和生活方式的改变,以往"师带徒"的传承方式已不能完全适应非遗传承保护的需要,将传承纳入现代教育体制,培养兼具一定理论知识与高超技艺的新时代传承人,是时代发展对非遗人才培养的迫切需求。

8.非物质文化遗产的传承发展要更注重活力开发

在数字化时代,散落在民间的非遗以及传承人有了更多的呈现形式,也让非遗传承与保护更加立体和多元。2017年的最后一个工作日,腾讯和敦煌研究院宣布签订战略合作协议,并启动"数字丝路"计划,从2018年起,双方将通过游戏、动漫、旅游、音乐、云、

AR/VR 技术等六大维度展开合作,深入推进,保护、传承、活化敦煌的传统文化。这是互联网时代活化文化遗产的一个非常重要的尝试。在新媒体传播的杠杆撬动作用下,传统文化走下神坛,日益受到以青年为主体的近 8 亿网民的欢迎,成为一种潮流和当下独特的文化现象,也为传统的物质文化遗产保护开发提供了一种新思路。然而,文化遗产的数字化保护依然需要在与传承人互动的基础上,文化遗产保护,文化是精髓,因而,非物质文化遗产数字化保护无论以何种方式开展,非遗拥有者和传承人都应该是其中的主体。非遗拥有者和传承者对数字化技术的掌握虽然有一个循序渐进的过程,但只有他们真正接受了数字化技术,并自觉把其融入自己的非遗实践中,数字化技术才能真正实现从外在技术向内在技术的转化,才能成为非遗自身的一部分。外来者运用数字化技术参与非遗的存储、宣传、研究、利用,也只有通过非遗拥有者和传承人的认可才能发挥保护非遗的作用,也才能避免数字化技术对非遗文化内涵的碎片化、雷同化伤害。非物质文化遗产是民族文化的精华,民族智慧的象征和民族精神的结晶。在经济全球化的浪潮中,世界文化发生了巨大的碰撞与交流,这对于省内传统文化来说既是机遇,又是挑战。在这种环境背景下,我们更应该沿袭优秀文化,弘扬民族精神,将河南悠久的历史文化加以传承传播发扬光大。

七、创建郑汴洛全域旅游示范区

为深入贯彻落实《国务院关于印发"十三五"旅游业发展规划的通知》(国发〔2016〕70号)、《国务院关于印发中国(河南)自由贸易试验区总体方案的通知》(国发〔2017〕17 号)文件精神,按照《文化和旅游部关于印发〈全域旅游示范区创建工作导则〉的通知》(旅发〔2017〕79 号)要求,省政府同意依托中国(河南)自由贸易试验区(以下简称自贸试验区),打造郑汴洛全域旅游示范区,带动全省旅游业转型升级、提质增效。现提出如下实施意见。

(一)创建任务

1.构建现代旅游治理体系

创新全域旅游发展体制机制。建立省旅游局和郑州、开封、洛阳市政府统筹推进全域旅游发展的领导机制,探索建立与全域旅游发展相适应的旅游综合管理体制,有效承担旅游资源整合与统筹协调、旅游规划与产业促进、旅游监督管理与综合执法、旅游营销推广与形象提升、旅游公共服务与专项资金管理、旅游数据统计与综合考核等职能。充分发挥省发改委、公安、财政、国土资源、环保、住房和城乡建设、交通运输、水利、农业、林业、文化、体育、统计等部门在合力推进全域旅游发展中的积极作用。

改革旅游行业综合监管机制。加快建立权责明确、执法有力、行为规范、保障有效的旅游市场综合监管机制,推动市场秩序治理由"重点治标"向"标本兼治"转变,从行业监管向综合治理转变,激发旅游发展活力。积极推动公安、工商、司法等部门构建内容覆盖旅游领域的管理新机制,切实加强旅游警察、旅游市场监督、旅游法庭、旅游质监执法等工作和队伍建设。自贸试验区管委会要加强旅游综合监管力量。

将全域旅游建设融入郑州、开封、洛阳三市经济社会发展、城乡建设、土地利用、基础设施建设和生态环境保护等相关规划中,在实施"多规合一"中充分体现旅游主体功能区建设的要求。郑州、开封、洛阳全域旅游规划由省辖市政府审批,建立旅游规划评估与实施督导机制,增强规划实施效力。以推动旅游便利化和加强区域旅游合作为重点,完善行政部门权力清单和责任清单,构建与国际旅游规则相衔接的法治化、国际化、便利化旅游开放发展环境。允许自贸试验区内注册的中外合资旅行社,从注册之日起申报除中国台湾地区以外的出境旅游业务。

2.丰富旅游产品和服务供给

积极培育文化旅游园区。依托郑州商都文化、开封宋文化、洛阳汉唐文化,将郑汴洛全域旅游示范区打造成世界著名的华夏文明旅游目的地。郑州加快推进商都历史文化区建设,登封重点发展集禅武医、体育竞技、文化创意、主题酒店、教育培训、休闲娱乐为一体的文化旅游产业园区,着力打造世界功夫之都;中牟依托主题乐园,引入大型文化旅游融合项目,打造时尚文化创意休闲产业园;航空港经济综合实验区依托园博会片区、会展城片区,开发休闲娱乐、会议博览、免税购物等项目,打造新型产业文化园区。开封着力打造黄河生态文化旅游区、童世界文化旅游园区、银基文化产业园区、朱仙镇国家文化生态旅游示范区、尉氏休闲生态园区五大旅游增长极;依托宋都古城文化产业园区,加大招商引资与开放合作力度,做大做强文化旅游,建设成为全城一景、宋韵彰显的国际文化旅游名城。洛阳加快隋唐洛阳城国家遗址公园、龙门石窟世界遗产文化园区、白马寺佛教文化园区、关圣文化园等项目建设,重点发展国际文化旅游、文化创意、文化贸易、文化展示等现代服务业,形成具有洛阳特色的文化产业园区。

完善提升精品景区。不断丰富嵩山少林风景区、龙门石窟、清明上河园、老君山等5A级景区文化内涵,在景区周边开发文化休闲设施,提升综合服务能力,发挥品牌引领作用。推动伏羲大峡谷景区、黛眉山景区创建国家5A级旅游景区。

开发美食旅游产品。挖掘我省传统菜系和郑州、开封、洛阳三市特色餐饮,弘扬豫菜文化,打造豫菜餐饮品牌。支持郑州淮河路美食街、农科路酒吧休闲街,开封小宋城、上河城美食街、鼓楼夜市,洛阳西大街、启明东路美食街等打造特色美食街区。积极引进国际知名餐饮企业,打造国际化美食体验区。

拓展旅游住宿产品。注重结构优化、品牌打造和服务提升,培育一批有竞争力的住宿品牌。大力发展具有地域文化特色的主题酒店,形成商文化、宋文化、汉唐文化主题酒店系列。利用温泉资源建设度假酒店,不断提升管理服务水平。在嵩山、伏牛山、黄河沿岸等区域积极开发特色住宿,探索创意酒店、旅游庄园等住宿业态。在古镇、古村落、美丽乡村及旅游干道沿线发展自驾车旅居车营地、帐篷酒店、露营地等新型住宿业态。

创新旅游购物产品。将少林功夫、开封菊花、汴绣、木版年画、洛阳牡丹、唐三彩、牡丹瓷等特色元素融入日常消费品设计,开发实用、美观、便携的旅游商品。将郑州德化街、开封马道街、洛阳八角楼金街等步行街打造成购物休闲示范街。依托自贸试验区和航空港经济综合实验区,建设商贸旅游综合体,开通免税购物旅游线路。鼓励文化创意和设计服务融入旅游产品,提升旅游商品价值。定期举办旅游商品设计大赛和旅游商品展销会。

丰富完善旅游娱乐业。加强郑州、开封、洛阳三市老城区、公园区域、特色街区文化娱乐项目开发,通过现代科技打造文化创意与科技融合的娱乐项目,在适当区域开发夜游项目。加强河南博物院、开封城摞城博物馆、洛阳天子驾六博物馆等文博场馆与现代技术的融合,提供集欣赏、研学、体验为一体的文化娱乐项目。依托民俗文化资源和非物质文化遗产,利用传统民间演艺、风俗习惯,打造集农耕文化体验、乡村饮食、特色住宿、亲子娱乐等功能为一体的文化娱乐项目。进一步优化《禅宗少林·音乐大典》《大宋·东京梦华》《功夫诗·九卷》等演艺项目。依托郑州国际文化创意产业园、登封嵩山文化旅游产业园区、开封童世界文化旅游园区、朱仙镇国家文化生态旅游示范区、洛阳"天下龙门"文化旅游产业园区等项目,打造中原创意产业城、旅游娱乐综合体和国际文化交流港。

3.推动旅游与相关产业融合发展

坚持旅游与农业融合。依托沿黄旅游带、伏羲山生态旅游带和登封、中牟、开封市祥符区、杞县、通许、尉氏、栾川、嵩县、孟津等地绿水青山、田园风光、传统村落、民俗文化等,建设一批艺术村落和创意农庄。在伏牛山、嵩山、沿黄和郑汴平原区域发展观光农业、创意农业、休闲农业、体验农业、生态农业等特色旅游产品,积极培育国家农业公园、田园综合体、特色农庄、精品民宿等农旅结合的新业态产品。推进乡村旅游扶贫工程,全面改善通村公路、供水、供电、网络通信、垃圾污水处理等基础设施条件,推动贫困村脱贫致富。推动农业种植与旅游景观营造紧密结合,通过发展特色种植、创意农业,打造大地农业景观。

坚持旅游与工业融合。鼓励工业企业因地制宜发展工业旅游,积极引导工业企业、工业园区发展参观型、访问型、参与型等多种形式的工业旅游,打造知名工业旅游品牌。结合自贸试验区、航空港经济综合实验区、老工业基地推出"旅游＋观光""旅游＋考察""旅游＋商务"等旅游产品。鼓励发展旅游用品、户外休闲用品和旅游装备制造业。

坚持旅游与文化融合。将黄河文化、嵩山文化、古都文化、功夫文化、姓氏文化、名人文化等融入旅游产品开发全过程。依托非物质文化遗产、传统村落、文物遗迹和美术馆、艺术馆等文化场所,推动剧场、演艺、游乐、动漫等产业与旅游业融合,发展文化体验旅游。坚持旅游与商业融合。发挥商旅会展功能,办好节庆会展活动,打造具有国际影响力的大型会展品牌。推进中心城区商贸业态提升,优化商贸布局,改造提升传统业态,积极引进新兴业态,加快推进中心商圈、城市商业综合体、特色商业街区建设,打造茶城、古玩城等特色商品贸易城。

坚持旅游与康养融合。挖掘禅武医、中医养生、温泉养生等产业,培育以养生、养老为主题的休闲度假新业态,支持养生度假、养老地产项目发展。引进知名健康养老服务机构和高端医疗机构,开发养生度假村、养生馆、养老社区等系列产品。打造嵩山国际文化养生度假区、世界禅庄、大宋中医药博物馆、龙门温泉养生、朱仙镇国家文化生态旅游示范区等一批国内外知名的养生旅游项目。

坚持旅游与教育融合。发挥郑州、开封、洛阳历史悠久、文化厚重优势,以弘扬社会主义核心价值观为主线,发展红色旅游,开发爱国主义和革命传统教育、国情教育、夏(冬)令营等研学旅游产品,建设一批研学旅游基地,将郑汴洛全域旅游示范区打造成为国家级研学旅游目的地。

坚持旅游与生态融合。坚持绿色发展理念,开发生态旅游产品,坚持生态和旅游、资源和产品、保护和发展相统一的原则,保护河流、湖泊、水库等水利资源,适度开展滨水和水上旅游;依托国家森林公园、风景名胜区、世界地质公园等生态景观资源,开展森林休闲、地质科考等专项旅游。

4.推动旅游与城乡建设统筹发展

以郑州、开封、洛阳三市主城区为核心,以建设旅游特色小镇为支撑、发展特色乡村旅游为补充,形成文化都市、特色城镇和旅游乡村三位一体、统筹发展的旅游格局。郑州重点建设由文化景区、历史建筑、特色街区等构成的城市记忆风景主线,结合城市建设大力发展休闲经济和夜游产品,彰显国家中心城市魅力。开封重点突出宋都古城文化,建设时尚汴西新城,推动国际文化旅游名城建设。洛阳着力打造集文博展示、实景体验、趣味游憩、文化教育、休闲度假、主题住宿于一体的文化旅游休闲区。

建设一批旅游特色城镇和特色乡村,通过聚集创新创业要素、扩展旅游服务功能,推进荥阳市广武镇、巩义市回郭镇、登封市宣化镇、中牟县雁鸣湖镇、嵩县车村镇、汝阳县付店镇、新安县石井镇、洛宁县上戈乡、伊川县葛寨乡、开封市祥符区朱仙镇等旅游特色镇或休闲小镇建设,将旅游培育成当地主导产业。突出自然景观、区域特征,将新郑市泰山村、郑州市二七区樱桃沟村、栾川县重渡沟村、孟津县卫坡村和南石山村、嵩县天桥沟村、汝阳县杜康村、尉氏县郭家村、通许县岳寨村等村落打造成为知名乡村旅游目的地。

依托高速公路、高速铁路、旅游交通干线等形成旅游交通连接廊道,实现跨区域旅游产品、线路和产业的整合,形成全域一体发展格局。开通城市游览观光巴士,将城区核心景区和城市地标区域串联成线,在郑州新郑国际机场开通直达郑州、开封、洛阳三市核心景区的旅游巴士。依托郑州通用航空试验区开发低空旅游项目,进一步完善上街通用机场功能,加快推进登封、中牟等通用机场建设,在自贸试验区适时建设旅游直升机停机坪,形成郑州、开封、洛阳三市空中全域旅游廊道。依托黄河(洛阳至开封段)、郑州贾鲁河、东风渠、龙湖至如意湖、开封"四河五湖"(黄汴河、惠济河、广济河、利汴河、潘家湖、杨家湖、包公湖、铁塔湖、阳光湖)、洛河、伊河洛阳段等适合通航河道建设游船码头,在有条件的河道开展夜游活动。在沿黄生态旅游带、嵩山区域、伏牛山区域、河道沿线建设旅游风景道,开发自驾车、旅居车线路。

5.开展全域旅游整体营销

围绕建设世界著名华夏文明旅游目的地、国际文化旅游休闲中心,进一步强化区域旅游特色,打造主题突出、传播广泛、社会认可度高的旅游目的地品牌。办好中国(郑州)国际旅游城市市长论坛、郑州国际少林武术节、中国开封菊花文化节、中国洛阳牡丹文化节、河洛文化旅游节等品牌节会,加强宣传推介和交流交往,提升旅游目的地影响力和吸引力。

构建旅游综合营销体系,制定全域旅游整体营销方案,组建郑汴洛全域旅游推广联盟。将营销纳入全域旅游发展大局,坚持以需求为导向,树立整体营销和全面营销观念,明确市场开发和营销战略,加强市场推广部门与生产供给部门的协调沟通,实现产品开发与市场开发无缝对接。突出企业的主体作用,建立政府、景区、旅行社共同参与的旅游营销机制,建设集政府服务、品牌推广、信息查询、线路定制等功能于一体的旅游营销平台,形成地方联手、部门联合、上下联动、规范有序的整体营销推广格局。

深度对接国家"一带一路"倡议,积极拓展入境游市场。进一步扩大宣传,创新营销方式,积极拓展"一带一路"沿线国际旅游市场,着力提升中国港澳台、日本、韩国、东南亚和欧美市场份额。依托郑州、开封、洛阳三市航空、高速铁路、高速公路等现代交通网络汇集优势,针对不同国家和地区游客需求,精准设计特色旅游线路,拉动入境游市场。

6.加强旅游公共服务体系建设

完善旅游集散服务系统。在建好景区游客中心的基础上,合理布局全域旅游集散中心,设立多层级旅游集散网络,在商业街区、交通枢纽、景点景区等游客集聚区因地制宜设立旅游咨询服务中心(点),更好地提供景区、线路、交通、气象、安全、医疗急救等信息咨询和救助服务。

提升旅游信息服务。建立郑汴洛旅游信息化发展联席会议制度,积极争取国家旅游数据分中心落户我省。整合移动、联通、电信等运营商的网络信息资源,实现跨区域、跨行业有效配置。建设智慧旅游综合数据中心、公共服务平台、综合管理平台、营销平台等,完善综合信息发布、客流实时监控、景区车辆调度、游客数据分析等功能。加快推进机场、车站、宾馆饭店、景区景点、旅游购物店、主要乡村旅游点等旅游区域及重点旅游线路的无线网络等基础设施覆盖,逐步实现3A级以上旅游景区和3星级以上宾馆无线网络全覆盖。建设一批智慧旅游景区、智慧旅游企业、智慧旅游乡村。

加强旅游惠民便民服务。完善公共空间旅游服务功能,在公园、广场、旅游景区等游客集聚场所,增设直饮水设施、健康步道、骑行专线、公共绿地等公共休闲设施。提升区域内道路交通通畅程度,加强城市与景区之间、各景区之间的交通设施建设,优化旅游公交线网,增开旅游巴士、公交车、旅游夜班车等,打通交通干线至景区的"最后一公里",实现旅游交通无缝衔接。构建"快进慢游"的旅游交通网络系统,完善交通标识系统、景观系统和休憩系统,探索城市自行车租赁和共享单车融合发展。统筹区域绿道和慢行系统建设,持续推进沿黄步道、休闲街区步道、城市滨水绿道、生态景区步道、登山步道、乡村休闲旅游步道建设。

大力推进"厕所革命"。推进乡村旅游、农家乐厕所整体改造,5A级景区厕所设置第三卫生间,主要旅游景区、旅游度假区、旅游线路、乡村旅游点要按照标准提升厕所质量,厕所数量不足的区域要抓紧新建厕所。切实提升公共卫生条件、使用便利程度、外形美观度,确保区域内旅游厕所数量充足、干净卫生、实用免费、管理有效。鼓励以商建厕、以商养厕、以商管厕。引导游客爱护设施、文明如厕,营造健康文明的厕所文化。建立健全旅游安全保障机制。依托省旅游服务中心,建设郑汴洛全域旅游应急指挥中心,推进旅游安全与应急管理标准化建设;成立游客应急救助中心,建立旅游安全预警信息发布制度和旅游应急预案报备制度,完善应急处置预案和紧急救援体系。加强旅游安全设施建设,完善公共区域的消防设施、安全标识等,做好安全设施的养护工作,在4星级以上酒店和4A级以上景区设置紧急救助点。支持机场、车站、景区开展旅游保险代理业务,鼓励游客购买旅游保险。加强旅游安全检查,定期检测客运索道、大型游乐设施等特种设备,确保安全运行。重点景区要严格落实游客流量控制制度和高峰期客流应对处置机制,营造安全有序的旅游环境。

(二)保障措施

1.加强组织领导

郑州、开封、洛阳三市政府要加强组织领导,将全域旅游作为三市发展的重要任务摆在重要位置,统一部署、明确目标、落实责任、协同推进,努力形成全社会支持、参与全域旅游发展的良好氛围。要加强对全域旅游创建工作的指导、督察,制定实施方案或专项行动计划,明确工作目标,落实责任主体,提出进度要求,强化绩效考核,确保全域旅游建设取得实实在在的成效。

2.规范市场秩序

健全旅游诚信体系,实行旅游企业"红黑榜"评价机制,将旅游失信行为纳入社会信用记录和信用信息共享平台,引导旅游经营者诚信经营。完善旅行社监管服务平台,创新旅行社和导游劳务合作方式,健全旅行社退出机制。倡导绿色旅游消费,完善旅游不文明行为记录制度,全面落实文明旅游公约。实施旅游服务质量标杆引领计划,推出优质旅游服务品牌,持续推进旅游标准化建设。创新旅游数据采集分析方式,按照旅游发展的新业态、新特点、新趋势设置评价指标。探索建立适应全域旅游特点的旅游服务质量评价体系。

3.加强政策扶持

郑州、开封、洛阳三市要出台促进全域旅游发展的产业政策,制定旅游用地、财税扶持、金融支持、人力资源开发等措施。探索设立旅游发展基金,加大对重大旅游项目开发建设及质量提升的扶持力度。引导社会资本参与旅游业公共服务体系建设,推广应用政府和社会资本合作模式。全面落实旅游企业税收、用水、用电、用气等优惠政策,积极争取 72 小时过境免签政策。构建"政府引导、部门合作、企业为主、市场化运作"的旅游人才培养机制,扩展教育培训渠道,创新人才利用方式,引进高层次旅游人才,探索建设旅游智库,不断优化旅游人才成长环境。

典型案例

"文化旅游大省如何记载了华夏历史"

古今兴亡多少事,千载浮云看中州。看看河南这历史文化,每一个都可一拎出来一个长长的华夏故事。河南地处中原,旅游资源丰富,名胜古迹众多,是中华民族的主要发祥地之一。远在四千年前的新石器时代,中原人民就创造了著名的"裴李岗文化""仰韶文化"和"龙山文化"。历史上先后有二十多个朝代在这里建都,在中国的八大古都中,河南一省就占了四个,分别为"夏商故都"郑州、"商都"安阳、"十三古都"洛阳和"七朝古都"开封。因为地处中原,所以河南处在中国历史上战争和灾难最集中的一个地区。在历史上的不同时期,大批大批的河南人因战乱流离失所,辗转他乡,虽然是不幸的,但从另一方面来看,这种人口变迁,也极大地促进了文化的传播。

★龙门石窟

龙门石窟是国家 5A 级旅游景区,位于河南省洛阳市洛龙区伊河两岸的龙门山与香山上。与莫高窟、云冈石窟、麦积山石窟并称中国四大石窟。

龙门石窟开凿于北魏孝文帝年间,之后历经东魏、西魏、北齐、隋、唐、五代、宋等朝代连续大规模营造达 400 余年之久,今存有窟龛 2345 个,造像 10 万余尊,碑刻题记 2800 余品。只看数字,也知道这数量的令人震撼。其中"龙门二十品"是书法魏碑精华,褚遂良所书的"伊阙佛龛之碑"则是初唐楷书艺术的典范。

龙门石窟延续时间长,跨越朝代多,以大量的实物形象和文字资料从不同侧面反映了中国古代宗教、文化等许多领域的发展变化,简直是浓缩的半部华夏史。

★少林寺

少林寺位于河南省郑州市嵩山五乳峰下,因坐落于嵩山腹地少室山茂密丛林之中,故名"少林寺"。

它始建于北魏太和十九年(495 年),是孝文帝为了安置他所敬仰的印度高僧跋陀尊者所建成。

少林寺是世界著名的佛教寺院,是汉传佛教的禅宗祖庭,在中国佛教史上占有重要地位,被誉为"天下第一名刹"。

少林有名不仅因其佛教渊源,更是因为少林功夫而名扬天下,素有"天下功夫出少林,少林功夫甲天下"之说。

★黄帝故里

黄帝故里,有熊氏少典及轩辕黄帝的故有熊国之所在地。炎黄子孙的黄就是黄帝的黄。

黄帝故里位于河南省新郑市区轩辕路,为汉籍史书中记载有熊氏的族居地,故有熊国之墟。

黄帝故里自汉代建轩辕故里祠以来,历史上有毁有修,虽然建筑并非古老,但黄帝文化及其内涵每一代都在不断地充实和丰盈。而且黄帝故里是海内外炎黄子孙寻根拜祖的圣地。

2008年黄帝故里拜祖大典被列入第一批国家非物质文化遗产名录。不少文化学者、专家倡议将轩辕黄帝诞辰、上巳节设立为"中华圣诞节",呼吁天下华夏儿女在农历三月三日共同纪念轩辕黄帝。

★清明上河园

清明上河园是一座大型宋代文化实景主题公园,坐落在开封市龙亭湖西岸。

大家应该都知道张择端的写实画作《清明上河图》,这个清明上河园就是以《清明上河图》为蓝本,建造了这个具有宋朝风情的主题乐园,游客参与其中,仿佛处在宋朝,感受古都汴京千年繁华的胜景。

2009年,清明上河园成为中国世界纪录协会中国第一座以绘画作品为原型的仿古主题公园,是国家黄河黄金旅游专线重点历史文化旅游景区。

★殷墟

殷墟是商朝晚期都城遗址,位于河南省安阳市,甲骨卜辞中又称为"商邑""大邑商"。

因为考古学和甲骨文,殷墟的真实性得到了证实,同理,商朝的存在也正在被外国人认可。由此可以想到与其有相似命运的夏朝,这个朝代只存在一些不能作为证据只能是参考的半信史或者是神话史的文献中,不被外国人认可,看来夏朝的历史挖掘还需要继续努力啊。

在20世纪初，殷墟因发掘出甲骨文而闻名于世，自殷墟发现以来，先后出土有字甲骨约15万片。因为甲骨文的文字神秘又存在着一定的真实性，因此也产生了一门新的学科——甲骨学。

1961年国务院将殷墟列入首批全国重点文物保护单位。2006年殷墟被联合国教科文组织列入世界文化遗产名录。为国家5A级旅游景区。

★河南省博物院

河南博物院位于河南省郑州市农业路，为国家级重点博物馆，是中国建立较早的博

物馆之一,也是首批中央、地方共建国家级博物馆之一。

镇馆之宝有莲鹤方壶,妇好鸮尊,杜岭方鼎,武曌金简,玉柄铁剑等。

河南省博物院展馆面积 1 万余平方米,馆藏文物 14 万件。文物多来自 20 世纪初商丘、开封、淅川、洛阳、辉县、安阳、三门峡、新郑等地的考古发掘,史前文物、商周青铜器、历代陶瓷器、玉器最具特色。其中国家一级文物与国家二级文物 5000 余件,历史文化艺术价值极高,一部分藏品被誉为国之重器。

★神农山

神农山是国家 5A 级风景旅游区,位于河南省沁阳市紫陵镇赵寨村,是全球首批世界地质公园。它风景呈现一种仙气的景象,再加上对一些神话人物的想象,很容易会得到想象的满足感。

传说,炎帝神农氏在这里辨五谷、尝百草、设坛祭天,故而得名神农山。主峰紫金顶海拔 1028 米,气势雄浑,矗立中天,三大天门较山东泰山还要早 154 年,令人心生敬畏。

这里曾是炎帝神农辨百谷,尝百草,登坛祭天的圣地。也是道教创始人老子筑炉炼

丹、成道仙升之所。因这种神话传说的人物，山川都有了灵气。

★红旗渠

红旗渠景区位于河南省安阳市林州的北部，豫、晋、冀三省交汇处。是国家 5A 级景区。

它利用现代水渠与美景以及民族精神结合的方式，来展现独特的自然风光和人文景观。它是现代工程史上的奇迹，更是当代红旗渠精神的摇篮。

红旗渠壮观是来之不易的，在 20 世纪 60 年代，林州人民历经 10 年的辛苦，在万仞壁峭、千峰如削了巍峨太行山上修建的这一条全长 1500 公里的人工天河。这是属于林州的奇迹，属于河南的奇迹，更是红旗渠精神的奇迹。

★太行山大峡谷

　　豫段的太行山是华夏神话的发源地,其中羿射九日,神农尝百草,女娲补天都诞生于此。

参考文献

[1] 张嘤.非物质文化遗产保护与旅游开发[J].乐山师范学院学报,2008(5)

[2] 范玉娟.非物质文化遗产的旅游开发研究[D].上海师范大学,2008(3)

[3] 郝慧娟.我国非物质文化遗产的旅游开发与保护分析[J].现代企业教育,2008(14)

[4] 纪文静.中国非物质文化遗产旅游开发研究[D].华中师范大学,2007(8)

[5] 龚绍方.《关于中原城市群旅游产业集群发展的实证研究》[J].河南大学学报,2008(5)

[6] 河南省"十二五"旅游产业发展规划[Z].豫政办[2012]14号.

[7] 李晓丽.《河南旅游产业发展现状及存在的问题》[J].中国集体经济·文化产业,2008(8)

[8] 毕剑,尹郑刚.河南信阳茶叶节发展中的茶文化旅游开发研究[J].郑州经济管理干部学院学报,2006(2)

[9] 潘利.河南文化旅游产品层次开发与市场设计思路探讨[J].科技经济市场,2007(12)

[10] 胡浩.政府历史文化名城交通可达的集聚效应分析[J].人文地理.2013(05)

[11] 李琼.社会管理视角下历史文化名城的保护与发展[D].安徽大学 2013

[12] 王文彬.曲阜文化遗产地游客消费行为特征研究[D].中南林业科技大学 2012

[13] 马颖.工业化背景下历史文化名城再开发问题研究[D].中央民族大学 2011

[14] 张银玲.中国历史文化名城入境旅游发展现状研究[D].新疆师范大学 2010

[15] 赵倩.曲阜市居民旅游影响感知和态度的空间分异研究[D].安徽师范大学 2010

[16] 杨婷婷.曲阜城市空间结构演替与文化旅游发展优化研究[D].曲阜师范大学 2011

[17] 钱树伟.中国历史文化名城旅游研究进展[J].云南地理环境研究.2009(03)

[18] 冯珊.中韩历史文化名城文化旅游资源保护与开发比较研究[D].四川师范大学 2009

[19] 胡浩.国家历史文化名城空间格局及时空演变研究[J].经济地理.2012(04)

[20] 陈岩英.基于氛围管理的历史文化名城的旅游开发研究[J].未来与发展.2010(07).

[21] 许顺湛.再论中华人文始祖与炎黄子孙[C]//河洛文明论文集.郑州:中州古籍出版社,1993

[22] 谢钧祥.河洛文化与中华姓氏起源[C]//根在河洛——第四届河洛文化国际研讨会论文集(下册).郑州:大象出版社,2004

[23] 巫声惠.中华姓氏大典[K].石家庄:河北人民出版社,2000

[24] 丁文江.历史人物与地理的关系[N].努力周报,1923-03-11(2)

[25] 王天兴.河南历代名人辞典[K].郑州:中州古籍出版社,2012

[26] 姚泽清.古代河南历史名人[J].中州今古,1986(5):25

[27] 马克思,恩格斯.马克思恩格斯选集(第4卷)[C].北京:人民出版社,1972

[28] 张新斌.河南寻根文化资源开发的战略思考[J].黄河科技大学学报,2006(3):38

[29] 韩华.传承创新中原文化助推中原经济区建设[J].学习论坛,2012(3):56

[30] 河南文物网.关于华夏历史文明传承创新区建设的思考[EB/OL].(2012—09—27)[2013—01—12].http://www.haww.gov.cn/wbzt/2012—09/27/content_124002.htm.

[31] 张新萍.中原"根文化"及其作用发挥[J].新乡学院学报(社会科学版),2012(2):76

[32] 闫喜琴.论中原经济区建设背景下中原旅游的区域合作[J].河南师范大学学报(哲学社会科学版),2011(4):79

[34] 国务院关于支持河南省加快建设中原经济区的指导意见[Z].河南日报,2011—10—08(1)

[35] 中国网.胡锦涛等领导人分别参加代表团审议[EB/OL].(2010—03—11)[2013—01—12].http://www.china.com.cn/news/zhuanti/2010—03/11/content_19581404_2.htm

[36] 河南省人民政府办公厅《关于印发河南省"十二五"旅游产业发展规划的通知》豫政办〔2012〕14号

[37] 刘建武.邓小平理论与中国传统文化[J].湖南科技大学学报(社科版),2004(5)

[38] 王宁.中国文化概论[M].湖南师范大学出版社,2002年,第11页

[39] 毛泽东选集:第五卷[M].北京:人民出版社,1997年版,第285页

[40] 杨柳,徐新.先进文化发展规律的新探索[J].理论月刊,2003(09)

[41] 转变"四个方式"形成"四个格局":河南旅游产业转型升级取得明显成效.河南日报.2008年8月2日

[42] 钟敬文.民俗文化学:梗概与兴起[M].北京:中华书局,1996年,第193页

[43] 民建中央调研发展文化旅游产业 促进经济结构调整[N].人民政协报,2012年4月27日

[44] 王宁.中国文化概论[M].湖南:湖南师范大学出版社.2008年8月,第11页

[45] 毛泽东选集(第三卷)[M].北京:人民出版社.1991年版,第862页

[46] 邱宝成.不要让民俗变得不伦不类[N].中国文化报,2005年9月15日,第003版

[47] 邓小平文选:第二卷[M].北京:人民出版社,第二版,第210页

[48] 中共中央关于深化文化体制改革推动社会主义文化大发展大繁荣若干重大问题的决定

[49] 刘建武.邓小平理论与中国传统文化[J].湖南科技大学学报,社科版,2004(05)

[50] 孙宝义.毛泽东的读书生涯[M].知识出版社,1993年版,第110页

[51] 江泽民:发挥我军的政治优势,大力加强军队的精神文明建设.江泽民论中国特

色社会主义(专题摘编)[M].北京:中央文献出版社.2002 年版,第 382 页

[52] 胡锦涛.在广东省考察工作结束时的讲话.2003 年 4 月 15 日

[53] 胡锦涛:高举中国特色社会主义伟大旗帜,为夺取全面建设小康社会新胜利而奋斗.十七大以来重要文献选编(上)[M].北京:中央文献出版社.2009 年版.第 28 页

[54] 十六大以来重要文献选编(上)[M].北京:中央文献出版社,2005 年,第 851 页

[55] 胡锦涛:高举中国特色社会主义伟大旗帜,为夺取全面建设小康社会新胜利而奋斗.十七大以来重要文献选编(上)[M].北京:中央文献出版社.2009 年版.第 27 页

[56] 杨柳,徐新.先进文化发展规律的新探索[J].理论月刊,2003(9)

作者简介

作者简介

林志军,男 ,1981 年 4 月生,河南洛阳人 ,郑州大学马克思主义学院硕士研究生毕业。河南省哲学学会理事、郑州大学港台人文中心副研究员。现工作于郑州升达经贸管理学院思政部。先后出版和参与出版著作 5 部,发表各类学术论文 20 余篇,主持和参与各类课题研究近 30 项。

韩慧敏,女 ,1982 年 9 月生,河南焦作人 ,辽宁师范大学硕士研究生毕业。河南省思政先进工作者、河南省文明教师。现工作于郑州升达经贸管理学院思政部。先后出版和参与出版著作 3 部,发表各类学术论文 20 余篇,主持和参与各类课题研究 20 余项。

骆澜,女 ,1994 年 4 月生,河南三门峡人 ,郑州大学马克思主义学院硕士研究生。